哲学史家文库

第2辑

贺麟思想研究

张学智 著

A Series of Books by the Historian of Philosophy

人民出版社

编辑主持:方国根

责任编辑:李之美 夏 青 段海宝

图书在版编目(CIP)数据

贺麟思想研究/张学智 著. —北京:人民出版社,2016.11
(哲学史家文库.第2辑)
ISBN 978-7-01-016738-1

Ⅰ.①贺… Ⅱ.①张… Ⅲ.①贺麟(1902—1992)-哲学思想-研究
Ⅳ.①B261

中国版本图书馆 CIP 数据核字(2016)第 230979 号

贺麟思想研究
HELIN SIXIANG YANJIU

张学智 著

人民出版社 出版发行
(100706 北京市东城区隆福寺街 99 号)

北京中科印刷有限公司印刷 新华书店经销

2016 年 11 月第 1 版 2016 年 11 月北京第 1 次印刷
开本:710 毫米×1000 毫米 1/16 印张:16.75
字数:280 千字

ISBN 978-7-01-016738-1 定价:45.00 元

邮购地址 100706 北京市东城区隆福寺街 99 号
人民东方图书销售中心 电话 (010)65250042 65289539

目　　录

初版自序

本书之作,纯处于偶然。1986 年,北京大学哲学系有"现代中国哲学"研究项目,我承担了贺麟新心学研究任务。我知道贺麟这个名字,始于读其所译黑格尔《小逻辑》,深叹其译笔之精严、有韵致,然对其思想接触甚少。我是把他作为翻译家和黑格尔研究专家来看的。我之承担这个任务,是因为我的研究生毕业论文是关于王阳明良知学说的,自老心学而新心学,似乎顺理成章。及借来贺麟著作一读,为其思想之创颖活泼、文字之酣畅淋漓所吸引,数年寝馈其中,自觉深切有味。又上溯他思想的来源鲁一士诸人,亦觉有所得。感到他的思想,绝不同于陆王心学。他的思想,以黑格尔的绝对精神亦心亦物、亦内亦外、亦知亦行为根底,又特别吸收鲁一士以绝对精神为"战将"的思想,突出绝对精神的健动不息、自求拓展,又不废律则、借律则以行的品格。故书中对他的思想来源,他与康德、费希特、谢林特别是与黑格尔、鲁一士思想的关系,用了较多篇幅。

斯宾诺莎哲学是贺麟思想的又一重要来源。他之不同于中国旧心学之处,很大程度上由于他将斯宾诺莎的"理"纳入心学中,成立其即心即理之学,力图克服陆王心学特别是阳明后学的"猖狂自恣"。这使他的心学带有很强的近代意味,即经由理学陶熔规范过的心学。故本书于斯宾诺莎影响贺麟处,亦多致意。

关于贺麟在现代新儒家中的地位及所作贡献,本书着墨最多。盖海外许多研究现代新儒学的论著,多不及贺麟;国内论及贺麟新心学的著作,亦多未及他对道、墨、法诸家的吸收与改造,更未论及新心学是融会中西、统合古今、以儒学统摄道墨法诸家所成之独特体系。虽其学脉尚未广大,细部未暇详究,但规模已立,意向尤明。本书于此,亦曾着力。

本书对于贺麟新心学之逻辑架构、知行问题、翻译思想,亦有专章讨论。

贺麟以翻译、研究黑格尔、斯宾诺莎哲学为其入门,其学术根底为西学。他被称为新心学,多自表彰、倡导陆王心学而起。他的论证,多取自黑格尔、康德,而以陆王夹辅之。故其学西方学术居十之七八,此绝不同于其他现代儒学大师如熊十力、梁漱溟等,即与冯友兰、牟宗三亦不同。此点似应特别注意。

另外我感到,贺麟的大部分著作写于对日抗战期中。他的上述思想,可以说是装裹在哲学语言中的抗战必胜信念。他的著作,是以中国民众特别是知识分子发起信心,自求拓展,艰难跋涉,以取得最后胜利为目的的。从这个意义上说,他是一个欲以哲学救世的人。

此书之成,汤一介老师催促督责之功甚大。傅伟勋、韦政通两位先生允将此书列入"世界哲学家丛书",谨此一并致谢。

此书筹划虽早,但因事数次中辍,今年5月才写毕。囿于学力,错谬之处一定不少,敬祈方家不吝指教。

张学智
1992 年 6 月于北京大学

导言　贺麟的生平及学说大旨

　　1926年秋,一艘开往美国的客轮,渐渐驶离上海港。一个身材不高、白净斯文的青年立在甲板上,不停地向送行的师友招手。望着渐渐远去的码头,他心里充满了对母邦的眷恋和对另一个陌生国度的奇思妙想。这个青年就是后来成为我国当代著名哲学家、翻译家、黑格尔研究专家的贺麟。

一、清华求学

　　1902年11月3日,贺麟生于四川金堂县五凤镇一个世代耕读之家。贺家是这一带的大姓,贺麟这一门由他祖父掌管。祖父上过私塾,读书不多,但精于理财。贺麟6岁始,在家乡五凤镇上小学。祖父对幼年贺麟十分关心,学校里作的文章,祖父都要看;每次考试的诗文,祖父都要贺麟背给他听,并要贺麟讲述学校里的事情。贺麟之思路清晰、记忆过人,甚至文章的纵横捭阖,皆受益于祖父的善问。贺麟的父亲名松云,卒业于金堂正精书院,是前清秀才,当过金堂中学校长、县教育科长,对贺麟的学业也十分关心,常教他读《朱子语类》和《传习录》。小学毕业后,贺麟入金堂县中学,后又考入成都石室中学。在石室中学两年,主要学宋明理学,并广泛涉猎各种新学书籍。1919年,贺麟以优异的成绩考入清华学校。
　　在清华,贺麟的第一位老师是梁启超。梁启超主讲的"国学小史"、"中国近三百年学术史"对他启发极大。他还选习了小学类课程,对梁启超极表敬仰。梁启超是著名学者,在校内的讲演,他从未缺席过;在校外的讲演,他也常跟去听。梁启超也喜欢这位好学的学生,经常把私人藏书借给他。

在清华,他的国学水平有了很大提高,并在梁启超的熏陶下,对学术研究产生了浓厚的兴趣。1923 年秋,为纪念戴震诞辰二百周年,贺麟在梁启超指导下,写成《戴东原研究指南》,发表在《晨报》副刊上。这是贺麟发表的第一篇论文,时年 21 岁。贺麟在清华时,以文笔知名,并因此担任《清华周刊》主编。1925 年,基督教大同盟在北平举行会议,对于此举,赞成和反对者皆有。贺麟代表《清华周刊》发表了《论研究宗教是反对外来宗教传播的正当方法》一文,主张"对于外国的学说、主义、宗教,须用科学眼光重新估定价值,精研而慎择之,不可墨守,亦不可盲从"①。认为先怀疑基督教,继而研究基督教,最后方信仰基督教,才是对待基督教的正确途径。对于基督教青年会招徕学生入会,贺麟明确表示:"基督教既成研究的对象,则乃是学者之事,无须强人人以信之;研究基督教乃中国开明人士的责任,教会诸君更可不必招徕征求会员,使得无论智愚贤不肖尽皆变成教徒而后快。"②以理性的同情的态度对待外来宗教,这已开后来"理性宗教"的先声。贺麟在清华 7 年,以学习成绩优秀、品德端方、言谈举止温文尔雅赢得了"贺圣人"的雅号。

在清华,另一个对他一生学问趋向发生重大影响的老师是吴宓。吴宓,字雨僧,当时任清华学校文学院教授,教外国文学和翻译,并主编《学衡》杂志,对美国白璧德(I. Babbit)和穆尔(Paul E. More)的人文主义作过有力介绍。吴宓对于贺麟的影响,一为艺术与宗教贯通一致,相互为用;二为他主讲的"翻译"课对后来贺麟从事哲学翻译的诱导。吴宓曾说,宗教和艺术两者皆能使人离痛苦而得安乐,超出世俗与物质的束缚,进入理想境界。在宗教与艺术的关系上,宗教精神为目的,艺术修养为方法。宗教树立全真至爱,使人戒定慧全修,智仁勇兼备。而艺术则借幻以显真,由美以生善,于不知不觉中引导人向上。所以宗教精神与艺术修养,实互相为用,缺一不可。这一思想直接诱导贺麟以宗教为礼乐,得出"儒学是合诗教、礼教、理学三者为一体的学养,儒家思想的开展,必须循艺术化、宗教化、哲学化的途径迈进"的结论。

贺麟在快毕业的时候,选了吴宓的翻译课,在他的鼓励下,译了一些英

---

① 贺麟:《文化与人生》,商务印书馆 1988 年版,第 148 页。
② 贺麟:《文化与人生》,商务印书馆 1988 年版,第 148 页。

文诗和散文,并对照原文阅读严复的译作。1925 年,贺麟在《东方杂志》发表了《论严复的翻译》,文中论严复选择原书的精审,论严复的"信达雅"三条标准,论严复译作的文体,都具独创性。从此时起,他就决心步吴宓的后尘,以介绍和传播西方古典哲学为自己终身的志业。此后几十年,贺麟一直把翻译和研究、教学结合起来。从留学美国至今,贺麟译出西方哲学名著 10 部及大量论文,为在中国传播西方哲学特别是黑格尔、斯宾诺莎哲学作出了极大贡献,这不能不感谢吴宓的引路之功。

二、负笈欧美

　　1926 年,贺麟赴美国留学,入俄亥俄州奥柏林(Oberlin)大学学哲学。这所大学占支配地位的是杜威的经验论,教师多注重从生理学、心理学、人类学去研究道德和人生观问题。其中伦理学教师耶顿夫人(Mrs. Yeaton)对贺麟影响极大。耶顿夫人主讲人类学、伦理学,课外还给他讲黑格尔和斯宾诺莎哲学。这是贺麟接触黑格尔、斯宾诺莎之始。他后来回忆说:"由于她的启发,奠定了我后来研究黑格尔和斯宾诺莎哲学的方向和基础,所以她是我永生难忘、终生受益的老师。"[①]直到晚年,贺麟谈起这位西方哲学的蒙师,仍然十分怀念,感激之情溢于言表。耶顿夫人认为,伦理学不是抽象地讲仁义道德,而是要具体找出人类学的起源和在历史上的发展变迁。她教贺麟读克洛德(E. Clodd)、约翰·菲斯克(John Fiske)、朗格(A. Lang)的神话学著作和泰勒(E.B. Taylor)、摩尔根(Morgan)关于原始社会、原始文化的著作。在她的指导下,贺麟读了许多书,作了大量读书笔记,并用英文写了十几篇文章。从现在已翻译发表的来看,内容涉及神话的本质,魔术的性质,魔术与科学、艺术、宗教的关系,世界各地的村社制度,婚姻的起源、各种婚姻形式、婚姻伦理等。

　　关于神话,贺麟认为:"神话是原始人解释周围环境的尝试,是关于自

---

① 贺麟:《哲学与哲学史论文集》,商务印书馆 1990 年版,第 2 页。

然、神和粗糙的哲理的原始记述"①。他把中外神话按内容分成由理智的和可理解的故事构成的"合理神话"与由原始的、愚昧的幻想构成的"不合理神话";按题材分为哲学的或解释性的神话、自然神话、英雄传奇神话等等。贺麟还分析了不同地域流行的神话在内容上的相似性,认为这应该归因于历史上某个时期各不同地域的人们有着相似的精神习惯和观念。他论证说:

> 我们完全可以确定中国与西方在古代几乎没有任何交往,但我们并不费力便可以找出中国和欧洲民族神话的相似之处。既然相似的魔术可以在不同的民族中独立地出现,为什么神话不能独立地而且相似地产生呢?而且我们知道相似的哲学经常在不同的地方出现。②

贺麟的这一观点,对于当时人类学、文化学中流行的"欧洲中心论"不只是一个反击,也是他后来提出"全部文化都可以说是道的显现"、"我们不需狭义的西洋文化,亦不要狭义的中国文化,我们需要文化自身"的主张的滥觞。贺麟并且认为,神话也是有规律的,研究各民族神话中的共同规律,可以帮助我们理解不同民族的共性,了解不同地区的先民从草昧到文明的发展规律。另外,神话是历史的见证。神话记录了先民的行为、风俗、哲学和宗教。神话是原始的精神遗留下来的塑像,对神话的研究就是对人类心灵的历史的研究。从这里,我们可以看到贺麟后来广泛应用的现象学方法——即"由用以观体,由迹以观心"的萌芽。

耶顿夫人也引导贺麟通过对魔术的研究去发现人类哲学、宗教的演化轨迹。贺麟指出,要探溯人性的演化,研究文明的历史,魔术是一个重要的研究课题。因为魔术与原始人的科学和宗教都有密切的关系。魔术实际上可以看作原始人合宗教与科学为一体的神秘方法。文明人用科学去控制、去说明的东西,原始人则企图通过魔术去控制。魔术可以说是原始人智力上的石器时代。

关于魔术与宗教的关系,贺麟认为,两者都涉及超感觉的东西,不过宗教是人格化的,而魔术是非人格化的。魔术兴起于宗教之前,在人通过祈祷和祭祀去欺瞒神灵之前,就已经通过符咒和妖术的力量,企图使自然屈从于

---

① 贺麟:《哲学与哲学史论文集》,商务印书馆1990年版,第14页。
② 贺麟:《哲学与哲学史论文集》,商务印书馆1990年版,第18页。

自己的意志。魔术的目的在控制超自然的力量,而不是像宗教那样去安抚或劝解它们。关于魔术和艺术的关系,贺麟认为后来的许多艺术形式都起源于魔术:戏剧起源于魔术的仪式,如欧洲的滑稽喜剧脱胎于魔术的礼仪表演,中国上古时各类术士同时也在宫廷里做娱人表演,甚至制作玩偶、绘画也源于魔术。

对于魔术,贺麟从历史研究的角度,对它抱同情和理解的态度,但主张,从科学和宗教发展的角度,对魔术不能容忍,更不能鼓励。因为容忍魔术就意味着阻碍科学和宗教从中分离。对于魔术,只能完全丢掉它。"由于文明和科学的日益进步,魔术的活动逐渐被从地球上消灭是一种自然的趋向,正如太阳一旦升起,黑暗就将消失一样。"①

贺麟关于人类学的几篇文章,都是耶顿夫人伦理学课的读书报告,其研究还是初步的,理论观点和材料多取自当时人类学、文化学的名著,如泰勒的《原始文化》、摩尔根的《古代社会》、托马斯(Thomas)的《社会起源原始资料》、弗雷泽(J. G. Frazer)的《金枝》等,意在找出文明社会的伦理观念在历史上的发展变迁,这些文章有一个共同的特点:既注重分析具体材料,又注重发现历史的普遍律则。前者是经验的方法,后者是理性的方法,理性统帅经验,经验证实理性,二者不倚重,不偏废,互相补充,互相发明。他后来的一系列文章,体现出强烈的历史感,他曾说:"我是个有历史感的人。"但贺麟所谓历史,不是"历史是一个百依百顺的女孩子,任人打扮涂抹起来"的历史,而是黑格尔式的有理则、有事实的历史。他的"以事实注理则,以理则驭事实"的根本研究方法,此时已见端倪,不过尚偏于经验的说明而已。

在奥柏林,贺麟还有两篇较重要的文章,一是用英文写的《论述吉伍勒的伦理思想》,一是用中文写的《西洋机械人生观最近之论战》。这两篇文章涉及贺麟早期的人生观、宇宙观、宗教观及伦理学方法论,因此有详细讨论的必要。

吉伍勒(Givler)是机械伦理学的著名代表。他的基本观点是,道德价值的意义只能通过对人体的力学的研究来了解,行为和思想要严格按照人的肉体的特定机能来解释。他的方法是用人的生物机能去解释道德观念。

---

① 贺麟:《哲学与哲学史论文集》,商务印书馆 1990 年版,第 33 页。

他要使伦理学成为一门机械科学,使它从魔术的、神学的和直觉的迷雾中解放出来。

吉伍勒用生理学去解释伦理学中的对立概念,认为意义相反的观念可以归因于我们肌肉的结构式样。如"善"是肌肉向外的反应,"恶"是肌肉退回的反应。所以"有道德的人是肌肉放松的、有弹性的、使个体协调的;而邪恶的人不是由于肌肉软弱而懒惰、无骨气、拖拉、好色,就是由于有机体变态地张力亢进"①。他反对道德直觉主义的"良心"概念,认为"良心"在生理上是一个"退回反应",它在心理上所包含的是否定和不协调、优柔寡断。"它是个病理现象,与其说他表现的是美德,不如说他表现的是缺陷。"②相应地,吉伍勒也反对意志自由说,在他看来,意志是经验的产物,是大脑和腺体的功能,是被决定的。吉伍勒的所谓自由,是指物质强加的抑制的排除,是经过训练后身体的得心应手以及随活动环境的增大而来的愿望成为意志的机会增多。由于吉伍勒的机械方法论,他相信建基于因果律之上的科学是万能的。"科学所创造出的聪明、技巧和善意、力量、智慧、和平,这才是不朽的。"这样的宗教是科学的宗教,是"比一个承认人类有罪的宗教更好的机械伦理学的产物"③。

从这篇文章看,贺麟对吉伍勒的机械伦理学并没有提出批评,对吉伍勒关于良心、自由等的解释存而不论。对"科学的宗教"甚而持同意的态度。他此时已接触到了斯宾诺莎哲学,他认为吉伍勒的理论先驱之一就是斯宾诺莎的身心平行论和决定论。吉伍勒对科学表示出无限信任,以之为上帝。这表示他同时承认决定论,希望通过了解必然,掌握必然规律而获得自由,在这一点上,贺麟赞同斯宾诺莎同时也赞同吉伍勒,他是通过吉伍勒上溯斯宾诺莎而相信知天信天、与天为一的宗教思想的。不过从此处看,吉伍勒的极端机械论实际上是无神论,他以科学为"上帝",这一点不同于贺麟。贺麟赞同"理性宗教",主张对之先研究后信仰,但不完全赞同以科学为宗教,认为这样实际上是取消宗教。就如他不赞同蔡元培"以美育代宗教"而主张宗教艺术化一样。就最终的思想结果言,他也不同意斯宾诺莎而以融和了斯宾诺莎和康德两大长处的黑格尔为归。

① 贺麟:《哲学与哲学史论文集》,商务印书馆1990年版,第43页。
② 贺麟:《哲学与哲学史论文集》,商务印书馆1990年版,第44页。
③ 贺麟:《哲学与哲学史论文集》,商务印书馆1990年版,第46页。

贺麟之初信机械论,是有时代原因的。19世纪末20世纪初,自然科学特别是电学、机械学有了飞速发展,由此引起的巨大生产技术变革、社会变革,给了许多人"科学万能"的观念。科学方法论被应用于各个方面,科学的基础——因果律被越来越多的人信从。贺麟说:"近世自然科学的进步和科学方法的应用,处处都予机械论者以新论证和新鼓舞。大势所趋,似乎科学越发达,而机械人生观也将越演进。"①贺麟初到奥柏林,置身于一个全新的世界,亲身体会到近代科学成就带来的巨大影响,耳濡目染杜威一派的彻底经验论,压倒了他从小接受的理学。所以他这时信从机械论是有根据的。

《西洋机械人生观最近之论战》稍稍不同于前文。他虽引证并支持机械人生观的重要代表骆布(J. Loeb),但他引证更多、更为赞同的是新机械论的代表李约瑟(Joseph Needham)。新机械主义者的主张,简言之,就是:

> 机械主义是一种方法论而非本体论。以机械观为有用的方法,而不以机械主义来解决形而上的问题。只求足踏实地应用机械方法以分析现象、研究问题,探求真理,而不蹈空谈玄,说机械主义可以解释宇宙人生的根本问题。把宇宙人生的本原问题,仍然让他们玄学家去解释。②

就是说,机械主义不能解释宇宙人生等形上学问题,生机主义者维持着形上学的堡垒,但又缺乏科学的根据,因为他们不懂得科学是数量的而非玄想的。19世纪德国哲学家罗宰(Lotze)认为玄学与科学各有其用,并行不悖,他承认机械主义的普遍效用,而否认其究竟归宿。李约瑟也主张把机械观当作正确的方法论,用以解释一切现象,但不能作为形上学原理。所以李约瑟认为生机主义尚蹒跚于谨严的数量科学门外,在纯正的科学中没有它的地位。但机械主义也要量力知足,不能自诩有哲学的普遍效能。贺麟接受了新机械主义的观点,区分方法论和本体论,只把机械主义作为有用的方法,解释一切现象界的问题,而不把它应用于本体论。本体论领域让玄学当道。这一观点极似中国20年代前期科玄论战中玄学派的观点。科玄论战紧锣密鼓之时,贺麟尚为二十出头的青年,尚在清华学校苦读。这篇文章可

---

① 贺麟:《哲学与哲学史论文集》,商务印书馆1990年版,第373页。

② 贺麟:《哲学与哲学史论文集》,商务印书馆1990年版,第380页。

以看作对科玄论战的迟到的回应。但是从这一问题远没解决而言,贺麟的响应并不算晚,

贺麟此时所信奉的新机械主义,虽然有其新处,但仍是机械主义,不过对于机械主义限定其范围而已。所以贺麟此时的思想倾向,主要是机械主义。他概括本文主旨的两句诗,颇能说明他此时的观点:"人生宇宙一机械,妙用通神可拟仙。"①不过新机械主义的"本体论让玄学当道"的主张,也为他的自由意志论预留了地步。所以他在接受了新黑格尔主义后又主张自由意志,而且大有压倒机械论之势。因为他后来纯自本体界立论,他认为哲学就是研究本体界的学问。他的发挥自由意志论,一方面是他的新机械论所容许的,更重要的是他后来接受了新黑格尔主义的缘故。这有一个精神的比重加深、逐渐由机械论向唯心论倾斜的过程。

综观贺麟在奥柏林大学所写的文章,可以看出一个明显的倾向,即贺麟此时研究的重点在伦理学,但他研究伦理学是注重从人类学、生理学、心理学去讨论道德问题。理论观点上也大多杂陈各方意见,稍加折中,尚未形成自己一贯的思想。但分析之细密,视野之开阔,注重用理则御事实、事实注理则,理事双融诸风格已基本奠定。所待者唯广收博采,去芜取精,成一家之言。

在奥柏林,贺麟用一年半时间修完了三年的课程,提前得到学士学位。1928 年 3 月,他告别耶顿夫人,去芝加哥大学,正好赶上春季讲习班,听了著名的米德(G. H. Mead)教授的"精神现象学"、"柏格森哲学"和斯密(T. V. Smith)教授的"格林、西吉微克、摩尔的伦理学"等课程。在芝加哥,他除了听课,便是研读格林的著作,并利用暑期,写成《托马斯·希尔·格林》一文。格林学说,对贺麟思想的转型有很大影响。

格林(T. H. Green)是德国唯心论在英国的先驱,他批评英国自洛克、休谟以来的传统经验主义,也反对当时盛行的边沁和穆勒派的功利主义。格林的工作,主要是为伦理学提供形上学基础,在此基础上调解信仰和理性,调解个人利益和公共利益,反对享乐主义,建立自我实现的道德理想。格林反对经验论道德哲学,而注重形上学对于道德的重要作用,他说:"道

---

① 贺麟:《哲学与哲学史论文集》,商务印书馆 1990 年版,第 385 页。

德形上学虽然不是伦理学体系的全部基础,但确实是它的可靠基础。"①格林为道德寻求形上学的根据,对贺麟由从人类学、生理学、心理学着手讨论道德问题的经验方法向从人的精神原则、人的心灵创造、人的知性能力本身着手讨论道德问题的转变影响极大。这是从经验实在论到唯心论的大转向。这种转向由稍后研读鲁一士著作及德国留学专攻黑格尔哲学而大大加强。所以格林对贺麟的影响具有决定性的意义。

格林对贺麟的影响,主要在为道德寻求形上学基础和调解信仰与理性两个方面。这里只谈第二个方面,第一个方面留待知行问题中讨论。

格林时代的普遍问题是科学和宗教的冲突,他要架设一道沟通神学和科学的桥梁。他知道,理性和信仰之间的对立是危险的:没有理性的信仰是迷信,没有信仰的理性是消极的怀疑主义。他认为,许多方法可以使理性不仅不与信仰发生冲突,而且还和理性处在圆满的和谐之中。比如,知识和信仰在自我意识中有共同根源,这就是实在性的意识、完善性的意识。科学和宗教的目标都在于达到自我实现和自我满足,二者是不应有冲突的。又比如,理性可以给信仰提供理智基础,理性能帮助我们理解上帝;宗教可以摆脱迷信、神秘或奇迹。格林的名言是"理解为了增进信仰"。再者,理性和信仰是我们获得自由的两种既分别又互相关联的途径:前者是以理性认识自然界的规律,使精神从自然的束缚中解脱出来;后者是使自己的精神与永恒的规律等同。前者是知天,后者是与天为一;前者是理性,后者是宗教。前者是刚健的创造,后者是殉道的献身,二者都是达到自由的途径。二者可以互相为用。所以理性和宗教是不冲突的,是可以调解的。

格林调解理性和信仰,是通过对人的精神、心灵的深层涵蕴的分析得到的,本质上仍是形上学的方法。他的方法和结论对贺麟影响都很大。方法的影响已如上述。格林的结论直接导出贺麟的"理性宗教"思想。对比贺麟在清华时提出的"先研究而后信仰方可谓之真信仰",可以看出,"先研究后信仰"没有形上学的根据,只是一种无理论基础的感觉。而"理性宗教"则是有哲学基础的主张。虽同是调和,但在接受格林思想之前,排斥的成分居多;而在此之后,主要是两者的融合、两者的并行不悖。可以说,贺麟的理性宗教思想,也是一个正反合的发展过程。

――――――――

① 贺麟:《现代西方哲学讲演集》,上海人民出版社 1984 年版,第 148 页。

芝加哥大学是实用主义占主导地位,这和贺麟此时的思想路向很不同。于是他在 1928 年 9 月离开芝加哥,去哈佛大学哲学系学习。关于转学的原因,贺麟说:

> 第一,我不满于芝加哥大学那种在课上空谈经验的实用主义者,所以在 1928 年下半年转往哈佛大学,目的在进一步学习古典哲学家的哲学。第二,我认为格林一反英国经验主义传统思想,是康德、黑格尔哲学在英国的继承人和先驱,而这恰与芝加哥大学的个别伦理学教授有分歧。①

在哈佛,贺麟先入大学学习,得到硕士学位,又入研究院从事研究工作。他听过怀特海(Whitehead)的"自然哲学"、霍金(Hoking)的"形而上学"课程。贺麟在哈佛研究院写过两篇英文文章:《道德价值与美学价值》、《自然的目的论》。前篇介绍了怀特海所代表的新趋势,即把道德价值转化为美感的价值,又进一步把美感的价值转化为自然的价值。后篇属于思辨哲学的性质,结论是自然哲学和思辨哲学可以并行不悖。

在《道德价值与美学价值》中,贺麟指出了道德价值和美学价值的相同点,认为:当道德不再被仅仅作为调节人们行为的规则和戒律时,它与艺术是同一的。就是说,当道德变为一种源于自发性和内在和谐、变为一种直觉的或本能的行为的时候,道德就会成为艺术。当道德还未超出它的命令和强制的阶段的时候,要想得到两者的同一是没有希望的。这是第一步,即把道德与艺术同一起来。这一观点,是贺麟后来提倡的"艺术化的儒家"、"从艺术的陶养中去求具体美化的道德"、"诗教即礼教"思想的直接来源。

第二步是把美学价值归结为自然价值。叔本华是这种观点的先驱,怀特海是有代表性的拥护者。怀特海认为,每一自然事件或者每一现实的实体都具有内在的价值。它的价值源于它的唯一性,源于它与环境或整体的交融性和关联性。这就意味着,所有的自然事物都是有价值的和美好的。世间万物在发展和交互作用中,形成了一幅和谐、美妙的图景。每一实在之物,从它在世界图景中的处境和作用言,都有其理,都有其不得不如此的根据和理由。这是科学上的真。从它的实在价值,从它有着影响万物的能力言,是善。从其在世界系统中的和谐、美妙、"动容周旋中礼"言,是美。就

---

① 贺麟:《现代西方哲学讲演集》,上海人民出版社 1984 年版,第 161 页。

是说,从动态的、过程的观点看,万物皆真善美的综合。这就是怀特海把善归于美,把美归于自然、归于真的本义。怀特海把美学价值归于自然价值的思想,很自然地使我们想起中国哲学家程颢的二句诗:"万物静观皆自得,四时佳兴与人同。"实际上怀特海的思想确有浓厚的东方哲学意味。他的过程哲学,颇似中国道家的天道观。贺麟在哈佛读书时,常在周末参加怀特海招待来访学生的可可茶会。怀特海一次同贺麟谈起中国哲学,说自己的哲学著作东方意味特别浓厚,中国人反而更容易了解、欣赏。在《过程与实在》中,他明白宣称:"就我的有机体哲学的总的立场,似乎更接近于印度人或中国人的某些思想线索。"贺麟当时认为怀特海的天道观大抵介于儒道之间,稍稍偏向道家。也就是在这个意义上,贺麟把怀特海看成"新谢林派"。

《自然的目的论》一文,是学了怀特海、霍金的思辨哲学之后的总结。文中追溯了康德、柏格森、鲁一士、亨德森等人的目的论思想。

康德从先验原则出发,认为有机物具有"内在目的",这种内在目的不同于经验判断的相对目的或外在目的。自然对象的高贵与可赞美就在于它的内在目的本身。但我们对自然也可进行机械论的因果关系的考察,两者并不矛盾。在感性世界里,是机械论原则,在超感性世界里,是目的论原则。我们的理智可以使我们对自然作机械论和目的论两种思考。

柏格森(H. Bergson)把目的看作一个健动不息的创造进化过程。他同意康德的看法,即现象界只有机械论的解释是可能的,而目的论或创造进化只适用于超感性的世界或他所谓直观或绵延的世界。

亨德森(L. J. Henderson)在其《自然的适合性》一书中,提出了与达尔文不同的观点。亨德森认为,自然物并不都是达尔文所说的生存竞争,更为重要的是存在着互相适应的一面。这种适应性是从有机物的进化过程中产生的适应性的组合。亨德森在对自然物质的物理、化学成分进行分析后指出,环境是有利于生命或有机体的适应和进化的。有机体在结构和功能方面极其复杂,必能正确地调整其环境条件。贺麟对亨德森的论述提出了批评,认为亨德森犯了混淆形上学与科学的错误。目的论是一种形上学,它的主要功能在价值和意义方面,而亨德森却用物理、化学等科学事实来说明。科学是用机械论的方法,目的论只用于形上学。贺麟同意怀特海的两分法:要么是科学,要么是思辨哲学。这两者可平行,但不能混淆。怀特海有专门的科学著作,如《数学原理》、《相对论原理》;也有专门的思辨哲学著作,如

《过程与实在》、《观念的探险》。亨德森用科学理论去论证形上学,是一种混淆。

贺麟的这篇文章,表明他从怀特海那里接受了感性世界和超感性世界、目的论和机械论、形上学和科学可以并行不悖但不能混淆的方法论原则。同时,他对于心灵和理性,还没有接受了绝对唯心论之后那样的高扬。这种情况,在他接触了鲁一士(J. Royce)之后有所改变。

在哈佛研究院期间,贺麟阅读了许多鲁一士的著作,如《基督教问题》、《哲学的宗教方面》、《大社会的希望》、《忠的哲学》、《世界与个人》、《近代哲学的精神》、《近代唯心主义讲演》等,特别后两本书对贺麟影响极大。贺麟曾说:"鲁一士属于新黑格尔学派的唯心论者,是在美国建立系统哲学的第一人,是美国唯心论的重要代表,也是造成哈佛大学浓重哲学气息的重要因素。"[①]他对贺麟的影响,主要是新黑格尔主义对主体精神的高扬。鲁一士的核心思想是,世界是精神的意义或目的的渐进的表达。精神是本体,世界是表现。精神的目的表现为世界的目的。人是自然的解释者。贺麟接受了鲁一士这一理论,并且用之论述"自我"问题:贺麟认为,"自我"包括绝对自我和经验自我。经验自我之所以存在,首先是作为一个绝对自我的表现和形态,其次是由于它们自己独特的限制和特性。经验的、个体的自我是有限的,必然是自相矛盾的,只是因为它分有了绝对自我,它才获得了价值和现实性。个体的我、有限的我是经验的实在,绝对自我是理想的实在。而经验的实在的意义,是由绝对自我赋予的:"没有绝对自我,或者说没有一个目的和理想的体系,我们现实的经验就是无意义的。"[②]贺麟此时已接受了绝对自我高于个体自我、个体自我的意义来自绝对自我这一思想。这是贺麟从鲁一士这里得到的第一个重要观点,其他如绝对精神是战将、实体即主体等都是从这里生发出来的。鲁一士是贺麟思想的重要来源,后有专章论述,此处从略。

贺麟在美国留学四年,美国哲学的一般特征不会不影响到贺麟。按贺麟当时的概括,美国哲学的一般特征,第一是着重宗教,几乎所有美国哲学家都有强烈的宗教动机;第二是冒险精神,任何一个美国哲学的体系都充满

---

① 贺麟:《现代西方哲学讲演集》,上海人民出版社 1984 年版,第 162 页。
② 贺麟:《哲学与哲学史论文集》,商务印书馆 1990 年版,第 90 页。

了美国先驱者的冒险精神;第三是乐观主义;第四是强调实用和实践。在美国哲学中难以找到与生活和实践没有直接关系的抽象思辨。美国哲学的这些特征在詹姆斯(William James)身上表现得很充分。贺麟在哈佛时,读了詹姆斯的《信仰的意志》、《宗教经验的类别》、《心理学原理》、《实用主义》、《一个多元的宇宙》、《彻底经验主义》等著作,接受了他的一些思想,也根据鲁一士的思想,批评了詹姆斯的一些观点。

贺麟认为,詹姆斯思想中他印象最深的,就是强调感情、性情、信念、信仰,也就是强调人类本性的主观方面。贺麟曾说:"性情哲学也许是詹姆斯全部学说中最独特的方面。"①对詹姆斯来说,感情就是一切,理性只是感情的婢女。感情构成最热切的欲望和最强烈的力量。因此他强调信仰,反对怀疑主义。贺麟同意詹姆斯对感情和信仰的重要性和功用所作的心理学论证,但并不同意把感情作为哲学的根本方面。因为:第一,感情和信仰本身是盲目的,应该接受理智的指导;不能把理性放到感情的婢女的位置。第二,感情虽然有力,但它是短暂的;可以利用感情帮助我们达到理性规定的目的,但不能完全依赖感情。第三,贺麟指出,詹姆斯强调感情,信赖感情,这是浪漫主义的;但他在哲学上又是功利主义者,这相反的两极很难在一个人身上和平共处。很明显,贺麟这里是以理性哲学来调和詹姆斯的性情哲学,主张理性统御感情,感情帮助理性。

其次是詹姆斯的非决定论与多元论。詹姆斯认为,我们是生活在一个多元的宇宙里,而不是处在一个被决定的、没有任何自由选择余地的绝对封闭的宇宙里。但詹姆斯却用"懊悔"和"机遇"作自由选择的象征。贺麟不同意詹姆斯的非决定论,因为他是在经验的、实在的世界里谈非决定论。而贺麟认为,在超经验的形而上的世界里才能谈自由。在经验的世界里,只能谈决定论,而决定论可以帮助人们发挥自己的努力,去达到确定的目的。这是斯宾诺莎的意思:认识必然就是自由。知天理、爱天理、行天理才能得到快乐和安宁。

詹姆斯在宇宙观上持多元论,但他不是极端的多元论,他试图在极端的一元论和极端的多元论之间保持中庸。詹姆斯是一个性情哲学家,他把宗教信仰的不同、哲学观点的不同,都看作性情问题。贺麟认为既然詹姆斯的

---

① 贺麟:《现代西方哲学讲演集》,上海人民出版社1984年版,第41页。

哲学主要是感情的表达,所以最好把它看作文学和艺术而不要深究其逻辑。他认为一元和多元实际是一个眼力和识度的问题,世界本身既不能说是多元的,也不能说是一元的。"我"看它是一,它就是一;"我"看它是多,它就是多。但这种眼力和识度,是由一个人的性情、兴趣所造成的。如詹姆斯认为刚性人是经验论者、悲观主义者、多元论的、非宗教的;柔性人是理性主义者、乐观主义者、一元论的、信宗教的等等。不过贺麟更主张这种眼力和识度基于个人的经验和需要。

在宗教上,詹姆斯认为宗教的合法性在于其实用性,他认为,既然上帝产生真实的效果,那么上帝就是真实的。上帝的用处在于:其一,上帝帮我们的情绪紧张起来,而紧张型的人在历史上总是打败懒散型的人。其二,上帝是理想的,对此过与不及都是不好的。其三,上帝存在可以保证一永恒的理想秩序,这是人的乐观主义的来源。贺麟认为,詹姆斯对什么是上帝、对宗教与科学如何调和这个当时的重大问题没有讨论,詹姆斯对宗教问题极其重视,但这里他是用实用主义解释宗教的。本质上说,这不是神学的宗教,不是信仰的宗教。这一点与鲁一士相同。贺麟后来所提倡的理性宗教,看来也有詹姆斯的影响:宗教的精诚信仰对于做一切事都是必要的,信仰比怀疑对于积极的建树更加重要,更加有用。所以此时贺麟是赞成詹姆斯的实用主义的,他说:"詹姆斯在哲学上的重大贡献且得到广泛承认而较少反对意见者,可能是他的实用主义方法。它不仅在哲学领域,而且在其他科学领域,都是最有成果和最起作用的。"[1]贺麟甚至认为,正是实用主义的方法,帮助中国文化复兴运动的领导者去重新评价中国古代哲学及其传统、教义、学说的可用性。可见这时贺麟对实用主义是欣赏的,他对詹姆斯的许多方面进行批评,但对实用主义没有微词。这可以看作美国文化的一般特性对这个中国青年的笼罩性影响。这一点直到他到德国之后才有所减弱,但根本消除是不可能的,因为在美国留学四年,而且是青年时期,对异邦文化的强烈感受是深入心髓的。贺麟对詹姆斯哲学也有批评,这些批评恰是他得于鲁一士的地方。从中我们可以清楚地看出他早期思想倾向的最主要方面。

贺麟对詹姆斯的批评最主要的有以下几点:

---

① 贺麟:《现代西方哲学讲演集》,上海人民出版社 1984 年版,第 105 页。

第一,詹姆斯擅长心理学方法,但缺少历史方法;而历史方法在鲁一士哲学中是基本方法。詹姆斯特别喜欢事实、实验、"拿证据来",但他的证据、事实,多半是个人偶然的经验或心理上的体验,没有历史的普遍性。在这一点上,贺麟倾向黑格尔和鲁一士的历史方法,他相信"哲学是世界历史给予吾人的教训",他欣赏的名言是"雅典娜的猫头鹰到黄昏才起飞。"他说自己是个"有历史感的人"。

第二,詹姆斯过分强调感情,而没有给理性、怀疑论或理智论留下地盘。詹姆斯用性情解释一切方面,他认为哲学是性情的表现,他把理性降到感情的婢女的地位。而鲁一士正当地强调感情、意志和理性,不忽视、不偏废其中任何一个。贺麟也不轻视感情和意志,他把知、情、意皆看作心的重要方面。不过他主张以理性统御感情、意志,最后归结为理是情意之体,情意是理之用,体用一源。

第三,詹姆斯没有调和科学和宗教,而鲁一士以包罗一切的"绝对"(或曰"太极")为上帝,抛弃了传统的上帝观念,在"绝对"里,真善美合一了,科学和宗教调和了。从另一方面说,在经验领域,鲁一士主要讲科学,在超经验的意义和价值领域,鲁一士主要讲宗教。但在"绝对"中,这些都同一了。贺麟的理性宗教也要调和科学和宗教的关系。

第四,詹姆斯是实用主义,鲁一士是理想唯心论,两人正相反对。贺麟此时赞同实用主义所谓真理是有价值的,赞同"实验室"态度,重视问题的发生和实地解决。但并不赞成实用主义"有效即真理"的相对主义真理观,并在后来对此严加驳斥。他认为实用主义在道德上不适用,因为有效用的东西,在道德上并不必然是正义的。

鲁一士是哈佛著名教授,贺麟在哈佛时主要接受了鲁一士的新黑格尔主义,而且以后又有所加强。他认为,鲁一士已摆脱了詹姆斯所面临的困难,成功地发展出一种完全统一的哲学体系。更重要的,他认为鲁一士哲学是融合东西方哲学的,而这种融合正是未来哲学所必需的。他后来的哲学方向,就是中西哲学比较参证、融会贯通。所以他对鲁一士极为推崇,称赞鲁一士"是一个伟大的老师",并说:

　　如果当今世界东方哲学和西方哲学应该融合的话,那么可以产生一种世界新文明的这种结合或综合的形式,我认为首推鲁一士所陈述的唯心主义的形式。它最适合充当使东西方思想结合为一个和谐整体的中介人。这不仅有助于世界文明,而且也有利于世界和平。①

贺麟推崇鲁一士特别是鲁一士的两本著作《近代哲学的精神》和《近代唯心主义讲演》,他在哈佛时就选译了两书精要的六篇,合为一书,名《黑格尔学述》。还翻译了新黑格尔主义者爱德华·开尔德(E. Caird)的《黑格尔》。随着研读黑格尔的深入,他对黑格尔兴趣越来浓厚,也越来越不满足于仅从新黑格尔主义者手里获得第二手资料。他决心去黑格尔的故乡德国研究真实的、第一手的黑格尔。

1930 年 10 月,贺麟离开哈佛大学。哈佛研究院的教授得知贺麟要去德国,都劝他得到博士学位再去。因为根据贺麟的学习成绩和研究水平,他只要写一篇论文通过答辩就可以得到博士学位。放弃轻易到手的学位是很可惜的。但贺麟到德国去的愿望很迫切,他谢绝了哈佛导师的挽留,毅然前往德国。

到了德国,贺麟入柏林大学哲学系学习。初到柏林,贺麟主要是学习德语,他请了几个德国学生教他德语,还请了一位家庭教师用德语教他拉丁文。在柏林大学,他听过亨利希·迈尔(Heinrich Maier)的哲学史课程,读过他的哲学著作《苏格拉底》、《现实的哲学》等,听过尼古拉·哈特曼(Nicolai Hartmanun)关于黑格尔哲学的课程,读了许多德文写的介绍黑格尔生平及其学说的书籍,其中哈特曼的《黑格尔》、克洛纳(R. Kroner)的《从康德到黑格尔》、格罗克纳(H. Glockner)的《黑格尔哲学的渊源》、狄尔泰(Dilthey)的《青年黑格尔的历史》等,都对他产生了相当大的影响。他说:

> 我所以喜欢这几种谈黑格尔哲学的书,即因为这几种书既不抽象傅会,又不呆板乏味,而著者又皆是能负荷黑氏哲学,有独立思想,在哲学史上占相当地位的哲学家。而且他们皆将全部哲学史烂熟胸中,明了黑格尔的时代、背景、个性,将其全部思想融汇于心,而能以批评的眼光、自己的辞句、流畅的文字表达出来。我相信这样的著作,不唯可以领导我们认识黑格尔,且可以领导我们认识什么是真正的哲学。②

从这些黑格尔哲学专家、精神哲学专家的著作中,贺麟扩大了视野,增加了深度。他不仅有了美国文化素养,而且有了德国文化素养;不仅学到了以美

---

① 贺麟:《哲学与哲学史论文集》,商务印书馆 1990 年版,第 110 页。
② [英]开尔德:《黑格尔》,贺麟译,世纪出版集团、上海人民出版社 2012 年版,第 4 页。

国文化改造黑格尔的英美新黑格尔主义,而且学到了以德国传统的重历史文化、重精神体验的特点,加深、拓宽、补充了黑格尔哲学的德国新黑格尔主义。由这些哲学家介绍黑格尔的著作,贺麟更研读了他们阐发自己思想的著作,如哈特曼的《德国唯心主义哲学》、狄尔泰的《精神哲学序论》。哈特曼的"批判本体论",特别是狄尔泰"认直觉为一种由精神生活或文化体验以认识真善美的功能,主张以生活来体验价值,以价值来充实生活"[①]的观点,对他有相当大的影响。

贺麟在德国的另一件大事,就是对斯宾诺莎哲学的译述。贺麟在美国奥柏林大学时,就在哲学蒙师耶顿夫人指导下学习斯宾诺莎哲学,并在1927年斯宾诺莎逝世250周年时,写了《斯宾诺莎哲学的宗教方面》一文。这篇文章是贺麟关于斯宾诺莎研究最早的一篇。文中详述了斯宾诺莎的生平,他的泛神论,他的实体学说,他的身心平行论、几何学方法及知神爱神的解脱道路等。到德国后,贺麟感到要真正把握黑格尔哲学,非要先深入研究斯宾诺莎和康德不可,于是潜心《伦理学》和康德三大"批判"的研究,并着手翻译《伦理学》。在德国,贺麟的英文文章《论斯宾诺莎哲学的宗教方面》,得到国际知名的斯宾诺莎专家、德文及拉丁文《斯宾诺莎全集》的编辑者、犹太人格布哈特(C. Gebhardt)的赞赏。格布哈特邀贺麟到法兰克福附近他的"金溪村舍"作客,向贺麟讲斯宾诺莎哲学,并介绍贺麟加入国际斯宾诺莎学会。但因这时希特勒反犹太人运动已经开始,格布哈特不久就被迫害致死,学会被迫停止活动,贺麟的斯宾诺莎译述工作也因此中断。

贺麟在德国将近一年,主要学术活动是学习德文、拉丁文,研读德国哲学家关于黑格尔的著作,并开始翻译斯宾诺莎《伦理学》。由于在德国继续留学尚需得到清华学校的批准,贺麟于1931年秋动身回国。

三、九一八事变后

1931年8月,贺麟从柏林出发,经欧亚铁路回国,沿途游览了德国中南

---

① 贺麟:《哲学与哲学史论文集》,商务印书馆1990年版,第197页。

部几个城市,于 8 月 28 日回到北京。回到祖国,贺麟觉得格外亲切,他接连到故宫、天坛、北海看了三四天,在国外五年,丝毫没有减损他对母邦的眷念。9 月,由杨振宁的父亲、数学家杨武之教授推荐,贺麟受聘于北京大学,讲授西方哲学史、现代西方哲学、黑格尔哲学等课程。因当时教授职位已满,暂为讲师,第二年升为副教授。贺麟还由吴宓陪同,拜访了时任清华大学文学院院长兼哲学系主任的冯友兰教授。冯友兰请他在清华讲授哲学概论和斯宾诺莎哲学。

贺麟回国不久,就发生了九一八事变,日本侵占我国东北,举国震动。当时任天津《大公报》文学副刊编者的吴宓,建议贺麟写一篇拿破仑入侵德国时,德国哲人何以自处的文章。贺麟觉得吴宓的建议很有现实意义,欣然应允,立即动笔起草,用了半年多的时间将全稿写完,在《大公报》文学副刊上分七期连载,题目为《德国三大伟人处国难时的态度》。吴宓曾在首期加编者按语如下:

> 此次日本攻占吉辽,节节进逼。当此国难横来、民族屈辱之际,凡为中国国民者,无分男女老少,应当憬然知所以自处。百年前之德国,蹂躏于拿破仑铁蹄之下,其时文士哲人,莫不痛愤警策。唯以各人性情境遇不同,故其态度亦异。而歌德、费希特、黑格尔之行事,壮烈诚挚,尤足发聋振聩,为吾侪之所取法。故特约请北京大学哲学系讲师贺麟君撰述此篇。贺君凤在美国哈佛大学及德国柏林大学专修哲学,本年夏,曾旅行德国中南部各地,亲访歌德等人讲学居处之遗迹。甫回国,即遘国难。贺君撰此篇,自觉其深切有味,读者亦必谓其深切有味也。①

在次期又加编者按语:

> 按本年 11 月 14 日,为德国大哲学家黑格尔逝世百年纪念。黑格尔之学,精深博大,为近世正宗哲学之中坚,允宜表彰。今贺麟此篇虽为叙述黑格尔处国难时之态度而作,其中已将黑格尔之性行及其学说之大纲精义,陈说略备。且作者黑格尔之学,凤已研之深而信之笃,更取中国古圣及宋儒之思想比较参证,融汇贯通,期建立新说,以为中国

---

① 贺麟:《德国三大哲人歌德、黑格尔、费希特的爱国主义》,商务印书馆 1989 年版,第 2 页。

今时之指针。故篇中凡描述黑格尔之处,亦即作者个人主张、信仰及其成己济世之热诚挚意之表现也。①

对于歌德,贺麟重点介绍其"谋国以忠"、"临难毋苟免"的处国难的态度和使抽象的真理具体化、使严肃的道德艺术化的人格特征。

对于黑格尔,贺麟的介绍分五个方面:黑格尔的艺术学养——他的诗教;宗教学养——他的礼教;合艺术与宗教为一体的哲学——他的理学或心学;黑格尔哲学的科学基础——自然科学、数学,最基本的是他的历史学;黑格尔的矛盾思辨法和因此法求得的至理——死以求生。贺麟指出,黑格尔是个散文式的人物,对于国难并无惊人之举。但他的全副热情、志气与精神,差不多全贯注在他的学说里,并未表现于行动的末节上。从他的学说里,我们可以认取他的爱国思想和态度,认取他:

> 注重诗教,使人有美的陶养;注重礼教或宗教,使人有道德的陶养;注重确认理性的无上尊严有征服一切不合理事物的最后能力的理学,与从内心深处出发以创造自由的理想世界的心学;注重科学知识,特别注重文化、历史的研究,以明了祖国的民族精神,立国根本以及古圣先贤所遗留下来的国粹或文化之所在;注重根据殊途同归,相反相成的原则,从远处大处着眼,以解除并调解局部间的矛盾冲突,使之各安其分、各得其所的思想方法,并注重据此方法以求得的"死以求生"或"死中求生"的信心、希望、拼命精神与人生至理。②

这是黑格尔当法军重兵压境时处国难的态度,也是贺麟教国民特别是知识分子在日军侵占东北、国危日深之时处国难的态度。

对于费希特,贺麟着重介绍他一生惊世骇俗的戏剧式行事以及他的知行合一的知识学。特别用大量篇幅介绍费希特在普法战争中冒死做"告德意志国民"讲演,为德意志民族的复兴奠定精神基础的壮举。贺麟认为讲演中的这段话代表了费希特处国难的态度:

> 我们现在是失败了,但是我们究竟是否要受人轻视,究竟除了别的损失之外,我们是否还要失掉我们的人格,这就完全看我们此后的努力

---

① 贺麟:《德国三大哲人歌德、黑格尔、费希特的爱国主义》,商务印书馆1989年版,第2页。

② 贺麟:《德国三大哲人歌德、黑格尔、费希特的爱国主义》,商务印书馆1989年版,第20页。

如何了! 军械的战斗已经结束了,但是新的理性的战斗,道德的战斗,
与人格的战斗,却正在开端呢!①

贺麟在《大公报》发表的《德国三大伟人处国难时的态度》,事迹、学说
并载,志意诚恳,文字感情充沛,读之确实"深切有味"。对于国人特别是知
识分子"痛愤警策"、"憬然知所以自处",起了一定的作用,赢得了各界良好
反应。故于 1934 年 7 月,由大学出版社汇集各期连载,出版单行本。惟采
纳张荫麟的意见,将"三大伟人"改为"三大哲人"。贺麟为单行本作序说:
"此篇之作虽仅由于国难当前有所激发而成,而主旨却在于客观地描述诸
哲之性情、生活、学说大旨。希望此书不仅是激励爱国思想一时的兴奋剂,
而且可以引起我辈青年朋友尚友千古,资以求学与修养的良伴与指针。"②
从中可以看出贺麟此时的真切意旨。

1932 年,是斯宾诺莎诞生 300 周年,《大公报》分三期登载贺麟所译的
斯宾诺莎与奥登堡(Odernburg)《论学书札二通》以及贺麟作的《斯宾诺莎
像赞》、《斯宾诺莎生平及其学说大旨》二文,以为纪念。这是贺麟在国内发
表最早的关于斯宾诺莎的文字。《斯宾诺莎像赞》曰:

> 宁静淡泊,持躬卑谦。道弥六合,气凌云汉。神游太虚、心究自然。
> 辨析情意,如治点线。精察性理,揭示本源。知人而悯人,知天而爱天。
> 贯神人而一物我,超时空而齐后先。与造物游,与天地参。先生之学,
> 亦诗亦哲;先生之品,亦圣亦仙。世衰道微,我生也晚。高山仰止,忽后
> 瞻前。③

对斯宾诺莎的学说作了概括介绍,同时对斯宾诺莎的学问人品,极表崇敬之
情。《斯宾诺莎生平及其学说大旨》一文,如果持与在奥柏林时所作的《斯
宾诺莎哲学的宗教方面》对比,可以发现,《学说大旨》跳出宗教藩篱,将斯
宾诺莎与西班牙大探险家哥伦布和意大利物理学家伽利略相比,说哥伦布
是开辟地理世界的英雄,伽利略是开辟物理世界的英雄,而斯宾诺莎便是承
袭此精神进一步开辟天理世界的先觉。说斯宾诺莎使以求真为目的的科学

---

① 贺麟:《德国三大哲人歌德、黑格尔、费希特的爱国主义》,商务印书馆 1989 年版,第
43 页。

② 贺麟:《德国三大哲人歌德、黑格尔、费希特的爱国主义》,商务印书馆 1989 年版,第
5 页。

③ 贺麟:《斯宾诺莎像赞》,《大公报》1932 年 11 月 21 日《文学副刊》。

和求安心立命的宗教调和在一起,使神秘主义的识度与自然主义的法则贯通为一,使科学所发现的物理提高为神圣的天理,使道德上宗教上所信仰的上帝或天理自然化作科学的物理。这表明此时贺麟视野扩展,见解增高,超出奥柏林时。1943 年贺麟译的斯宾诺莎重要著作《致知篇》出版时,收入这篇文章为导言。

1933 年春,贺麟受《华北日报》主编之邀,担任该报"哲学副刊"的编者,曾在副刊上发表短文三则,并刊载了张颐、朱光潜、郑昕等人的几篇短文。但《华北日报》因编辑方针不合当局的旨意,发行了七、八期即停刊,贺麟也离职而去。这是贺麟教师生涯中短暂的一段办报经历。

1931 年回国后至 1937 年抗日战争爆发前,是贺麟学术历程中特别重要的几年。这几年是贺麟继续研究黑格尔并逐渐确立了自己的心学的时期。这几年里,贺麟发表了一系列关于黑格尔和康德哲学的文章,如译自鲁一士的《黑格尔之为人及其学说概要》、《黑格尔精神现象学》,译自开尔德的《黑格尔印象记》,译自亨利希·迈尔的《最近五十年之西洋哲学》,自著的《道德进化问题》、《我之自由意志观》、《康德译名的商榷》等。特别是1934 年 3 月发表的《近代唯心论简释》一文,更是他的理想唯心论思想的宣言书,标志着他的心学的确立。在《道德进化问题》中,贺麟论逻辑和事实的关系说:

> 逻辑或理论本来是解释事实、整理事实、指导事实的方式或原则,所以真的理论必是合于事实的理论,真的逻辑必是合于事实、有充实内容的逻辑。事实本来是经理论、逻辑、先天范畴加以组织整理而成。离开逻辑或先天的范畴,只有混沌的黑漆一团,更无所谓事实。理论系共相,事实系殊相;理论在先,事实在后;理论为本,事实为末。[①]

这是明显的康德、黑格尔思想。在《近代唯心论简释》一文中,贺麟综合贝克莱、斯宾诺莎、康德、黑格尔的思想,提出:

> 心有二义:一,心理意义的心;二,逻辑意义的心。逻辑的心即理,所谓"心即理也"。心理的心是物,如心理经验中的感觉、幻想、梦呓、思虑营为,以及喜怒哀乐爱恶欲之情,皆是物,皆是可以用几何方法当

---

① 贺麟:《哲学与哲学史论文集》,商务印书馆 1990 年版,第 338 页。

作点、线、面积一样去研究的实物。①

心理意义的心,指贝克莱、休谟所谓心理中的经验;逻辑意义的心,乃一理想的超经验的精神原则,是经验、行为、知识、评价的主体,是经验的统摄者、行为的主宰者、知识的组织者、价值的评判者。贺麟特别指出,唯心论的意义在于它特别注重心与理一,心负荷真理,理自觉于心。所以唯心论实即精神哲学。精神哲学主张心与物不可分离,心为物之体,物为心之用。所以他说:

> 故唯心论者,不能离开文化或文化科学而空谈抽象的心。若离开文化的陶养而单讲心,则唯心论无内容;若离开文化的创造、精神的生活而单讲心,则唯心论无生命。②

贺麟指出,唯心论在道德上持自我实现主义,即孟子的"扩充四端"、王阳明的"致良知";在知识论上为理想主义,即认心为知识的源泉,认理想为行为的归宿;在政治方面注重民族性的研究,而民族性即决定整个民族的命运的民族精神。

贺麟这篇文章,虽篇幅不大,但综合了他的黑格尔学、斯宾诺莎学、康德学及中国宋明理学,明白宣示出他的哲学主张,解释了唯心论的各个方面,既是西方近代唯心论的简明叙述,也是他吸收西方近代唯心论成立自己的心学的宣言。所以,在后来编辑出版自己的论文集时,贺麟将此文置于篇首,又以之为书名。

1936 年,贺麟的译著《黑格尔学述》、《黑格尔》由商务印书馆出版,留学哈佛期间完成的译作,六年之后才得面世。此二书为当时最早也最完整地介绍黑格尔生平及其学说的著作,且有长篇译序介绍自己的翻译主张,在当时学术界特别是研究西方哲学的专家中,获得了普遍赞誉。

四、抗战期中

抗战八年,是中华民族的民族精神充分发扬的时期,也是贺麟一生中思

---

① 贺麟:《哲学与哲学史论文集》,商务印书馆 1990 年版,第 131 页。
② 贺麟:《哲学与哲学史论文集》,商务印书馆 1990 年版,第 132 页。

想最活跃、收获最丰厚的时期。在这个时期,贺麟出版了他的代表作《近代唯心论简释》论文集,译作《致知篇》,发表了大量论文。贺麟曾说:

> 八年的抗战期间不容否认地是中华民族历史上独特的一个伟大神圣的时代。在这期间内,不但高度发扬了民族的优点,而且也孕育了建国和复兴的种子。不单是革旧,而且也徙新;不单是抵抗外侮,也复启发了内蕴的潜力。①

贺麟的心学,恰逢需要高度发扬精神力量,需要充分挖掘民族文化蕴藏,需要哲学上弃旧图新的时代。这个时代,为贺麟心学思想的发展提供了合适的土壤。此时的贺麟,正值英年,意气风发,思想创颖活泼,是他一生中最富于创造性的阶段。

1942年1月,贺麟的《近代唯心论简释》由重庆独立出版社出版,1945年7月再版。书中收集了贺麟论述康德、黑格尔、斯宾诺莎及宋明理学的文章15篇,所译《最近五十年之西洋哲学》附录其中。贺麟的这些文章大都在国内各报刊发表过。其中《时空与超时空》上篇发挥康德学说讨论时空问题。认为,从哲学的立场来说,时空即理,时空是自然知识和自然行为所以可能的心中之理或先天标准,并从中国和西方哲学史中选取例证以证明时空是理。下篇论超时空,主旨在解答超时空是否可能的问题。认为所谓超时空的境界、体验,即心与理一、神与道俱、与造物者游、与天地精神相往来的境界。道体超时空,体道之境界也超时空。贺麟自认为这篇文章颇有新见,与一般讨论康德时空观的文章大不相同。

《知行合一新论》贺麟曾在西南联大哲学讨论会上讲演过,并编入《国立北京大学四十周年纪念论文集》。此文旨在用斯宾诺莎的身心平行论和西方现代心理学去解释王阳明的"知行合一",提出"自然的知行合一"观,认为这一观点与以朱熹为代表的"理想的、价值的知行合一"和王阳明的"直觉的、率真的知行合一"皆不冲突。不惟不冲突,而且可以解释朱王两种不同的学说。最后在知行合一的基础上抬高知的重要性、主宰性,认为知是本质,行是表现;知是目的,行是工具;知主行从,知先行后,归结到黑格尔知行合一而知为主、为先的结论。此文对知行两个方面进行了多层次的剖析,对副象论和行为派心理学也有论述,视角新、有理论深度。贺麟尝谓:

---

① 贺麟:《文化与人生》,商务印书馆1988年版,第2页。

"此文似有不少新意思,对于讨论程朱陆王以及孙中山的知难行易和知行合一都有帮助。"①

《宋儒的思想方法》重在讨论直觉问题。文中提出了贺麟对于直觉问题的根本见解:

> 直觉是一种经验,复是一种方法。所谓直觉是一种经验,广义言之,生活的态度、精神的境界、神契的经验、灵感的启示,知识方面突然的、当下的顿悟或触机,均包括在内。所谓直觉是一种方法,意思是谓直觉是一种帮助我们认识真理、把握实在的功能或技术。②

并用这种对直觉的理解去分析朱熹和陆象山的思想方法,认为陆象山是"先理智的直觉",朱熹是"后理智的直觉"。本文吸收了狄尔泰以生活体验价值、以价值充实生活的直觉法;柏格森破除死的范畴符号,不用理智分析,深入物之内在本性以把握其核心、命脉的直觉法;以及斯宾诺莎"从永恒的范型观认万物"的直觉法,以此解说中国传统哲学的思维方法,是中西会通的极少数有分量的文章之一。

《辩证法与辩证观》也是极重要的一篇。文中提出:

> 辩证法自身就是一个矛盾的统一。辩证法一面是方法:是思想的方法,是把握实在的方法。辩证法一面又不是方法,而是一种直观,对于人事的矛盾、宇宙的过程的一种看法或直观。③

认为真正作辩证思考,需要天才的慧眼、逻辑的严密和纯思辨的训练。文中讨论了辩证法的几位大师的不同,特别是柏拉图和黑格尔的不同,他指出,第一,柏拉图尚未确立正反合三连的辩证格式,而正反合的架格贯彻于黑格尔哲学的一切方面,是其哲学的骨骼经脉。第二,柏拉图比较注重主观地超越矛盾,而黑格尔则认为矛盾客观地存在于事物本身。第三,黑格尔异于柏拉图的最主要之点,在于柏拉图的辩证法与文化历史毫无关系,而黑格尔的辩证法乃是文化历史发展的命脉。柏拉图的辩证法是超越的,黑格尔的辩证法是亦超越、亦内在的;柏拉图的辩证法是纯理性的,而黑格尔的辩证法则是亦理性、亦经验的,并对新黑格尔主义者对于黑格尔辩证法的各种认识有所评述。此文实为比较柏拉图、黑格尔、新黑格尔辩证法异同的力作。

---

① 贺麟:《五十年来的中国哲学》,辽宁教育出版社 1989 年版,第 2 页。
② 贺麟:《哲学与哲学史论文集》,商务印书馆 1990 年版,第 179 页。
③ 贺麟:《哲学与哲学史论文集》,商务印书馆 1990 年版,第 220 页。

《文化的体与用》是贺麟集中讨论文化哲学的文字。文中将哲学意义的体用分为柏拉图式的绝对体用观和亚里士多德式的相对体用观。根据黑格尔哲学，给出了文化的独特定义：道之凭借人类的精神活动而显现者谓之文。提出自然为文化之用，文化为自然之体；文化为精神之用，精神为文化之体，精神为道之用，道为精神之体的文化观。特别高扬精神在道与文化之间的津梁作用，其主动创造的精神。提出吸收西方文化的三条方针：第一，研究、介绍、吸取任何部门的西方文化，必须得其体用之全。第二，必须摒弃"中学为体，西学为用"的说法。第三，提出"以精神或理性为体，以古今中外的文化为用"的主张，"不管时间之或古或今，不管地域之或中或西，只要一种文化能够启发我们的性灵，扩充我们的人格，发扬民族精神，就是我们所需要的文化。我们不需狭义的西洋文化，亦不要狭义的中国文化，我们需要文化的自身。我们需要真实无妄有体有用活文化、真文化"①。

这篇文章是对文化进行哲学探讨的有数文字之一，代表了贺麟新心学的文化观，也代表了当时大多数既不愿全盘西化、也不愿抱残守缺地固守中国传统文化的知识分子的愿望，在国内产生了很大影响。

《近代唯心论简释》是贺麟新心学的代表作，论到了他哲学思想的各个方面：本体论、辩证法、知识论、知行观及文化观。思想创颖活泼，文字虎虎有生气，表现了作者深厚的中西哲学素养和会通中西、创建新哲学的努力。这本哲学论文集出版后，贺麟在哲学界的地位基本确立。

《近代唯心论简释》出版后，马上引起社会各方的注意，胡绳于1942年9月发表《一个唯心论者的文化观》书评，批评贺麟是"直觉论的神秘主义者"，说"这种方法不能引我们到真理，而只能引我们到混沌"；批评贺麟主张"哲学是要单就理论上先天地去考察社会文化所应取的步骤或阶段"，这是主张超历史的逻辑；批评贺麟"不从社会关系上说明道德，而是把它看成天意在人事上的反映"；批评贺麟对三纲所作的解释是"向一切奴隶说教，教他们服从那个在主奴之间的天理"，说贺麟的思想是"从欧洲贩运来大资产阶级的腐败时期的直觉论和神秘主义思想，回来加入到旧礼教的复古营垒中去"②。

---

① 贺麟：《哲学与哲学史论文集》，商务印书馆1990年版，第354页。
② 胡绳：《一个唯心论者的文化观——评贺麟先生著〈近代唯心论简释〉》，载贺麟：《哲学与哲学史论文集》，商务印书馆1990年版，"附录"第394—400页。

徐梵澄在《图书馆月报》上发表书评，说本书"整个地看，著者实是深研费希特、黑格尔、康德、斯宾诺莎诸人的哲学，又研究宋明理学，其努力求融会贯通中西哲学，显而易见。无论有没有偏颇的地方，却处处能见其大，得到平正通达的理解"①。

贺麟在哈佛的同学、时任浙江大学教授的谢幼伟也发表《何谓唯心论》的书评，评述西方哲学史上各种唯心论如柏拉图、贝克莱、康德、黑格尔的不同，分析贺麟所谓唯心论的含义，指出："以全书内容论，贺君是书已为今日中国哲学上不可多得之著作。于唯心论之说，固有发明，即于中国哲学，亦极多精审之解释，而足帮助吾人之理解也。"②并就书中数点与贺麟商榷。贺麟当即作《答谢幼伟兄批评三点》回复，特别辩白，他所谓唯心论，主张心为体，物为用；心为主，物为从；心决定物。但这个决定最根本的意思是逻辑的决定，即"认体为逻辑上在先，较根本，而为用之所以为用之理。换言之，谓逻辑上物永远为心所决定，意即指物之意义、价值及理则均为心所决定"③。

谢幼伟复在评论中国当代哲学名著时指出，有创获的、有永久价值的哲学著作，首推熊十力《新唯识论》，此外是贺麟《近代唯心论简释》、章士钊《逻辑指要》、冯友兰《新理学》、金岳霖《论道》和沈有鼎关于意指分析的文章，将贺麟与熊十力、冯友兰、金岳霖诸大师并列。

抗战爆发后，北大、清华、南开大学奉当时教育部之命迁往湖南，合组为长沙临时大学，次年迁往昆明，组成西南联合大学。抗战八年，贺麟始终与联大同在，教学、翻译之暇，写了许多文章，发表在《思想与时代》、《战国策》等报刊上。抗战胜利，三校复员。离开昆明返回北平之前，贺麟把它们收集起来，编为一集，名《文化与人生》。在此书序言中，贺麟认为，这些文章虽无系统，但确实代表了一个一致的态度，一个中心思想，一个基本的立场或观点，它们之间实有内在的联系：

> 这些文章有着一个相同的方向，即是从各方面，从不同的问题去发挥出我所体察到的新人生观和新文化应取的途径。在发挥我的文化见

---

① 徐梵澄：《近代唯心论简释述评》，载贺麟：《哲学与哲学史论文集》，商务印书馆1990年版，附录第403页。
② 贺麟：《哲学与哲学史论文集》，商务印书馆1990年版，附录第416页。
③ 贺麟：《哲学与哲学史论文集》商务印书馆1990年版，第418页。

解和人生见解时,我觉得我是在尽量同情、理解并发扬中国文化的优点,并介绍西洋文化的意义、西方近代精神和新人生观。

贺麟认为,他的这些文字有三个特点:其一,有我,书中绝少人云亦云之处。每一篇都是自己的思想见解和体验的自述。每一篇都有自己性格的烙印,有自己的时代、自己的问题、自己的精神需要。其二,有渊源,即中国传统文化和儒家思想。篇中不惟对孔孟、程朱陆王有同情的解释,即对老庄、杨墨也有同情的新评价。其三,吸收西方思想,对西方文化学术,虚心理会,切己体察,期望将其根本精神解释给国人。

如果将《近代唯心论简释》和《文化与人生》加以对照,就可发现,前者是哲学理论阐发,后者是哲学理论在文化和人生方面的应用。前者是其思想主干、骨骼,后者是其枝叶、血肉。前者是形上之体,后者是文化人生之用。这两本书正好构成了贺麟的有体有用之学。从这本书可以看出,贺麟不满足于纯哲学,他要将哲学发为文化人生的具体主张,他希望他的思想不仅有裨于新时代的理论建设,而且可以起而实行。书中各篇,就是他勾画的蓝图。特别是,这本书是他现代新儒家的代表作,首篇《儒家思想的新开展》,提出了他复兴儒家的完整理论。

贺麟复兴儒家的主张,首先建立在对他身处时代的认识上,建立在对儒家和民族文化关系的认识上。他指出:

> 中国当前的时代,是一个民族复兴的时代,民族复兴不仅是争抗战的胜刹,不仅是争中华民族在国际政治中的自由、独立和平等,民族复兴本质上应该是民族文化的复兴。民族文化的复兴,其主要的潮流、根本的成分,就是儒家思想的复兴、儒家文化的复兴。假如儒家思想没有新的前途、新的开展,则中华民族以及民族文化也不会有新的前途、新的开展。换言之,儒家思想的命运是与民族的前途命运、盛衰消长同一而不可分的。①

五四新文化运动、西洋文化学术的输入,是儒家思想得到发展的动力。他提出了儒家思想的新开展所遵循的途径:第一,以西洋哲学发挥儒家理学;第二,吸收基督教精华以充实儒家礼教;第三,领略西方的艺术以发扬儒家的诗教。就是说,儒家思想的新开展,将循艺术化、宗教化、哲学化的途径迈

---

① 贺麟:《文化与人生》,商务印书馆 1988 年版,第 5 页。

进。他指出：

> 中国许多问题，必达到契合儒家精神的解决，方算达到至中至正，最合理而无流弊的解决。如果无论政治、社会、文化、学术各项问题的解决，都能契合儒家精神，都能代表中国人的真意思、真态度，同时又能善于吸收西洋文化的精华，从哲学、科学、宗教、道德、技术各方面加以发扬和改进，我们相信，儒家思想的前途是光明的，中国文化的前途也是光明的。①

这是现代新儒家的宣言书，是当时一种最切合时代需要的文化主张。同现代新儒家的其他代表人物比较，贺麟没有像梁漱溟那样从文化类型上去论证儒家文化的优越，其最后战胜的必然性，也没有像熊十力那样为新儒家构造一个完全建立在中国本有的哲学传统之上的本体论，也不像冯友兰那样为新儒家树立人格理想。贺麟的特点在于提出儒家新复兴的途径最主要的是吸收西方文化学术以充实发展自己这一总体构想。书中其他方面如经济、法治、教育诸方面，都是围绕这一构想展开的。

贺麟这本书虽是论文化、人生问题的，很少涉及时局，但确实是在抗战必胜根本信念的鼓舞下写成的，各界反映很好，作者本人也相当满意。

贺麟在抗战期间写成的另一本重要著作是《当代中国哲学》。本书第一篇原名《五十年来的哲学》，故可以看作简明的中国当代哲学史。书中评述了自康有为以迄汤用彤12位中国当代哲学家、哲学史家。每位哲学家，贺麟都选取他们最有代表性的著作，往往寥寥数语，就将哲学家一生学问命脉道出。所以篇幅虽小，义实丰富。本篇是贺麟本新心学立场对当代哲学家的评述。他认为，五十年来的中国哲学，值得大书特书的有四件事：第一，陆王之学有了盛大发扬；第二，儒佛对立得到新的调解；第三，理学中程朱陆王两派的对立得到调解；第四，对中国哲学史的研究有了新的成绩。这四件事中，第四件是贺麟对胡适、冯友兰写作《中国哲学史》、汤用彤写作《中国佛教史》、《魏晋玄学》的表彰，其余三件，皆可看作贺麟自己的哲学主张。即是说，贺麟的哲学主张就是发挥陆王心学，调解儒佛，调解理学两派的对立，使之融合于一个哲学系统中。基于这一点，他把中国当代哲学家大都看作陆王派，并把孙中山先生看作本陆王之学发为事功的代表。

---

① 贺麟：《文化与人生》，商务印书馆1988年版，第17页。

　　第二篇《西方哲学的绍述与融会》，是贺麟对自严复以迄吴宓 27 位西方哲学研究者、翻译者、绍述者的学术思想的评述，与后来的重要文章《康德、黑格尔哲学在中国的传播》①相为表里。文中重点表彰研究译述柏拉图、康德、黑格尔的学者，对提倡艺术、宗教的学者也加以褒扬。而对持实在论观点的学者，则持批评态度。从中亦可以看出贺麟自己的思想倾向。

　　第三篇《时代思潮的演变与批判》，本其理想唯心论，重点批评了实用主义的实验室态度，专重实际效果的方法和相对主义真理观。认为实用主义重行轻知，重近功忽远效，重功利轻道义，理论上乏坚实系统，理想上无确定信仰，理论和实践都缺乏建设精神。这表明他对留学美国期间所受的实用主义影响的彻底抛弃。

　　贺麟从其理想唯心论出发，也不同意当时流行的辩证唯物论。他承认辩证唯物论的健康常识：物质在意识之先。但他认为，科学的事实并不是哲学，哲学要问在理论上、逻辑上什么东西最重要，什么东西是核心，是命脉。这是他的心物合一而心为主、为重、为先的根本观点对主张物质在先的唯物论提出的责难。在认识论上，他主张主客合一，认为离开主观，没有客观。对辩证法，贺麟认为，辩证法是哲学中的一个主要方法，为哲学家所共用，而非任何一派所能包办。他所信奉的黑格尔学说，就是讲辩证法的，黑格尔本人即辩证法大师。辩证法是黑格尔哲学的精神命脉。贺麟所主张的，是一切建筑在理性的基础上、精神的基础上的哲学，这种哲学建基在以研究人类精神历史为主的科学如道德史、宗教史、艺术史上，这种哲学必是忠实把握西方文化又加以融会贯通的，是中国民族哲学但也可以为全世界所认同的。关于对辩证唯物论的评述，贺麟后来有很大的改变。

　　第四篇《知行问题的讨论与发挥》，贺麟认为"实本书中最关重要的一篇文字，望读者特别留意"②，这篇与《知行合一新论》可以说是姊妹篇。两篇讨论的重点不同，一为知难行易，一为知行合一，但正好互相补充。贺麟认为知难行易说与知行合一说不但不冲突，而且互相发明；并且可以说，由知难行易说必逻辑地发展到知行合一说。知难行易说以知行合一说为基础，不然理论不坚实；知难行易说应以知行合一说为归宿，不然则理论不

―――――――――――――――

① 贺麟：《五十年来的中国哲学》，辽宁教育出版社 1989 年版，第 77 页。
② 贺麟：《五十年来的中国哲学》，辽宁教育出版社 1989 年版，第 5 页。

透彻。

贺麟在抗战期间的另一件大事,就是对《小逻辑》的翻译、研究。贺麟接触黑格尔哲学,是从新黑格尔主义者鲁一士入手的。鲁一士最喜欢《精神现象学》,贺麟最早研究和讲授的,也是《精神现象学》。《黑格尔学述》出版后,贺麟重点转向研究《小逻辑》。十余年中,边研究、边翻译、边讲课。越研究,对黑格尔哲学兴趣越浓。《小逻辑》的翻译始于1941年,到1949年下半年才译完。研究、讲课的成果就是《黑格尔理则学简述》。这本书的雏形是1943年前后在西南联大讲授黑格尔哲学的讲稿,1948年作为《北京大学五十周年纪念论文集》,出版过单行本。这本书是贺麟第一本研究黑格尔哲学的系统著作,也是当时研究黑格尔的逻辑学最完整、最深刻的著作。在中国学者研究黑格尔的著作中,有重要地位。书中有许多据己意发挥黑格尔的地方,且不乏中西比较的文字。

贺麟在抗战期间还有一件重要的事,就是"西洋哲学名著编译委员会"的创立。编译委员会1941年在昆明成立,贺麟任主任委员。在抗战的艰苦条件下,翻译出版了许多高质量的哲学著作,并为中国的哲学翻译事业,培养了大批人才。贺麟的重要译著《致知篇》就是编译会的首批产品,《小逻辑》也是此后开始翻译的。

1945年8月,抗日战争胜利,西南联合大学的战时使命完成,1946年5月起,三校陆续离开昆明。贺麟随北大返回北平,继续讲授黑格尔哲学、现代西方哲学,翻译《小逻辑》。

贺麟的现代西方哲学课,重点是柏格森的生命哲学,詹姆斯、杜威的实用主义,柏雷(R.B.Perry)、摩尔(G.E.Moore)、亚历山大(Samuel Alexander)的新实在论,桑塔亚那(G.Santayana)的批判实在论,怀特海的过程哲学和格林、鲁一士的新黑格尔主义。所选材料,都是贺麟在美国留学时积累的,讲课时又参考了许多书籍,所以内容充实,观点鲜明,而且还穿插一些哲学家的逸闻轶事,生动活泼,听课的人很多。讲稿搁置箱箧中三十多年,后来出版,就是《现代西方哲学讲演集》上篇。这可以说是他40年代后期最重要的成果。

篇中对柏格森的评述,代表他确立了绝对唯心论之后对直觉主义的批评。

首先贺麟批评了柏格森没有区分清楚哲学与科学的界线,没有完成哲

学的任务——考察科学的前提,为科学奠定理论基础。贺麟指出,柏格森的
"记忆"和康德的"范畴"都是主体处理对象的主观条件,但康德的范畴是理
智的,有普遍的立法作用;而柏格森的"记忆"只是心理附加,和哲学上的认
识论无关。就是说,贺麟认为康德的"范畴"是哲学,柏格森的"记忆"是心
理学,是科学。柏格森混淆了哲学和科学的界限。贺麟主张直觉以理智为
基础,理智以直觉为补充。所以他在《宋儒的思想方法》里把朱熹和陆象山
分为前理智的直觉和后理智的直觉两种。他的目的是要把直觉从狂诞的简
洁的反理智主义救治过来,回复其正当的地位,发挥其应有的效能。所以他
认为柏格森尊崇直觉、鄙弃理智的说法是只得心灵的一偏。他认为心灵有
良心、直觉这方面的表现,也有建立真理、法则、逻辑这方面的意义。心灵的
这一方面的意义被柏格森丢弃了,所以把人引入神秘主义。

　　其次,贺麟从绝对唯心论既承认现象的可变性,又承认理则、法度的永
恒性出发,认为柏格森的最主要概念"绵延"中,找不到永恒的东西,一切都
是刹那生灭的。虽然他由此进入丰富的精神生活之中,但他"往而不返",
不像黑格尔能入于变动不居的世界中,但又能超出其外,发现宇宙的大经大
法,发现变动中的永恒。但贺麟对柏格森破除机械论,对于生命力的独创的
见解,是赞赏的。所以他说,柏格森的哲学虽然和讲逻辑理念的黑格尔哲学
大不相同,但仍可以在哲学界独放异彩。

　　对于杜威,贺麟着重批评他对于传统的否定、对于宗教的否定和重变不
重常的经验主义。杜威曾提出传统哲学的三大罪状:其一,是对一民族、一
国家原有的风俗、习惯、信仰等加以辩护,使其合理化。杜威认为哲学应变
成一种实验科学,一种能够解决实际问题、为人类谋福利的科学。而贺麟认
为,哲学的任务之一就在于把人类风俗习惯、民族精神中好的东西找出来,
发扬表彰。杜威的批评没有认清哲学的使命。其二,杜威批评传统哲学总
要找出一个永恒不变的绝对本质,所以和宗教朋比为奸。启蒙时代,宗教解
体了,正统哲学就代替神学来满足人类宗教上的要求。杜威很不喜欢宗教,
这和贺麟是不同的。贺麟反对盲目信仰宗教,但主张理性宗教。他认为宗
教可以给哲学家以灵感,哲学家也可站在哲学的立场去批评宗教,使它合理
化。其三,杜威从彻底经验论出发,否认变中之常,否认经验中的永恒真理、
普遍法则。贺麟对此提出批评,认为经验的确是在变化之中,但变中必有
常,必有变化所遵循的先在法则。这也是贺麟从绝对唯心论出发对彻底经

验论的批评。这最后一点与对柏格森的批评一样,因为柏格森和杜威都注重生物学,都可归为生命哲学家。

对于杜威的实验逻辑的五步法,贺麟没有批评,而是把它消融在黑格尔的辩证法中,认为它不过是把辩证法用于实验方法中。

从对杜威的批评中可以看出贺麟对传统、对宗教的注重。这在贺麟思想里是一贯的。

新实在论是贺麟评述的重点。贺麟认为,新实在论有排除自我中心而去追求客观真理的长处,它的缺点在离心而求客观。他说,唯心论者并不反对实在论这个名词,不过唯心论的客观是人同此心、心同此理的共同原则,共同理想。唯心论者的实在是不离心离理的实在。不但如此,唯心论还要追求价值上善恶美丑判断的客观和合理,所谓合乎天理人心。而实在论者却以价值判断为主观。

在对柏雷的评论中,贺麟特别辩白被人们误解的唯心论。他说,就哲学史来看,典型的唯心论的中心问题绝不在"看见则存在,不看见则不存在"这个讨论上,唯心论所注重的是存在的意义和价值。不能说我们的想象中不存在的空谷幽兰有什么价值、什么意义。因为价值和意义都是思想、欣赏、判断、认识能力赋予的。唯心论注重从逻辑上、法则上对事实中存在的关系、来源、所以可能的条件加以证明。这不是主观化,而正是客观化——客观地把事物放在普遍联系的整体中来考察。唯心论者认为未经过人类认识的事物没有意义和价值,因而不是真实的存在,正是为了保持人的尊严;必须经过思想签字的事物才能承认它真实存在。相信思想就是相信理性,而理性正是人的尊严所在。唯心论是近代思想的产物,也是哲学史发展的产物。

摩尔的新实在论思想中比较重要的是直知对象说,即意识可以直达客观内容,主观不参与其中。贺麟从黑格尔最抽象即最空洞的观点出发,认为摩尔所谓直知的,是一个抽象物,它的时间上、历史上、功用上的一切意义和价值都被斩断,这样的知实即不知。摩尔的纯粹镜子式的感觉,主体的心灵不发生作用,这样,我非真我,物非真物。直知对象说认为认知毋须凭借,将心灵的复杂、丰富内容丢掉,剩下的只能是空疏、抽象的无物。摩尔的外在关系说否认了精神的互通互融,也只是一种虚假的关系。

对于西方新实在论在中国的代表冯友兰、金岳霖,贺麟也本其唯心论进行了批评。他在评述中国当代著名哲学家时指出,冯友兰的《新理学》和金岳霖的《论道》,在基本概念上是相同的。冯友兰所谓"理",相当于金岳霖所谓"式";冯友兰所谓"气",相当于金岳霖所谓"能"。由无极之气到太极之理,所谓"无极而太极"的过程,形成"流行"的实际世界,两人的说法也是相同的。贺麟批评金岳霖的"非心非物"的纯粹经验,说认识的对象不是非心非物的东西,而是亦心亦物的东西。金岳霖所谓心,只是心理官能,不是康德的逻辑意义的心。这样的心排斥"心即理"之说,不是真实的心。而所谓未发生认识关系以前的客体,只是孤立的空寂的。常识上可以假定其存在,而事实上这种存在毫无意义。对于冯友兰,他也借王恩洋对《新理学》的责难,说冯友兰取理学家理气之说,遗其心性之说。如果没有心,就没有了敷设发用之具,无极而太极是"而"不出来的。理也气也心也,三者不可离,冯友兰取其理气而遗其心,是取其糟粕遗其精华。贺麟并且说,讲程朱而不发展到陆王,必失之支离;讲陆王不回复到程朱,必失之狂禅。冯友兰只讲程朱理气之说,忽视陆王心性之说,所以理论上欠圆融。

可以看出,贺麟在对现代西方哲学诸流派的评述中,批评最多的还是新实在论,他不仅批评新实在论,而且批评老实在论;不仅批评西方的新实在论,而且批评中国的新实在论。西方新实在论由批评绝对唯心论者鲁一士而兴起,贺麟的绝对唯心论由批评新实在论而丰富。两派的哲学观点是针锋相对的。关键在于对心物关系这一哲学根本问题分歧甚深。而对介于新实在论和唯心论之间,既自称是新实在论者,又承认思想要点和唯心论者布拉德雷(F. H. Bradley)相近的怀特海,贺麟则极表赞扬,特别是其宇宙论上东方式的天道观方面。贺麟对怀特海的评论是:"他的哲学既是实在论又超出实在论,打破了生机主义和机械主义的对立,消除了唯心论和实在论的鸿沟,可以说是新实在论阵营中有体系、有独到见解的哲学大师。"①这正是贺麟自己的哲学方向,即建立一个调解诸多对立的唯心论体系。他对桑塔亚那的评述也体现了这一点。

贺麟是一个学者,一生皆在大学讲堂上度过。对于政治、经济、法律诸方面问题,都本其根本哲学思想有所论述,但政论、时评一类,却较少有文章发表。1948年4月,贺麟发表了《此时行宪应有的根本认识和重点所在》,

---

①　贺麟:《现代西方哲学讲演集》,上海人民出版社1984年版,第128页。

算是这方面的代表。文中指出,当时中国应坚定不移地实行宪政,否则便陷于一党专政的独裁。当时反对行宪的理由,最主要的是认为,中国历史文化背景不同于西方,将西方的选举等移植到中国来,如模仿不当,便会被一小撮人所利用,不能代表人民的利益。所谓"橘逾淮而为枳"。另一条理由是,中国尚停留在农业经济阶段,而自由民主的宪政是工业化社会或保护资本家利益的产物,不合中国人的需要。贺麟驳斥了这些理由,指出,西方有的国家选灾严重,但只要周密安排,杜绝漏洞,就可以防止由选举而引起的政治风波,防止选举被一小撮人所利用,不能因噎废食。至于把中国文化传统作为不能行宪的理由,则是迂阔的,因为中国文化在不断的变迁中,自从中国向西方学习以来,西方的民主思想、选举制度,早已普遍传播于中国人中间。实行民主宪政,已由政论家的设想,变为一般老百姓的公意。至于有人说选举是"腼然逞欲而无耻",悖于谦让之德,更是迂腐之论。从经济上说,宪政并非资产阶级的特产,农业社会中也可有符合农业社会特点的宪政,无论在资本主义和社会主义国家中,都可有适合双方社会制度的宪政。根据这一观点,他提出了对当时行宪所应当有的根本认识,这就是:

> 在半壁烽火的战争期中,在训政没有成绩表现的情形下,实行宪政尤觉困难。因之,中国今日行宪,与西洋一般民主国家的行宪不同。我们的行宪,不是单纯的太平盛世的行宪,而是要在宪政期中退回去补军政、训政时期所未完成的课程。因此对于今后的宪政,我们要有一个根本认识,就是认清楚这是寓军政于宪政,寓训政于宪政的宪政。①

所谓寓军政于宪政,就是宪政时期所用的武力,应该是民众化的、国家化的武力,而非个人的武力、派系的武力。军事行动应该服从宪法的规定,应该在宪法允许的范围内活动。寓训政于宪政,也绝不是加强一党专政,而是尽量让人民自由自主,尽量多给人民以学习民主发挥潜力的机会,让人民充分发表意见,尤其对社会名流和知识分子的意见,应有恢宏度量,虚心接受。随舆论民意的趋向,随时变通。

对于行宪的重点,贺麟指出:"三民主义中最根本,最重要,最为人民、国家、时代所急需而过去政府最少贡献甚且与此背道而驰的就是民生主义;

---

① 《周论》卷一,第十二期。

实行民生主义,我最大声疾呼地说,就是行宪的重点所在。"①贺麟痛陈当时的社会弊病:财政经济濒于崩溃、物价飞涨、民生困苦已达极点,官僚资本、地主资本、发国难财的贪官污吏、奸商买办,吮取人民的膏血,已腐蚀了国家的基础。并指出消除弊病的办法:必须进行民生主义的革命,铲除官僚资本家、贪官污吏、买办地主等。这些人往往就在政府内,所以这个工作很困难,但确是行宪的重点,是今后宪政生死存亡的关键所在。

这篇时评,表现了贺麟对当时政治状况的不满,表示了当时大多数爱国知识分子要求革除丑恶的腐败现象,实行真正的民主宪政的愿望。因此,他是同情进步学生的。1947年,贺麟任北京大学训导长,曾多次保护过进步学生和青年,被学生誉为"我们的保姆",并送给他一面绣有"青年保姆"字样的锦旗。1948年4月的北大学潮中,当局策划逮捕学生,贺麟以训导长身份劝告北平警备司令陈继承"不要再做关麟徵,不要再酿成一次'一二一'惨案",并支持教授联谊会保护逮捕名单上的学生。1948年12月,胡适邀请著名学者、各院校负责人、中央研究院院士离开大陆去台湾,贺麟也在其中。胡适接连给他来了三封电报,促他成行。但贺麟没有接受邀请,他留在大陆。

西南联大结束回到北平后,贺麟除了讲课就是翻译《小逻辑》。但因杂事干扰,翻译工作进行得较慢,直到1949年下半年才翻译完毕交商务印书馆,次年在上海出版。

五、1949 年之后

1949年以后,贺麟的学术活动进入了一个新时期。这期间,他经历了知识分子思想改造运动,对非马克思主义批判运动,用新观点研究、讲授黑格尔这样几个阶段。

1950年冬,贺麟随北大参观团去陕西长安县参观土改。他把这次活动看作走出书斋了解现实、改造自己、提高自己的好机会。经过一个月由"参

———————————

① 《周论》卷一,第十二期。

观到参加"的实际锻炼,贺麟的思想发生了显著变化。他在活动结束回到北京谈感受时说:这次参加土改,使他体会到,离开了群众什么事也做不成,不走群众路线什么路也走不通,除了依靠工农大众、服务工农大众,再也没有其他坚实可靠的立脚之地。在哲学上,他认识到辩证唯物论是"由感性的东西提高到理性,再用理性去指导感性的东西。而唯心论则是离感性而谈理性,轻感性而重理智,完全是抽象、孤立、片面的看法"①。这是他第一次对自己信奉的唯心论提出批评。表明他的政治立场、学术立场的初步转移。1951年秋至1952年春,贺麟又到江西参观土改半年。这次活动更加深了他思想改造的决心。

1952年,全国高等院校进行院系调整,贺麟被调整后的北京大学聘为教授。大规模的知识分子学习马列、毛泽东著作,学习苏联专家的运动开始。贺麟积极参加学习,并开始拣起丢弃了几年的西方哲学史研究工作。从1954年开始,贺麟在北京大学、中国人民大学小范围地讲授黑格尔哲学,这是贺麟用接受的唯物辩证法研究和讲授黑格尔哲学之始。从收入《黑格尔哲学讲演集》的几篇讲稿来看,这时对黑格尔主要是客观介绍,评论很少。特别是还没有此后随着全国批判资产阶级思想运动逐渐升级而出现的学术屈从政治那种情况。这时他对政治和业务的关系,还是主张"又红又专",知识分子应该在自己的工作岗位、自己的专业领域为新的国家作贡献。

1955年,全国范围的批判资产阶级思想运动开始,贺麟在《人民日报》发表《两点批判,一点反省》,对胡适、梁漱溟和自己的唯心论思想进行了猛烈的批判,其中说,胡适的实用主义和自己的理想唯心主义虽是在哲学上敌对的派别,但"反人民革命,反共产主义的目的,则是完全一致的"。胡适把杜威实用主义和汉学家的考证方法相结合,自己把新黑格尔主义和宋儒的直觉内省方法相结合,二者只是"反对唯物论辩证法的不同途径"。自己和胡适在"一方面依靠西方资本主义社会某一派的唯心论,一方面企图复活中国封建社会某一派的唯心论,两相调和附会,来一个中西合璧,以适应半封建半殖民地的中国统治阶级的需要"这一点上是完全相同的。此后,贺麟又发表了几篇批判胡适"大胆假设、小心求证"的实用主义思想方法和梁

---

① 《光明日报》1951年4月2日。

漱溟的直觉论的文章。从现在的眼光看，他对胡适、梁漱溟和自己的批判都是过火的，都有简单粗暴、深文周纳之病。但他的态度是真诚的，"洗个干净澡"以丢掉包袱轻装前进的动机也是显然可见的。

1955年中国科学院哲学研究所成立，贺麟调任哲学研究所西方哲学史研究室主任。从这时起到60年代前期，贺麟写了一系列批判新黑格尔主义的文章，重点在新黑格尔主义的哲学观、新黑格尔主义的政治思想和新黑格尔主义对黑格尔辩证法的形而上学化和神秘化。由于贺麟对新黑格尔主义浸润久、钻研深，并且吸收了其中许多观点，所以他的批判可说是"反戈一击，易制敌人的死命"。其批判的科学性较之对实用主义和直觉论的批判，都要大得多。当然那个时代的批判很难避免简单化、深文周纳诸病，贺麟的这些文章也不例外。

1956年，"百家争鸣"方针提出，贺麟发表《为什么要有宣传唯心主义的自由》①和《必须集中反对教条主义》②等文章，提出"开放唯心主义"的主张，不过他所谓"开放唯心主义"，是认为既然唯心主义是必然要发生的，就应该有公开亮出来辩论清楚、讲明道理的自由，以利于克服唯心主义。他还指出，当时对马克思主义的理解，过分强调了马克思主义和唯心主义的本质差别，两者的矛盾和斗争，忽视了二者的渗透和融合。在1957年1月北京大学举行的"中国哲学史座谈会"上，贺麟作了"关于哲学史上唯心主义的评价问题"的发言，指出，在思想改造运动之后，对非马克思主义应该是循循善诱、和风细雨的态度，不能搞"当头棒喝"。他提出"唯心主义体系中有好东西"、"对唯心主义否定过多不恰当"等观点，并对一些以正统马克思主义自居，动辄打棍子、扣帽子，用简单粗暴方法对待不同思想的做法进行了批评，对一些人生吞活剥马克思主义经典著作的学风也加以指斥。但不久，反右运动开始，许多敢于直言"鸣放"的人被打成"右派"，贺麟也发表文章对自己"唯心主义和唯物主义有同一性"的观点和批判教条主义的主张进行了深刻批判，才幸免于难。此后，贺麟的学术重点放在翻译和"客观讲授"黑格尔上。个人思想锋芒逐渐消磨。50年代中期以后，他花力气研究了以前介绍较少的黑格尔政治学、法哲学、艺术哲学、哲学史，对此一一作了

---

① 　和陈修斋合写，参见《哲学研究》1956年第3期。
② 　《人民日报》1957年4月24日。

介绍。他在这个时期共发表关于黑格尔的论文二十多篇。他对黑格尔以上各方面的研究，重点在阐述黑格尔的辩证法，因为这是为当时的流行哲学所赞许的。对黑格尔的本体论，基本上持批判、贬斥的态度。这反映了他的研究重点的转移。

50年代中期以后，是贺麟译著颇丰的时期。《小逻辑》1950年出版后，又修订、再版过多次。与学生合译的《哲学史讲演录》（全四册）、《精神现象学》（上下卷）及独立完成的斯宾诺莎《伦理学》、《知性改进论》等陆续出版，这些译作皆收进商务印书馆汉译世界学术名著丛书，对黑格尔和斯宾诺莎研究，起了极大推动作用。

贺麟也对中外文化交流作出了贡献。1957年春，他作为中国哲学代表团成员访问了苏联，1979年参加中国社会科学院学术访问团访问过日本，作为代表团团长出席了在南斯拉夫召开的第十三届国际黑格尔年会，还应邀到香港访问和讲学。他的学术报告受到国内外专家的一致好评。

"文化大革命"中，贺麟也同无数知识分子一样，受到批判和冲击。他被打成"反共老手"、"反动学术权威"，遭抄家、批斗、游街，关进"牛棚"写交代材料，甚至被划为"特务"遭到毒打。他曾萌发过轻生的念头，靠着对未来的坚强信念和对学术的赤诚之心，才坚持活了下来。"文化大革命"以后，他以惊人的毅力，用老病之身，完成了几十万字的译作，编辑出版了他一生讲学的大部分讲稿和几本论文集。这些表现他一生追求真理，表现他深刻、睿智的哲学创造的书籍，为中国现代哲学宝库，增添了蕴藏。

由于贺麟的努力和学术上的成就，他赢得了许多荣誉。当选为第四、五、六届全国政协委员，中国民主同盟中央委员，曾任中华全国外国哲学史学会名誉会长，中国社会科学院哲学研究所学术委员会副主任，《黑格尔全集》编译委员会名誉主编等职务，被聘为各种学术团体、丛书的学术顾问。在荣誉和地位面前，他保持了一个知识分子淡泊名利、追求真理、自强不息、老而弥笃的精神。

贺麟是一个学者，一生皆在大学讲堂和书斋里度过。除了思想改造运动中参加土改和"文革"中到干校劳动，他从未出学术一步。他没有惊天动地的功业，也没有富于传奇色彩的经历，他只是脚踏实地在学术园地中辛勤耕耘。他的成就无非是他的思想、他的著作，但他的学者的品格、学者的精神皆在其思想、著作中见。所以本书除其学术、思想外，亦无所述。1986

年,中国社会科学院、北京大学等贺麟工作过的单位共同举办"贺麟学术思想讨论会",总结了他一生走过的道路和在学术上的贡献,会议认为:"贺麟教授所经历的曲折道路,是一个真诚的中国知识分子的道路,他的道路尽管曲折艰苦,但是不断前进的。作为一个哲学家,必须是真诚的、爱真理的,贺麟教授就是这样的哲学家。"贺麟在 40 年代,曾有过"论人的使命"的讲演,他的一生,可以说实现了他关于人的使命的理解:"个人的使命,一方面是自己的自由考察,自己选择,自己担负未来的工作,一方面也可以说是时代赋予的。在完成此种使命、努力此种终身工作里,一方面实现自我的本性,一方面也就是贡献于社会、国家、人类的使命。此即人所做、所应做、所不能不做、所鞠躬尽瘁,用全副精力以从事的工作。"①

----

① 贺麟:《文化与人生》,商务印书馆 1988 年版,第 85 页。

第一章　贺麟与德国哲学

在现代中国,只要一提起德国哲学,总会想起贺麟这个名字。这不仅因为他是我国翻译和介绍黑格尔、康德的著名专家,而且因为他本人的思想学说里,处处渗透着德国哲学的精神。他的思想中,既有康德、费希特的主体精神、自由精神,又有谢林的美学眼光,而以黑格尔合主客、一天人为归。贺麟接受德国哲学,是从黑格尔入手的;而他之接受黑格尔,又是从新黑格尔主义入手的。这使他的哲学思想又带有新黑格尔主义的强烈影响。

一、贺麟与新黑格尔主义

贺麟认为,黑格尔可大别为三:一为少年黑格尔,自由浪漫;一为老年黑格尔,独断保守;一为新黑格尔,为前二期黑格尔的综合与修正。新黑格尔派特别看重黑格尔的早期著作《精神现象学》,鲁一士的《近代唯心主义讲演》和《近代哲学的精神》两书,就以《精神现象学》为主。鲁一士说:"黑格尔的《精神现象学》一书为德国哲学界自 1790 至 1810 年间最奇伟之杰著。虽然此书与当时德国哲学思潮关系密切,不免受当时的哲学大师如费希特、谢林辈的影响,但以思想论,以结构论,此书之创造的成分实超出费希特、谢林二人任何著作之上。而在黑格尔个人一切著作中,又以《精神现象学》一书最能代表其个性及独创精神。因为此书为黑格尔壮年初期所作,故比起他晚年的著作,想象力特别丰富,组织力特别雄厚。"[1]贺麟继承了鲁一士对

---

① 　[美]鲁一士(Josiah Royce):《黑格尔学述》,贺麟译,世纪出版集团、上海人民出版社 2012 年版,第 201 页。

《精神现象学》的看法,把它作为黑格尔全系统的导言和方法论的奠基之作。他认为,以往对黑格尔哲学体系的看法,多以《哲学全书》为根据,将他的系统分为三大部门:(一)逻辑学,(二)自然哲学,(三)精神哲学。这种看法固然以黑格尔自己晚年的成熟著作作为根据,有其相当的理由,但这种看法有两个困难:第一,将黑格尔《哲学全书》以外的著作,如《精神现象学》、《法律哲学》、《历史哲学》、《美学》、《宗教哲学》等黑格尔后来许多演讲录排除在外,而这些著作实是黑格尔的主要著作,是组成黑格尔哲学体系不可或缺的。第二,如以《哲学全书》为黑格尔的唯一系统,则除其中的《小逻辑》与《大逻辑》内容博大充实外,自然哲学部分不仅篇幅少,内容亦嫌陈旧。精神哲学部分,亦嫌篇幅太少。换言之,如以《哲学全书》中的三大部分代表黑格尔哲学的全系统,则自然哲学失之太陋,精神哲学失之太简,整个系统有畸重畸轻之弊。鉴于此,贺麟提出了他的看法,这就是,以精神现象学为全系统的导言,为第一环;以逻辑学(包括《小逻辑》、《大逻辑》)为全体系的中坚,为第二环;以广义的精神哲学,包括自然哲学、心理学、道德哲学、政治哲学、法律哲学、历史哲学、艺术哲学、宗教哲学、哲学史等为第三环。精神现象学的特点是活泼创新,代表黑格尔早年自由创进精神。逻辑学的长处是精深谨严,代表他中年专门、艰深的哲学系统。精神哲学的长处是博大兼备,代表他晚年系统的全体大用,枝叶扶疏。贺麟指出,他这种看法的好处在于:第一,注重《精神现象学》一书在黑格尔系统中的重要地位;第二,显示黑格尔精神哲学的博大丰富,而且把黑格尔一生的著作都包括在内。

贺麟对于黑格尔哲学系统的看法,突出强调《精神现象学》的自由创进精神,这是有得于鲁一士的,他曾说:"鲁一士是一个最善于读黑格尔而能够道出其神髓、揭出其精华而遗其糟粕的人。他之特别表彰黑格尔早年少独断保守性且富于自由精神的《精神现象学》一书,与其特别发挥黑格尔分析意识生活的学说,都算得独具只眼。"①贺麟之所以强调《精神现象学》,就是认为,黑格尔的逻辑学虽精深谨严,但其三个一串的正反合公式过于呆板,容易堕入"死范畴的摆布"。如不善用,则徒见其形式,丢弃了黑格尔由

---

① [美]鲁一士(Josiah Royce):《黑格尔学述》,贺麟译,世纪出版集团、上海人民出版社2012年版,第156页。

矛盾的冲突和解除而自我超拔的创进精神。不过贺麟除重视《精神现象学》之外,也同样重视逻辑学,以之为整个体系的中坚。后来讲授黑格尔,也以逻辑学为主。而鲁一士则以《精神现象学》为主,在其《黑格尔学述》中,只在综述黑格尔成熟系统的一章中介绍了逻辑学。

鲁一士本人的哲学思想,主要是对黑格尔的发挥。在发挥中,突出绝对精神的主体性、能动性。这个方面也对贺麟发生了重大影响。

(一) 我是全

鲁一士的主要观点之一,便是"我是全"。这个观点,是他对黑格尔绝对精神是全体、真理是全体的发挥,再加上他自己对意识生活的观察体验。鲁一士认为,人的意识生活的根本矛盾,就是具体的我、当下的我与"深我"、"大我"的矛盾。哲学的任务之一便是揭出这种矛盾,探究这种矛盾。黑格尔看到了这种矛盾,但他不是像谢林一样用神秘的方式去把握这个大我,而是抛却一切空洞和浮夸,脚踏实地地通过小我的矛盾升进来达到大我。鲁一士论证说,人无法知道当下的我是什么,只能在当下的我之后知道我。人必须不停地飞离自己,然后返观自我。此时的我,是别时的我经过一番回思得到的结果。真实的我,是自我分化成无数的刹那,然后贯穿起来的我。在这一分化过程中、返观过程中,我被作为我以外的东西观察的对象。我之为我,是由于分化了的我从外面观察、从远处透视,从他日之我认取,用新经验去解释。无分化的我,执著当下经验不敢越雷池一步的我,截断了一切关系,孤零零地执著当下的我,就是一个无物。分化—贯穿的我,有新我故我的搏战,有他我自我的争执,一切活的经验蓬勃于我的体内,我永远在变换我的心灵,旧的逝去,新的方来。这才是真实的我,有生命的我。"我"的自我分化和贯串,就是人的意识生活的真实写照。鲁一士说:"意识的本性就在于扬弃其自身于各种外在的然而是精神的关系中,从而发现其内在的实在性。精神的本质永远在于把自己分化成许多精神,生活在他们的各种关系之中,仅仅凭着它们的和合而成为唯一的精神。"[1]

---

① 洪谦编:《西方现代资产阶级哲学论著选辑》,商务印书馆 1987 年版,第 115 页。

不仅人的意识生活如此,人的现实关系也是如此。人必须投身到现实的社会关系中,才是真正的人。如果离群索居,你就会发现,你不是朋友,不是同事,不是伴侣,不是丈夫,不是儿子。一句话,一个与世隔绝的人,同时也就隔绝了他的一切关系,隔绝了他作为一个人的真实性。也就是说,我们的生活并不是遗世独立的,纯粹的内在自我是没有的,现实的存在是与他人的关系。真实的我是我的分化与贯通。这一思想直接导出"绝对精神是个战将"的观点。

(二) 绝对精神是个战将

真实的我既在于我的分化与贯通,则每一更高的我,都是战胜前此的我自求超拔的过程。真实的我即生存于各种矛盾冲突的克服中,意识生活的本性就是互相冲突,个人的意识生活就是时时生起的不同意识之间的搏战,人类的意识就是各种不同社会思潮之间的搏战。鲁一士说:"总之,在意识生活中,无论何处,意识总归是各种互相冲突的目标、心意、思想、激动的一个联合,一种有机组合。"①又说:

> 我们的精神永远在战斗,自我意识是绝对不安息的,我们的自我分化得越多,我把这些矛盾就克服得越彻底。我现在力求用绝对自我来提高我的灵魂,我发现绝对自我是一个真正的我,唯一的自我。这个绝对自我的存在,就是靠它的那种克服一切矛盾的威力。②

就是说,意识的本性是战斗的。比如,圣洁的意思绝不是否弃尘世,而是战胜尘世,英勇斗争,与罪恶血战,与魔鬼对垒,能够抓住魔鬼,扼住他的咽喉,与他肉搏苦斗,取得胜利。这就是圣洁的真正含义。也就是说,圣洁就在于意识到罪恶而又战胜罪恶。社会思潮的不断战胜敌手的总过程,就是绝对精神的胜利。而绝对精神就是走完了这长历程的战将:

> 黑格尔《精神现象学》中的绝对并不是什么摆出来看看的绝对,并不是什么躲在云雾和黑暗中的上帝,也不是一个洁身自好的存在,安息

---

① 洪谦编:《西方现代资产阶级哲学论著选辑》,商务印书馆1987年版,第117页。
② 洪谦编:《西方现代资产阶级哲学论著选辑》,商务印书馆1987年版,第117页。

在不可捉摸的无限中不问世事。黑格尔的绝对乃是一个斗士,他的身上布满了人类精神生活世世代代的风尘和血迹。他遍体鳞伤地向我们走来,但是高奏凯歌。——这位上帝是征服了各种矛盾的,他就是全部精神意识的总和,表明了、包括了、统一了、享受了我们人类的忠诚、坚韧和热情所缔造的全部财富。①

这是黑格尔的思想,鲁一士大大地发挥了。他把绝对精神拟人化为一个战将,突出了他的健动不息、奋斗不止的精神。

贺麟对鲁一士的这一点,是深有所得的,在以后讲学中曾多次提到。他把这一点作为大至宇宙观小至个人生活态度的哲学基础。比如,在自由问题上,他提出,自由是自觉的理性自主的努力争得的。他不喜抽象的自由,认为不经过困心衡虑努力奋斗得到的自由,不是现实的人所拥有的真正的自由。真正的自由乃是发自内心的深处,是自觉的理性努力争得的成绩,不是盲目的、偶然的外界赐予的恩惠。又如在真理问题上,他认为,真理是通过克服一系列错误而曲折达到的,没有现成的,不与错误作斗争而得到的真理。精神、意识不断地犯错误,又不断地纠正错误,借以提高自己,向前发展。错误的发生及克服的过程,就是作为全体的真理被获得的过程。所以在哲学史中,最先出现的哲学体系是最贫乏、最不完整的,最晚出现的哲学体系是最具体、最丰富、最全面的,因为它克服了前此的错误,吸收了过去的成果。这一哲学观点体现在学术研究上,便是在局部上重视具体分析、细密考察;而当上升到总体层面时,又是健动不息、不断升进的。

(三) 实体即主体

绝对精神是斗士,同时也就意味着绝对精神是能动的。能动性是主体最基本的特征。绝对精神同时又是实体,它不是赤裸裸的精神,而是合逻辑与实在为一体的存在。逻辑是体现在实在上的理则,它的每一个推演都是这理则的表现。实在是逻辑理念的外化,自然、历史的每一事件,无不是理则的具体例证。实体与主体合二而一,平行共进。

---

① 洪谦编:《西方现代资产阶级哲学论著选辑》,商务印书馆 1987 年版,第 119 页。

　　实体即主体的思想,也有一个演化的历史。斯宾诺莎提出实体,但他的实体还是客体,是主体认识的对象,是主体的外在。康德有两种实体,自我具有给予物自体以我性的能力,但物自体只是被动的受动者,我性与物自体还是两截,还没有达到实体即主体的真正统一。费希特认为康德只有消极的批判而无积极的建设,他沿着康德实践理性优于理论理性的路子,以行的哲学为主体注入了自动性,但他的主体无客观性。谢林的同一哲学以艺术的眼光把实体与自我看成同一的,但这种统一是混沌的、神秘的,没有指出现实的、具体的同一性。黑格尔以其逻辑与实在一致的基本原则,用逻辑统御实在,用实在注解逻辑,把实体和主体统一起来,把逻辑和实在作为实体的两个方面,成立他的心(逻辑、理则)物(历史、自然)不二的哲学体系;逻辑是体,历史、自然是用(应用逻辑学),成立他的体用不二的体系;逻辑是知行的本体,自然、历史是知行的实在,合逻辑与实在为一的绝对精神就是知行合一体,成立他的知行合一的体系。

　　鲁一士特别发挥了黑格尔实体即主体的思想,他把黑格尔《精神现象学》中经历各种意识样法、社会思潮而达到绝对精神的"宇宙魂"称为"大我"或"普遍自我"。在他看来,这"大我"或"普遍自我"是宇宙的主人,一切历史的变迁、人事的更迭都好像为它而起,它以历史人事的变迁为自己的真实生活。它是个浪游者,从古至今以至无穷。所以,宇宙的本体不是埋藏着的,而乃表现在现象界的激烈流变中。他说:"因为真正的本体就是自性,就是主体,就是活动的、生生不息的天道。哲学家的职责,就在指出这健动不息的道体。"①

　　绝对精神是个斗士,实体即主体的思想,对贺麟影响极大,可以说是他终生服膺、老而弥笃的。他从新黑格尔主义吸收的东西主要在此,他以西方哲学融会中国哲学,也主要本于此。他把"实体即主体"与中国儒家"天行健,君子以自强不息"的动的宇宙观结合起来,以成立他的健动不息的宇宙观;并根据天人不二的原则,成立他的人生观。他把"实体即主体"中蕴含的知与行的统一发扬开来,成立他的知行合一观。他把实体即主体中的主客合一吸收进来,成立他的心物合一观。他把实体作为包笼任何相对而又

　　① ［美］鲁一士(Josiah Royce):《黑格尔学述》,贺麟译,世纪出版集团、上海人民出版社2012 年版,第 194 页。

不离任何相对的绝对,成立他的天人合一观。心物、知行、天人,无之不一。贺麟的这诸多合一,就是他的哲学思想的基本点。他认为,这些合一是德国古典哲学和中国陆王心学的共同特点,是"西哲东哲心同理同的"。这些当在后来的叙述中展开。

(四)辩证法既是方法又是直观

矛盾法(后译辩证法)是黑格尔全系统的方法论基础。上述数点,若究其根本,必溯至矛盾法。黑格尔精神现象学中诸意识样法、社会思潮的演变,都贯穿着矛盾法,都以矛盾为变迁的动力。《精神现象学》之所以为黑格尔全系统的导言,就在于它确立了矛盾法的方法论基础。而后来的逻辑学,实是此矛盾法的形上系统;历史哲学、法哲学、艺术哲学、宗教哲学等"应用逻辑学",莫不以矛盾法为贯穿始终的命脉。鲁一士也认为矛盾是意识生活最深切的本质,他称矛盾法为"感情的逻辑",矛盾不是人造出来为方便使用的工具,而是贯彻于理性、非理性,奔突冲撞于意识生活的全体的真谛。不过鲁一士只认矛盾为意识生活的本质,而不以矛盾为自然事物的本质。这是他的矛盾观不同于黑格尔的主要之点。

贺麟对于矛盾法,不仅承袭了黑格尔、鲁一士,而且有深刻发挥。他在《黑格尔学述》译序中,一开头便将矛盾法醒豁提出:"黑格尔哲学最大的特点就是他那彻始彻终贯注全系统紧严精到的哲学方法——这就是他的矛盾法。"①并且指出,黑格尔的矛盾法,是从谢林混沌囫囵的合一中别出一途径。混沌的神秘的同一只是诗人的直观,而具体的、分析的、能从一中知多、分中知合的具体共相,才是哲人所要求的。经过艰苦磨炼、矛盾冲突,调和极生硬极不兼容的矛盾现象,使之成为有机的统一,才是真实的。贺麟将黑格尔的矛盾法,概括为三个方面:第一,矛盾的实在观,"凡是实在皆经过正反合的矛盾历程以达到合理的有机统一体"。意谓凡是实在的东西皆是包含矛盾的。不包含矛盾的,只是理智的抽象物而非客观实在。第二,矛盾的

---

① 〔美〕鲁一士(Josiah Royce):《黑格尔学述》,贺麟译,世纪出版集团、上海人民出版社2012年版,第158页。

真理观,即"真理是包含有相反的两面的全体,须用反正相映的方式才能表达出来"。第三,矛盾的辩难法,"其妙用乃在分析宇宙人生、意识经验之矛盾所在,指出其共同之归宿点"①。在《黑格尔学述》译序之后十余年,贺麟又专门撰写一文《辩证法与辩证观》,对矛盾法进行了远比译序中所论深刻得多的阐发。这时的贺麟,不仅有鲁一士的影响,而且汇入了其他新黑格尔主义者如拉松、哈特曼、克洛那诸人的思想。在这篇文章里,他提出了自己关于辩证法的根本观点:

> 总起来,我们可以说,黑格尔的辩证法本身就是一个对立的统一,是形式与内容的统一,是天才的直观与谨严的系统的统一,是生活体验与选择法则的统一,是理性方法与经验方法的统一。②

这篇文章的精义在于:第一,论述了西方哲学史上几种典型的辩证法——辩者、苏格拉底、柏拉图、黑格尔的辩证法,特别是详细地比勘了柏拉图和黑格尔辩证法的异同。贺麟指出,辩者的辩证法,即在双方辩论时,盘诘对方,使对方陷于自相矛盾,因而推翻对方的论据的辩论方法。这个方法是辩论的利器,常为哲学家所采用。但它只能提出疑难,不能揭示客观的真理。这只是形式的、外表的、抽象理智的、消极的辩证法。苏格拉底的辩证法,是道德教训的方法。他用此法教导青年反省自己,唤醒良知,得到道德知识。柏拉图的辩证法是求形而上学知识的方法,这个方法在诸对话中侧重点不一。在《斐多》篇中为权衡矛盾双方而得统一的方法;在《辩士》和《斐利布士》篇中是观认万殊归一理、一理统贯万殊的方法;在《筵话》篇中是从形而下的现象界求形而上的本体界,即由用求体、弃俗归真的纯思方法;而在《理想国》里则是以理推理、以理释理,研究纯理念或纯范型间的有机关系,使之成为一个体系的逻辑学或形上学。至于黑格尔的辩证法,与柏拉图一样,亦是破除有限事物以达到有机统一、绝对理念的方法。贺麟在比较、对勘了二人的辩证法之后指出,黑格尔超出柏拉图的地方在于:第一,柏拉图尚未确立正反合三连的辩证格式,而在黑格尔的系统里,正反合的架构是整个系统的骨骼经脉。第二,柏拉图注重主观辩证法,而黑格尔认为矛盾即客观地存在于事物本身,事物都是"自相矛盾";事物就在不断地陷于矛

---

① 皆见[美]鲁一士(Josiah Royce):《黑格尔学述》,贺麟译,世纪出版集团、上海人民出版社 2012 年版,第 158 页。

② 贺麟:《哲学与哲学史论文集》,商务印书馆 1990 年版,第 234 页。

盾、克服矛盾的升进过程中显示其存在。第三,黑格尔异于柏拉图最主要的地方,即柏拉图的辩证法与文化历史无任何关系,而黑格尔的辩证法乃是文化历史发展之命脉。就是说,柏拉图的辩证法是思辨的、超越的、只论理念不论实在的,而黑格尔的辩证法是亦超越亦内在的。柏拉图的辩证法是纯理性的,而黑格尔的辩证法是亦理性亦经验的。

这些分析和议论甚是精当,非深研西方古典哲学不能道出。这些议论,是当时对比柏拉图和黑格尔的有数文字之一。在他后来写的《康德黑格尔哲学东渐记》中亦认为这些是他介绍黑格尔的重要方面。

这篇文章的另一精义在于,贺麟吸收了德国新黑格尔主义者克洛那、哈特曼等人的观点,认为黑格尔的辩证法既是一种方法,又是一种直观。辩证法与辩证观是合一而不可分的。

贺麟赞同哈特曼等人对于黑格尔辩证法的两点认识,这就是:其一,黑格尔的辩证法是天才的直观,有艺术的创造性;其二,黑格尔的辩证法,不是抽象的、形式的理智方法,而是忠于经验事实,体察精神生活、欣赏文化宝藏的理性体验。他认为,这些看法,纠正了认黑格尔为纯理性主义或泛逻辑主义者的偏误,而还黑格尔注重体验,在历史文化的宝藏中作天才直观的真面目;把黑格尔说成亦理性亦经验的、亦诗人亦哲人的,不仅把黑格尔看成干枯精严的《逻辑学》的作者,也把黑格尔看成有血有肉的文化历史哲学家。贺麟同意克洛那的一句话:"黑格尔是理性的神秘主义者",认为这句话是以上新黑格尔主义观点的概括。既道出了黑格尔辩证法精密谨严的理性特点,又道出了它的亲切体验和天才直观的"神秘主义"特点。他说:"辩证法一方面是求形而上学知识的思辨方法或理性方法,但一方面又是忠于客观事实的经验方法或体验方法。它是理性方法与精神生活的统一。"①贺麟并且解释说,他之所以这样看,是因为黑格尔的形上学的逻辑概念并非抽象缥缈的幻影,而是实际事物的核心、命脉、本质。因此,愈能忠于经验,亲切体验,便愈能把握形而上的逻辑概念。两者是骨骼经络和血肉的关系。贺麟也指出,把黑格尔的辩证法说成同时是一种天才的直观,似乎有神秘的成分;但神秘的并非反理性的,因为黑格尔主张对知性的分别作用所认为孤立的、互相反对的概念作具体的统一,而这一步非知性的分别作用所可为功。黑格尔本

① 贺麟:《哲学与哲学史论文集》,商务印书馆1990年版,第231页。

人也指出,哲学方法的性质应分两方面,一方面方法与内容不可分,此即体验方面;另一方面由内容的自身去决定此内容发展过程的节奏,此即逻辑方面。

贺麟以上观点,虽可以说取自德国新黑格尔主义,特别是哈特曼和克洛那。但也是他国学学养有以使然。中国人的思维方法中重悟性、轻理性;重诗人式的亲切体验、神秘直觉,轻哲人式的抽象思辨、细密分析的根本特点,可以使他自然地、顺理成章地接受德国新黑格尔主义的以上观点。比如他论宋儒的思想方法,就认为程朱陆王两派皆是理性与直觉的结合,不过一为"先理智的直觉",一为"后理智的直觉"而已。他欲以中国哲学融会西方哲学的理想,也使他与新黑格尔主义以上观点不谋而合。贺麟曾自道他的为学宗旨说:"我自小深受儒学熏陶,特别感兴趣的是宋明理学。我认为治哲学应以义理之学为本,词章、经济之学为用,哲学应当与文化陶养、生活体验相结合。"①由此看,他之认黑格尔辩证法为理性方法与天才直观,实是中西学养综合的产物。

二、贺麟与黑格尔

如上所述,贺麟研究、接受黑格尔,是从新黑格尔主义入手的。留学归国后,他又转向黑格尔逻辑学的译述,边研究,边翻译,边讲课。他关于逻辑学的第一篇系统著作是《黑格尔理则学简述》。这篇长文对黑格尔《小逻辑》作了详细介绍和发挥,是他一生研究黑格尔最有力的著作。这篇文章是他盛年所作,又是发挥黑格尔的纯哲学系统并以之融会宋明理学,所以创发力特强,许多精义发前人所未发。这里只选择他有较多发挥并对自己思想发生影响的几点加以说明。

(一)概念即自由,理学即心学

概念自由,是黑格尔一个很重要的思想。黑格尔说:"概念是自由的原

---

① 贺麟:《五十年来的中国哲学》,辽宁教育出版社1989年版,第117页。

则,是独立存在着的实体性力量。……概念无疑地是形式,但必须认为是无限的有创造性的形式,它包含一切充实的内容在自身内,并同时又不为内容所限制或束缚。"①贺麟对这一观点进行了解释和发挥,并把它和中国哲学命题相融合。

贺麟认为,黑格尔的概念是存在与本质的统一,它不是抽象概念,而是包括了丰富内容在其自身内的具体概念。在具体概念中,自我不是为他物规定的,不是由因推出的果,而它自身就是它的本质或曰本性所内在的;它不是强迫的、被决定的,而是自我发展的。从这一意义说,它是自由的。概念的因是自我,果是自我的实现;它是以自己的活动为原因、为结果的,它在一切运动中仍保持着自己。因为这一切运动不过是潜伏在自身内的东西的发挥和实现。贺麟据此对自由下了一个界说:"自由就是自己的活动以自身为目的,自由就是在一切外在的运动的影响中仍能保持自己。"②在贺麟看来,概念的本性可以概括为三个方面:精神、自由、主体。概念是精神性的,它本质上是思维范畴,它不是客观实在,但它是有力的、自动的、有意志的,意志是精神的品格。概念又是自由的,这个自由不是任性,它仍有必然性。自由的意思是,它以自身为目的,它在外界影响下仍能保持自己,它是必然性的真理。它又是主体,因为它是自因,同时又是自由的,出于自因的自由是主体的基本性质。从这一点,可以看出从斯宾诺莎出发经由康德发展到黑格尔的线索。从这一点也可以看出,黑格尔的哲学是包含了斯宾诺莎和康德的。用中国哲学的话说,黑格尔哲学是即理学即心学的,是心学理学合一的。这一点在贺麟初接受黑格尔时就已认定了。在1931年写的《德国三大哲人处国难时的态度》中,贺麟说:

> 黑格尔的理则学(按即逻辑学),乃是研究纯粹理念的本体论或道体论,我们也可以称之为"理学"或"道学"。他的理则学(或理学)上的最高范畴(或本体),就是他所谓绝对理念或绝对精神,也就是他所谓"太极"(Das Absolute)。而太极就是绝对真理,同时也就是"心"或绝对意识。因为黑格尔从认识论的立场,根本认为心与理一,心外无理。所以黑格尔的理学,同时又是"心即理也"的"心学"

---

① [德]黑格尔:《小逻辑》,贺麟译,商务印书馆1980年版,第327页。
② 贺麟:《黑格尔哲学讲演集》,上海人民出版社1986年版,第184页。

或唯心哲学。①

在《朱熹与黑格尔太极说之比较观》里,他也谈到这一点,认为朱熹的太极即理即心,黑格尔的太极(绝对精神)也是即理即心的。从这里看,贺麟这个观点是前后一贯的,从他受鲁一士《近代唯心主义讲演》和狄尔泰《青年黑格尔的历史》的影响确立这一观点后,随着学养的醇厚,这个看法越来越强固,越来越理论化、精密化。

由"理学即心学",便自然地推出"向外格物穷理即向内明心见性"的结论。因为黑格尔的概念不是抽象的知性概念,而是具体的理性概念。这样的概念是包括了具体的丰富性的概念,是包括了杂的纯,包含了多的一。概念的本性又是发展的、有力的,概念的发展是概念中的潜存发挥和实现的过程。潜存每展现一步,都是对于它本身的认识和扬弃,而这同时就是概念的展开和自觉。认识和扬弃越接近绝对理念,展开或自觉就越接近全部本性。也就是说,思想把自己外化得越充分,则见到的自己越真实。思想在自己的外化中发现自己、建立自己、实现自己。所以贺麟说:"思想扩充了自己的范围,实现了自己的本性,这岂不就是说向外格物穷理即向内明心见性?概念式的思想即是此种自由的思想。"又说:"概念式的思想是无外无内,即外即内的。"②"无外无内,即外即内"是黑格尔的重要思想,也是贺麟的重要思想。

(二) 本体论证明,理性的即是现实的

黑格尔在概念的推论中,讲到本体论证明,黑格尔说,本体论证明的意义在于:"理解概念作为概念本身所应有的规定性,并且单就概念本身所应有的规定性来看这规定性能否并如何过渡到一种不同于属于概念并表现在概念中的规定性的形式。"③经院哲学家安瑟尔谟第一个提出本体论证明:我心中有上帝的观念,而上帝是最完满的,所以上帝存在。后来笛卡尔又提

---

① 贺麟:《德国三大哲人歌德、黑格尔、费希特的爱国主义》,商务印书馆 1989 年版,第 14 页。

② 贺麟:《黑格尔哲学讲演集》,上海人民出版社 1986 年版,第 195 页。

③ [德]黑格尔:《小逻辑》,贺麟译,商务印书馆 1980 年版,第 373 页。

出：我们对于上帝的圆满性有一个清楚明白的观念，所以上帝存在。斯宾诺莎对本体论证明的贡献在于区分了三种存在：（一）本质不包含存在，如方的圆形；（二）本质包含存在，如上帝；（三）有限事物之本质与存在不符合。黑格尔认为，安瑟尔谟不管出现在有限事物中那样的统一，而宣称唯有最完善者才不仅有主观方式的存在，而且同时也有客观方式的存在，这确有相当的道理。但安瑟尔谟等人所提出的最完善者或真知识的统一体（指上帝）只是预先假定的、潜在的、抽象的同一。安瑟尔谟等人的本体论证明只是说出了有限事物具有这样一种客观性，这客观性与它的目的、本质和概念并不同时相符合，而是有差异的，这种差异只有过渡到"客体"这个更高的范畴中才能同一。就是说，黑格尔论述本体论证明，重点是在说出，有限事物与它的理念的同一只有在"客体"中才能完成。

贺麟在分析黑格尔的概念推论时认为，概念的客观化便是概念的推论，概念的推论就是本体论证明。不管安瑟尔谟，还是笛卡尔、斯宾诺莎，他们的证明都是：（一）从上帝的观念证明上帝的存在，从思证有；（二）从本质证明存在，因绝对圆满、自因等皆是上帝的本质；（三）从上帝观念的合理性来证明上帝存在，这就是从理性来证实存在。他认为，本体论证明的关键是"凡理性的就是现实的"。这一思想包含有思有合一，本质与存在合一，体用合一。他认为这思想有相当的合理性，并用它来解释中西哲学史的一些命题。如《中庸》的"不诚无物"，贺麟说，《中庸》里的"诚"，主要是指真实无妄之理、道、本体，"不诚无物"是说没有本体、理、道体就没有具体物。反过来说，"诚则有物"，由本体、道体必能推出具体物之存在。这可以说是由体推用，由理证物、由源证流。又如西方哲学史上"思想是事实之母"，就是指"当思想更透彻、更贯通的时候，思想就包含了存在。真观念所指示者必是事实，有了真的思想才可表现为事实，发挥为事实"[①]。这就是说，思想、理念是最高的，因为它舍弃了具体事物的不确定性、偶然性，直接从事物的本质、根据着眼，而且本质、根据就逻辑地包含着存在。

贺麟还提到现象论证明，即以现象证本质的方法。不过他认为，本体论的证明是直接证明，现象论的证明是间接证明，间接证明不如直接证明，因为现象论的证明只能证明潜在着的实体，这种论证是不必然的，因为本体的

---

① 贺麟：《黑格尔哲学讲演集》，上海人民出版社 1986 年版，第 194 页。

部分表现不能证明本体的全部内涵。而且从思维方式上说,间接的证明是理智的证明,也是外在的证明,而直接证明"在某意义下不是推论,也不是证明,而是一种直觉或体验。直证上帝、直证本体都是超理智的"①。

从这里可以看出贺麟一个重要思想,即他认为"凡是合理性的就是现实的",只要是合天理、合理念的,终将成为实在;即使由于目前条件不具备而不能表现,但随着天理天道的运动、展开,它的实现是必然的。所以他教人认取的黑格尔处国难时的态度便是:"注重理性的无上尊严有征服一切不合理的事物的最后能力的理学,与从内心深处出发以创造自由的理想世界的心学。"②所以他相信"抗战必胜、建国必成"。这可以说是他从本体论证明里得到的最主要之点。而他认为对于本体、上帝等等超验的东西最终只能靠直觉、体验的观点,明显是得自新黑格尔主义的。

（三）理念不是主客的平分体

黑格尔说:"理念可以理解为理性(即哲学上真正意义的理性),也可以理解为主体—客体;观念与实在,有限与无限,灵魂与肉体的统一;可以理解为具有现实性于其自身的可能性;或其本性只能设想为存在着的东西等等。因为理念包含有知性的一切关系在内,但是包含这些关系于它们的无限回复和自身统一之中。"③

贺麟把理念归结为六个合一:(一)主客合一,理念是客体,又是主体,所以它能制造工具(概念范畴),利用工具以实现其目的;它是概念,但又能客观化自己。主客合一是意识,同时又是对象。(二)理想与现实的合一,即应该与完成此应该的合一;单纯的应该,不是真实的本体。(三)有限与无限的合一,理念是无限,理念的表现是有限,理念是众多表现的贯穿与统一。(四)身心合一,理念是本体,这个本体既有理性、思想、目的(心),又有存在、形体(身),理念是一个身心合一的生命。(五)知行合一,理念是能动

---

① 贺麟:《黑格尔哲学讲演集》,上海人民出版社1986年版,第194页。

② 贺麟:《德国三大哲人歌德、黑格尔、费希特的爱国主义》,商务印书馆1989年版,第20页。

③ [德]黑格尔:《小逻辑》,贺麟译,商务印书馆1980年版,第400页。

的理性,能动的精神,又是现实的表现、现实的过程;理性在过程中实现,过程正所以表现理性。(六)动静合一,理念是生命,是过程,是进展,是有力的,所以是动;而理性本身又是静的,它是思想、是观念、是理想。这些合一表明,知性思维、抽象思维所认为矛盾的、孤立的东西,在理念中得到了统一。如果借用佛教的话说,便是"破执显真"——破除知性逻辑执著为偏、为区分、为分立的观念,而显统一、全体的真理。贺麟说:

> 辩证逻辑始终在于破执,因为单纯的主体和单纯的客体都不是真的,只有在对立统一中才能看到全。所以凡是两个相反的东西,合一便并存,相离则俱妄。所以理念本身便是一个破执显真的矛盾进展,在统一阶段显露真相。①

贺麟在理念这主客合一体中复有轻重厚薄之别,这一点也有取于黑格尔。黑格尔说:"在理念的否定的同一里,无限统摄了有限,思维统摄了存在,主观性统摄了客观性。"②贺麟区别了两种合一:一种是中和的合一、神秘的合一。如谢林的同一哲学便是这种合一。另一种是统贯的合一,所谓统贯即统辖、主导之义。黑格尔哲学就是这种合一。统贯的合一不是无分别的合一,而是有主从之别、隐显之别的合一。贺麟主张,理念以主观性为主,以客观性为从,主观性统贯客观性。他说:

> 理念不是思有、主客的中立体、平分体或混一体。理念之主客合一是主包含客、心包含身、无限包含有限,主不沉溺于客中。主客合一之目的在充实主,思有合一之目的在发展思。③

在主客、思有、有限无限的统一里主张主观、思维、无限的统摄、主宰作用,这在贺麟前期思想里是一贯的。这决定了他主客关系上的唯心主义、知行关系上的重知主义、历史观上的"理性的机巧"等等。这一点,是贺麟思想的特色,也是他所谓"新心学"所自来。他的心学,不是贝克莱式的,也不是柏拉图式的,而是黑格尔式的,确切说是经过新黑格尔主义改铸了的黑格尔式的。把握不住这一点,便是错会了他。这一点,是他融会宋明理学的基础,是他新心学的命脉。这一点使他既不陷入机械论、实在论、唯我论,也不陷入二元论。这一点使他的思想充满了自由创进的激情,但又不出理性矩镬。

---

① 贺麟:《黑格尔哲学讲演集》,上海人民出版社 1986 年版,第 203 页。
② [德]黑格尔:《小逻辑》,贺麟译,商务印书馆 1980 年版,第 403 页。
③ 贺麟:《黑格尔哲学讲演集》,上海人民出版社 1986 年版,第 203 页。

（四）理性的机巧

"理性的机巧"是黑格尔历史哲学的一个重要思想。鲁一士在《近代唯心主义讲演》中有发挥,贺麟不仅对黑格尔这一思想从理论上作了阐发,而且用这一思想来分析中国哲学家王船山的历史哲学。

贺麟解释"理性的机巧"说:

> 这些伟大的世界征服者(指恺撒、亚历山大、拿破仑)结果都成为世界精神的工具。而理性则借他们的活动表现出来了。所以从全体来看,情欲的特殊利益的满足与理性法则是不可分的。特殊的、个别的利益满足了,立刻也就被否定了,留下来的只是普遍原则的实现。历史公道的发展借个别情欲与个别情欲斗争,在斗争中互有损害,互有得失,而普遍的理性并未牵涉其中。这就是理性的机巧。①

对比黑格尔的《小逻辑》和贺麟的《黑格尔理则学简述》中关于"理性的机巧"的阐述,可以看出,贺麟的发挥着重在以下几点:

第一,理性是宇宙的主宰。理性是有目的的,它按自己的目的统御着、驱迫着自己的材料(世界),材料只是理性的注脚,是理性实现自己目的的工具。没有理性,世界是盲目的;当然没有世界,理性也就是空的。但这两者中,理性是根本,世界是枝叶,理性是本质,世界是现象。理性是世界的真理,是它的所以然之故、所当然之则。

第二,理性是自动的、有力的,不需要外在的条件。这种有目的、自发的力量,可以比作亚里士多德的"隐得来希"和柏拉图的爱(eros)。亚氏之"隐得来希"是万然追求范型的动力,是物之希天、物之尽性的动力。就是说,内在的生命力是理性具有的。所以贺麟认为,黑格尔的理性有力量、自动之说,是继承了亚氏。

第三,不合理的事物是理性以资征服,从而实现自己的目的的手段。贺麟说:"从全体来看,罪恶绝不能与理性并立,罪恶是被理性征服的。"②这

---

① 贺麟:《黑格尔哲学讲演集》,上海人民出版社 1986 年版,第 201 页。
② 贺麟:《黑格尔哲学讲演集》,上海人民出版社 1986 年版,第 200 页。

里,贺麟实际上是对黑格尔的一句名言"凡是现实的都是合理的"下一转语:现实的恶终将被战胜。从历史发展的长河看,现实的恶作了理性战胜攻取的资藉,现实的善以更高的形式,成了理性的有机组成部分,现实的善恶俱往矣,而最终的结果是绝对的善——理性。所以理性是借欲济理,借私济公,借恶济善。这里表现了贺麟一个很明显的思想,即道德史观:恶是历史发展的杠杆,最终的结果是善战胜恶,这是历史的必然。世界历史所昭示我们的,不是善恶的俱分进化,也不是恶的统治确立,而是善的最终胜利。纷纭复杂的历史舞台,经过无数厮杀,最终确立的,是绝对的善。这是贺麟的一个重要思想,同时也是他为现代新儒家的一个例证。

第四,"理性的机巧"同时是黑格尔的戏剧观。贺麟从形式和内容两个方面对此作了说明。从形式方面说,"没有假借,便没有曲折,没有意趣,太单调,因而不美。有假借之后,世界才富于戏剧趣味。"①就是说,径情直遂、一览无余的事物是淡而无味的,戏剧就是要一波三折,就是要跌宕起伏。美就在这些曲曲折折的形式中、斑斓纷呈的色调中。所以贺麟在论德国三大哲人处国难时的态度时,说歌德是诗式的,黑格尔是散文式的,费希特是戏剧式的,因为费希特的一生曲折多变,富于传奇色彩。

从内容方面说,"理性的机巧"是黑格尔的悲剧观。悲剧是非常人物的非常事变,结局往往是惊心动魄的惨痛。悲剧表现为冲突,悲剧人物都是代表伦理观念的一个片面,悲剧就起于两种片面的、互相排斥的伦理力量的斗争。在悲剧的全部过程中,理性通过对片面的否定而得到实现。尽管悲剧的结局是悲痛的,但它正显示了理性的力量。理性使英雄人物一个个悲壮地死去,而自己则在一个个死中获得永生。这里,理性在施它的狡计,悲剧人物正是这些狡计的牺牲品。从贺麟这里的发挥看,他也同他褒扬的黑格尔一样,是赞成公理说的,是承认天理昭彰,毫发不爽的。

贺麟不仅在理论上发挥黑格尔的"理性的机巧",而且用它去分析中国哲学家。他在分析王船山的历史哲学时说:"船山的历史哲学之富于辩证思想,最新颖最独创且令我们惊奇的,就是他早已先黑格尔提出'理性的机巧'的思想。"②

---

① 贺麟:《黑格尔哲学讲演集》,上海人民出版社 1986 年版,第 202 页。
② 贺麟:《文化与人生》,商务印书馆 1988 年版,第 267 页。

贺麟认为,"理性的机巧"表现在历史和人物方面,就是借个人的私心以济天下的大公,借英雄的情欲以达到普遍理想的目的。理性一方面假借非理性的事物(如私心、情欲等),一方面又否定非理性的事物以实现其自身。在王船山的历史哲学里,只消将黑格尔的理性或上帝换成王船山的天或理就可以得到印证和发挥。

王船山在《宋论》中说:"天因化推移,斟酌曲成以制命。"①又在《读通鉴论》中评论秦始皇说:"秦以私天下之心而罢侯置守,而天借其私以行其大公,存乎神者之不测,有如是夫!"②贺麟认为,王船山这些思想,就是黑格尔"理性的机巧"的思想。王船山所举秦始皇、汉武帝、武则天、宋太祖等人,就是黑格尔所谓具有大欲或权力意志的英雄。这些人物在历史上的一些措施,目的本是为私,如秦始皇之罢封建、立郡县,汉武帝之开边等,但因与天的意志吻合,作了天道的代理人。天的目的,假手这些时君智力之士以成。就这些时君智力之士来说,费尽心机,以偿自己的大欲,但最终被天理所抛弃。王船山这些思想正契合黑格尔"理性的机巧"。

贺麟复从王船山的评论中引申出几点深刻的思想:第一,"天"是全体。王船山说:"天者,合往古来今而成纯者也。以一时之利害言之,则病天下;通古今而计之,则利大而圣道以宏。"③贺麟认为这一思想含有黑格尔"真理是全体"的意思。就"天"的内容说,它是古今中外一切事变的总括;就理则说,它不是事变本身,而是事变所体现的"理"或"道",理或道即"纯"。这很像黑格尔所谓"理性"。评论历史事件,不但要从历史人物的动机看,还要从其效果看;不但要从一时一地的效果看,还要从长远的历史效果看,要超出具体的时空限制,从天、从理的角度看。如秦始皇的罢封建、立郡县,从其利于巩固自己的君主地位说,是私;从其抵御异族入侵说,是公。从秦始皇残民以逞说,是病天下,是害;"通古今而计之",则是利天下,是公。某些方面,在个人则为私、为罪,在天则为得、为功。天是"纯",是"全"。许多历史事件从"全"的角度,才能看得更为通透。

第二,"天之所启,人为效之"。贺麟欣赏王船山的一段话:"时之未至,不能先焉。迨其气之已动,则以不令之君臣,役难堪之百姓……天之所启,

---

① （明）王夫之:《宋论》,《船山全书》第十一册,岳麓书社1996年版,第19页。
② （明）王夫之:《读通鉴论》,《船山全书》第十册,岳麓书社1996年版,第68页。
③ （明）王夫之:《读通鉴论》,《船山全书》第十册,岳麓书社1996年版,第138页。

人为效之,非人之能也。"①贺麟认为王船山的这段话,在英雄与理性的关系上,既注重圣贤、英雄、时君、才智之士在历史演变中的地位,又不陷于英雄主义的历史观。英雄是顺应历史潮流,对于理性的运行方向有知几察微的先见之明。所谓英雄,就是能把这种"几微"扩成风气,蕴成潮流的人物。一种时代潮流的形成,一是由于各种现实趋势组成的合力已经开始萌动,此即船山所谓"时已至,气已动",一是由于英雄人物对于这种趋势的推波助澜,即船山所谓"天之所启,人为效之"。无理性则无具体事变的动力、方向、节奏等内在因素;无英雄则无理性的手段、工具、效应等外在因素。贺麟的这种分析,不仅把"理性的机巧"的意蕴全面道出,而且对英雄与理性的关系,作了精细说明。

第三,超出狭义的道德观念。贺麟认为,一般宋明理学家都持狭义的道德观念,指责秦皇汉武好大喜功,残民以逞,而船山独能超出这种偏见,认为"通古今而计之,则利大而圣道以宏"。这就是不仅以动机来判断历史事件的价值,而且以历史眼光来看事件的价值。这种富于历史眼光的人,是有近代精神的人,因为近代哲学的突出特点,就是它的包笼涵盖古今中外的弘大规模。贺麟不仅赞扬王船山的历史识度,而且也说:"我是个有历史感的人。"这是他特别发挥"理性的机巧"的一个原因。

第四,"乱人"和"贞士"之别。贺麟赞扬王船山在被理性的机巧所利用的悲剧人物中区别了"乱人"和"贞士"。船山说:"乱人不恤其死亡,贞士知死亡而不畏。其死亡也,乃暴君篡主相灭之先征也,先死以殉之可矣。"②即"乱人"只是盲目地不怕死,不惜以死来博取功业。"贞士"则慷慨赴死,甘愿以身殉道。这两种人有为公为私、主动被动的区别。王船山说:"陈涉、吴广败死而后胡亥亡,刘崇、翟义、刘快败死而后王莽亡,杨玄感败死而后杨广亡,徐寿辉、韩山童败死而后蒙古亡。……然则胜、广、玄感、山童、寿辉者,天贸其死以亡秦、隋;而义也、崇也、快也,自输其肝脑以拯天之衰而伸莽之诛者也。"③贺麟对于船山所论"乱人"、"贞士"作了发挥,认为陈胜、吴广、杨玄感等死是出于自私的目的,他们的死是被天利用或假借作为达到灭

---

① (明)王夫之:《读通鉴论》,《船山全书》第十册,岳麓书社1996年版,第138页。
② (明)王夫之:《读通鉴论》,《船山全书》第十册,岳麓书社1996年版,第206页。
③ (明)王夫之:《读通鉴论》,《船山全书》第十册,岳麓书社1996年版,第206页。

亡秦隋的理性目的的工具,他们的死是被动的。但翟义、刘崇等起义诛莽则不然,他们是基于自动自发,他们的死是"自输其肝脑以拯天之衰",使正义伸张出来。前者是理性用机巧假借他物,后者是基于理性的道德律令而自发的行为。不惟不是被动地为天所假借利用并加以否定的工具,而乃是理性自身的支柱、直接的表现。这种人是负延续道统、学统使命的人,"当天下纷崩、人心晦否之日,独握天枢,以争剥复"的人,是天理的负荷者、护持者、拯救者,其自身即是目的。前种人只是被理性利用、假借,同时又惩罚、废弃的工具。两种人有着根本差别。

贺麟借王船山所谓"乱人"、"贞士"所发的议论,对于"乱人"、"贞士"各自在"理性的机巧"中所扮演的角色的分析,表现出他用儒家思想融会黑格尔的努力。即负荷天理、延续国命的人,其肉体虽可逝去,但其功烈却融进永恒的、绝对的善中。他们以其道德长存于天地之间,他们是民族的脊梁,是理性的支柱。天理、道统赖他们而不坠。王船山在明亡之后呼吁贞士"拯天之衰",贺麟在抗日战争中表彰贞士,谋民族文化的复兴,都是有着"独握天枢,以争剥复"精神的。

贺麟从留学美国直至生命终结,研究、翻译、讲授黑格尔达60年之久,一生学问精神皆贯注其中。对照贺麟前后期(以1949年为分界线)的著作,可以看出一些明显的特点:第一,前期专注于精神现象学、逻辑学的研究,而对自然哲学、精神哲学以及"应用逻辑学"如历史哲学、法哲学、宗教哲学、艺术哲学用力较少。50年代中期以后,他写了《黑格尔的时代》、《黑格尔的早期思想》以及论述黑格尔的方法论、黑格尔的自然哲学、法哲学、艺术哲学的论文二十几篇,译出了《精神现象学》、《哲学史讲演录》、《黑格尔早期神学著作》,补足了前期未研究和研究较少的方面,使他的黑格尔研究全豹斑斓。他用自己的不懈努力,实践了他对黑格尔全体系的看法。这说明,贺麟是一个严肃的、负责的黑格尔学者,他对黑格尔有译、有著、有绍述、有发挥,他奉献给中国学界的,是立体的黑格尔、全部的黑格尔。

第二,前期著作比后期著作创颖活泼,前期著作"有我","有自己性格的烙印,有我的时代、我的问题、我的精神需要"①。无拘无束,自由发挥。后期著作主要是客观介绍,很少发挥自己的思想。尤其五十年代的著作,依

① 贺麟:《文化与人生》,商务印书馆1988年版,第2页。

傍苏联哲学教科书的观点,思想上有框框。当然这是那个时代的学者共有的一段经历。就对黑格尔的态度言,前期对黑格尔全面肯定,后期有小心翼翼的批评;既想努力跟上当时的思想潮流,又怕碰破了黑格尔一点皮。前期是黑格尔思想的大胆改铸者,后期是黑格尔思想的冷静绍述者。

第三,前期著作中对中国传统哲学有援引、有分析、有融会,凡是听过他的课、读过他的著作的,都可以强烈地感到他中西结合、融会贯通的特点,都对这一点交口称赞。后期著作中这一特点消失了。前期贺麟大胆地、自由地镕冶中西哲学于一炉,后期贺麟不越黑格尔雷池一步。前期主要是自著,以翻译为自著的预备、补充;后期主要是翻译,以自著为翻译的撮要叙述或入门导言。前期思想容量大,单是中国古代哲学家就提到过孔、墨、老、庄、申、韩、诸葛亮、王安石、朱熹、魏了翁、陆九渊、王阳明、陈白沙等,后期则较单一,中国古代哲学家提起者极少;即使西方古代哲学家,也只提起与黑格尔有关的。单是这一点,就可以看出他前后期思想的变化。这里,时代的原因居多,思想战线上的一些过火批判,对旧中国过来的知识分子的某些不谅解态度,都使得贺麟越来越退守到狭窄的一隅,富有神采、畅论古今的笔调变得越来越拘谨。但由于研究的范围较限定,所以对黑格尔哲学的一些特定方面,如辩证法与辩证逻辑,思维与存在的同一性,本体论、认识论、逻辑学三者一致等问题,论述越来越精熟,越来越深入。

贺麟早在 20 世纪 30 年代就提出研究黑格尔的方法论,他说:

> 研究黑格尔有两条走不通的路:第一,就是抽象的傅会的路,只是抽象地将黑格尔哲学中几条空洞的方式,如对立的统一,否定之否定,质量的互转,或"有""无"的对立其合为"变"等,赤裸裸地从他全系统中硬拉出来,用科学的常识和自己偶然的感想,加以傅会解释,说这就是黑格尔哲学,全不从黑格尔哲学的渊源、文化背景,和他全系统的有机性去了解它。第二,就是呆板的教本式的路,只知死板地逐章逐段依照黑格尔原书的次第加以字面的解释,每每对于黑格尔的晦涩处,仍保留其晦涩;而对于原书有深刻丰富意义的地方,反解释成淡薄无味。①

贺麟的黑格尔研究,自觉避免了他所指斥的这两种弊病,是深入黑格尔的堂

---

① [英]开尔德(Edward Caird):《黑格尔》,贺麟译,世纪出版集团、上海人民出版社2012 年版,第 3 页。

奥,把握黑格尔的精髓,全面、具体地介绍给中国学界。特别他的《黑格尔理则学简述》,保持了黑格尔推理严密、说理透辟的风格。每一概念的内涵规定得清清楚楚,每一环节的过渡交代得明明白白,即黑格尔原书中生硬、牵强的地方,也指出,不留余地;而对黑格尔原作中精彩的地方,则透彻发挥,特别是概念论数章。《理则学简述》可以说是贺麟学问的"经",《文化与人生》可以说是其"纬","经"重在立理,"纬"重在言事,其合则以理则御事实,以事实注理则,根干坚固,枝叶扶疏。

三、贺麟与康德

1930 年秋,贺麟从美国到德国柏林大学。这时他感到,要把握黑格尔哲学,非要先研究康德不可。他认为,康德是黑格尔哲学的源泉之一,要理解黑格尔,必先从康德哲学出发;治黑格尔哲学的人,没有不先治康德哲学的。但康德哲学最后必然逻辑地发展到黑格尔哲学上来。这一观点是贺麟学习德国古典哲学自得的见解,也与新黑格尔主义者克洛那《从康德到黑格尔》一书的结论正好吻合。从此他大量阅读康德著作。30 年代中期以后,贺麟发表了《康德名词的解释与学说的大旨》、《时空与超时空》等,集中展示了他对康德哲学的吸收与融会。

贺麟对康德哲学的发挥着重在时空问题上,他提出自己对时空的见解:"时空者心中之理,心外无可理解的理,心外无时空,心外无(经验中的)物。离心而言时空,而言时空中之物,乃毫无意义。"①贺麟自己说,他这个见解是对康德的发挥。他认为,康德的时空观是主观的时空观,所谓"主观的"是说:第一,时空有理想性,它不是离意识独立存在的事物或"物自身",它是主体所设定的。第二,时空属于主体方面的认识功能或理性原则,而非属于客观对象方面的性质或关系。第三,时空的主观性学说,正是要为时空在经验方面之所以是普遍、必然而有效准的原则奠立基础,而不是主观的意见或幻想。贺麟接受了康德这一思想,并对它进行了补充与发挥。他的补充

① 贺麟:《哲学与哲学史论文集》,商务印书馆 1990 年版,第 142 页。

在于,将时空区分为三种:第一,无定的时空,即不确定的存在的持续,可称为绵延;不确定的存在的体积,可称为广延。无定的时空是感觉的对象或内容,绵延和广延是可以加以衡量但尚未经衡量的量。第二,确定的时空,即衡量绵延和广延的尺度。确定的时空是整理或排列感觉材料的形式或准则,是理智的产物。第三,无限的时空,无限的时空不是无定的时空,也不是无穷的时空——无穷的时空表示有限时空的无穷伸展,只是直线式的、想象作用的无穷推论。无限时空指普遍性或永恒性。普遍即超空间,永恒即超时间。无限的时空是理性的直观。

从贺麟对三种时空的区别与规定可以看出,他受了黑格尔正反合三分方式的影响。无定的时空是绵延、扩张,是感觉的对象,感性的直观,是未经整理的混沌,是具体的。确定的时空是理智制定的尺度,是知性的直观,是抽象的共相。而无限时空,是前两者的综合,是理性的理念,是理性的直观。它不是混沌,也不是条理,而是统一,即此两者之合。它是超出主客对立的,它是综合了具体事物和抽象共相的具体共相。

基于以上分类和解释,贺麟提出了他关于时空的思想。他的思想,分开说可用四个命题表达,合起来说,可用一个命题表达。四个命题是:(一)时空是理;(二)时空是心中之理;(三)时空是自然知识所以可能的心中之理或先天标准;(四)时空是自然行为所以可能的心中之理或先天标准。若用一句话,则可以说:"时空是自然知识和自然行为所以可能的心中之理或标准。"①这里,我们须注意贺麟对"理"的定义,对"理即心中之理"的推论,对时空何以是"知识、行为的先天标准"的说明。

贺麟说:"理是一个很概括的名词,包含有共相、原则、法则、范型、标准、尺度以及其他许多意义。"②理是中国传统哲学一个非常重要的范畴,对于理的界说,以宋代理学家朱熹最为精当。朱熹所谓理,即"所以然而不可易,所当然而不容已者",也即有普遍性、必然性的原理、准则、规律等。原理、准则又可引申为理想、共相、范型、尺度等。所以,贺麟这里讨论的问题,是康德提出的;给出的回答,是中西合璧的。就理之为普遍性的概念言,曰共相;就理之为解释经验中的事物之根本观念言,曰原理;就理之为规范经

---

① 贺麟:《哲学与哲学史论文集》,商务印书馆 1990 年版,第 149 页。
② 贺麟:《哲学与哲学史论文集》,商务印书馆 1990 年版,第 147 页。

验中事物的有必然性的秩序言,曰法则;就理之为理想的模型或范式言,曰型式;就理之为经验中事物所必须遵循的有效准则言,曰标准;就理之为确定不易但又为规定衡量经验中变易无常的事物的准则言,曰尺度。"时空是理"就是说时空是共相、原则、法则、范型、标准、尺度。这一推论未免过于宽泛,但贺麟赶紧回到康德:"我们说时空是理时,我们比较着重时空之标准或尺度二义。"①这一界定避免了理滑入客观性的危险,因为法则、范型等可以是客观的、不在心内的,如新实在论的理、共相等。而标准、尺度则必然是主观的,是心所设立、规定的。

由于标准、尺度的主观性,贺麟认为,"时空是理"必是心中之理,是主体用以规定、衡量经验中事物的先天法则,不是从经验中得来的。从这个方面说,理是心的一部分。贺麟说:

> 理是思想结晶,是思想所建立的法则,是思想所提出来自己加给自己的职责,不是外界给予的材料。理是此心整理感官材料所用的工具,是此心用先天工具在感官材料中所提炼出来的超感官的本性或精蕴。②

理是思想结晶,是此心的建立,先天的工具,故贺麟认为"心外无可理解之理"③。不过末后句"超感官的本性"已有亦主亦客之意了。

贺麟揭出"心外无可理解之理"可以说是他用康德哲学融会宋明理学的结果。按康德的意思,时空为心中固有的感性直观形式,范畴为心中固有的知性形式,时空、范畴是此心的建立,不是外界的给予,经时空、范畴整理过的知识,带上了普遍性、必然性等"理"的内容。心中固有的感性、知性形式与经过陶铸后的事物的形式是同一的。对于此知识来说,可谓"心即理"、"心外无理"。陆九渊有"心即理"之说,王阳明有"心外无理、心外无物"之说。陆王虽并称,但两人学说的理论重点实不同。陆九渊的"心即理"实际上是说,宇宙之理即人心中之理,宇宙的法则即我心中的道德原则,所谓"至当归一,精义无二,此心此理实不容有二"④。就是说,陆九渊并不否认心外之理,不过认为心外之理与心中之理是一个,"至当"、"精义"指

① 贺麟:《哲学与哲学史论文集》,商务印书馆1990年版,第147页。
② 贺麟:《哲学与哲学史论文集》,商务印书馆1990年版,第148页。
③ 贺麟:《哲学与哲学史论文集》,商务印书馆1990年版,第147页。
④ (宋)陆九渊:《陆九渊集》,中华书局1980年版,第4页。

理,也指心,"归一"、"无二"指两者本来是一个东西。由这一点看,陆九渊不似康德,而似黑格尔,因为黑格尔的哲学是主客合一,"绝对理念"既是宇宙的根本法则,也是主体的精神法则,两者是一个东西。绝对精神即主即客的性质决定了它是即心即理的。

而王阳明则更近于康德。他的"心外无理、心外无物"重点在说道德行为的意义在于道德主体的动机、意志。道德行为之所以是道德的,是由于推致自己良知的结果。从本体论说,宇宙万物所体现的条理秩序正是心中的条理秩序的反映,即王阳明所说:"人的良知,就是草木瓦石的良知。若草木瓦石无人的良知,不可以为草木瓦石矣。岂唯草木瓦石为然,天地无人的良知,亦不可为天地矣。"①这一点正与康德认为人先天本有的感性纯形式、知性纯范畴是宇宙万象所以成立的条件、前提相仿。当然康德和黑格尔的差别要比陆九渊和王阳明的差别大得多,但在理论的主要形态上可有以上的比较。

贺麟对陆王少有辨析,但对于朱熹却有一明显的趋势,即把朱熹说成黑格尔式的"心与理一"的哲学家。他的《朱熹黑格尔太极说之比较观》中,即已把朱熹的太极与黑格尔的绝对理念相比拟。而在《时空与超时空》中,也把朱熹哲学说成心理合一的。这是他调和心学理学或说尽力缩小、泯除心学理学差别,以与黑格尔的即心即理哲学融会的一个例证。贺麟自己说,他对于理是心中之性的论证,"皆采自朱子的说法"②。人皆熟知朱熹主"性即理",即人、物之性,皆来自独一无二之太极,所谓"人人有一太极,物物有一太极"。太极即宇宙万物根本之理,太极在具体事物上的表现即此物之"性"。此性是同一与差异的统一。从人物之性皆不同说,是异;从人物之性皆是同一的太极说,是同。同的方面即理一,异的方面即分殊。朱熹的"理",在逻辑上可以先于、外于天地万物,即朱子所谓"且如万一山河大地都陷了,毕竟理却只在这里"③。这就是他后来批评新实在论"满坑满谷死无对证之理"所自出。贺麟通过把实在论的"理"换作唯心论的"理",把朱熹拉入心学之内。贺麟说:理既然是普遍概念,概念当然是意识内的概念而不是意识外的范畴;理既然是理想的范型,必是心中的范型;理既然是规定

① (明)王守仁:《王阳明全集》,上海古籍出版社1992年版,第107页。
② 贺麟:《哲学与哲学史论文集》,商务印书馆1990年版,第148页。
③ (宋)朱熹:《朱子语类》,中华书局1986年版,第4页。

经验中事物的必然秩序或法则，既然是衡量经验中事物的尺度，则必是出于经验的主体："吾心掌握着时空中事事物物的枢纽。"①贺麟这里所谓理，皆是康德所谓理，不是朱熹所谓理。朱熹说"性即理"，贺麟说性必是心中之性，理必是心中之理。贺麟这里与其说是论证，不如说是独断，因为他是从共相、法则、范型、标准、尺度等皆是心所建立这个前提出发，又论证这些都是理，从而推出"心即理"的。这样必然把朱熹和陆王的差别缩小，把他们说成同是心学或即理即心的，为他的理想唯心论找中国例证。

此外，贺麟把朱熹拉入心学，是因为他认为：

> 由"物者理也"、"天者理也"、"性者理也"的思想，进而发展到"心者理也"的思想，是先秦儒以及宋明儒的大趋势。中国哲学史如此发展，西洋哲学史发展的次序也并无二致。②

他认为，在中国，"物者理也"、"性者理也"这些见解，都已在先秦儒家典籍中隐约地、浑朴地、简赅地具备了。到了宋儒，才将这些伟大的识度重新提出来，加以精详发挥。朱熹对于心与理的关系问题，颇费踌躇。而陆象山揭出"心即理也"一语，贡献尤伟。自陆象山揭出"心即理"，哲学乃根本调一方向：心既是理，理即在心内，而非在外，则无论认识物理也好，性理也好，天理也好，皆须从认识本心之理着手。不从反省本心着手，一切都是支离骛外。心即是理，则心外无理，心外无物，而宇宙万物，时空中的一切，也成了此心之产业，而非心外之偶来物了。在西方，希腊哲学起先是以物释物，苏格拉底方转而由对万物的研究发展到对内心的研究。柏拉图、亚里士多德因之，更研究理性、灵魂、上帝等。近代笛卡尔提出物与理、性与理、天与理、心与理的关系，斯宾诺莎给出了天者理也、性者理也的答案。英国经验主义自洛克到休谟，是离理而言心的，是从意识现象、经验等去研究物性、天、理。康德崛起，一方面把握住理性派的有普遍性必然性的理，另一方面又采取了经验派向内考察认识能力的方法，以先天逻辑学代替了心理学方法，对人的纯粹理性、实践理性、判断力加以批判地考察，建立了他的"心即理"的心学。他指出，时空是心中固有的感性的纯形式，范畴是知性的纯形式，万事万物皆逃不出此心此理的宰制，认识自我是认识宇宙的前提，这是康德的集

---

① 贺麟：《哲学与哲学史论文集》，商务印书馆 1990 年版，第 151 页。
② 贺麟：《哲学与哲学史论文集》，商务印书馆 1990 年版，第 152 页。

大成处。

由此简单的回顾,贺麟断定中西哲学史都是由研究外到研究内,由心与理分而为二到合而为一、即心即理、即内即外的过程。就是说,哲学必至于心学而后完满。他说:"如果我们要领取哲学史的教训,我们必须承认时空是心中之理的说法是有深厚基础的真理。这就是我所谓以哲学史的发展以证时空是心中之理的论据。"①

综观贺麟对康德时空学说的发挥,可以说,他是紧紧抓住康德时空不是外界的客观实在,而是心中固有的作为自然知识和自然行为所以可能的先天条件这一点,集中阐发了自己的心学思想。贺麟说康德和斯宾诺莎是通向黑格尔的两条线,就是认为,康德哲学所表明的,是心的能动性、创发性。斯宾诺莎哲学表明的,是实体的理则性。这两条线归到黑格尔,就是即心即理、即主即客、即知即行,无之不一而集其大成。不过贺麟在其论证中,有时以康德释黑格尔,把黑格尔说成主要是主观唯心论者,在心物二者的合一中,主张心是主动的、主要的,物是被动的、次要的;心是本体,物是表现;心是目的,物是工具等。有时又以黑格尔释康德,把康德说成主张"心与理一,性与道俱"的哲学家。

贺麟对时空问题的阐发是富于创新精神的。他把中国传统哲学概念"理"引进康德哲学,用"理"的多义性去发挥康德学说。如他赋予理以共相、原则、法则、范型、标准、尺度等意义,把康德的感性纯型式的时空,即主要是范型(陶铸性)、尺度(量度性)的时空,填充了法则(必然性)、原理(内发性)、共相(普遍性)等内容。使康德主要是整理、量度感性材料的时空,变为具有必然性、普遍性、内发性的"理"。使时空这一范畴的内容,超出了康德原有的范围,再利用康德的时空的主观性,把上述理的义涵,变为心的义涵。而所谓共相、法则、原则等既有实在论品格又有唯心论品格的范畴,又使得康德的心学具有即心即理、合心理为一的特征。贺麟通过改铸康德,阐发了自己的即心即理、合心理为一的哲学思想。

此外,中国哲学的范畴多是笼统的、涵盖面广的,如道、理、德、性、天等,而且多是本体论、道德论的,很少西方那样的认识论范畴,这就给解释者的发挥留下了余地。贺麟的一个特点,就是用中国哲学范畴去融会西方哲学

---

① 贺麟:《哲学与哲学史论文集》,商务印书馆 1990 年版,第 153 页。

范畴,他曾说:"我觉得用中国名词去解释西方名词,是一个好办法。"又说:"我们不但可以以中释西、以西释中,互相比较而增了解,而且于使西方哲学中国化以收融会贯通之效,亦不无小补。"①贺麟就是用"以西释中、以中释西"的方法,发挥自己的哲学思想。不过他的解释绝非漫无边际,而是基于中西哲学的深厚学养而发的。他的比较不是斤斤的字面比附,他的议论不是浅薄空疏的肤廓之论,而是在人们习见的材料中更深入开掘一层,常使人有酣畅淋漓之感。当然他的最基本的观点还是得自黑格尔的绝对唯心论,不过是新黑格尔强调主体的能动性、强调心的创发精神的唯心论。在这一点上,又与康德一致了。就是说,贺麟把绝对精神看作一个自由的主体的观点,和康德把主体看作能动的这一点相通了。他的唯心论又是参证、融会了程朱陆王的理学、心学的唯心论,是合心理为一,合程朱陆王为一的唯心论。

四 、 贺麟与费希特

贺麟既认为康德是通向黑格尔哲学的源泉,康德哲学必然逻辑地发展到黑格尔哲学,那么,他就不能不碰到康德、黑格尔的中间环节费希特和谢林。

贺麟对费希特的介绍,先注重其爱国主义精神,而后及于其哲学思想。在《德国三大哲人处国难时的态度》中,贺麟把费希特和歌德、黑格尔的性格和行事作了比较,认为歌德浪漫高雅,富于艺术意味,是诗式的;黑格尔脚踏实地、平淡无奇,是散文式的;费希特则"富于惊心动魄的情节,有壮阔的波澜,令人精神兴奋紧张"②,是戏剧式的。从贺麟有趣致、带感情的叙述中,我们可以看出:第一,他对费希特一生所体现出的理想主义、勇往直前的顽强精神是敬佩的,对费希特壮烈的爱国行动是赞许的,认为这是处国难时人皆应怀抱的态度,人人皆应趋赴的路向。第二,他对费希特欲以学术为

① 贺麟:《哲学与哲学史论文集》,商务印书馆1990年版,第269页。
② 贺麟:《德国三大哲人歌德、黑格尔、费希特的爱国主义》,商务印书馆1989年版,第1页。

德意志民族奠立精神基础的努力是向往的,他在抗日战争中所写的一系列文章,都是欲为抗战期的中国人奠立抗战必胜、建国必成的信念。第三,他对费希特以健行为根基,以自由为目的,以知行合一为特征的哲学思想尤其服膺有心得,这在他的思想中是前后一贯的。

贺麟对费希特的哲学思想,主要注重其知识学中体现的主体自由能动这个方面。贺麟认为,知识学是费希特的纯哲学,但并非讨论狭义的认识问题,知识学是从知识论出发讨论形上学问题。费希特的知识学即是他的哲学。费希特不满意康德,认为康德哲学重在讨论理性的性质和限度,他只给人以消极的批判,而未给人以积极的建树。他循着康德自我为知识所以可能的条件、自我为自然立法的思想,对自我作了进一步的发掘和高扬,成立他的更加主观化、以健行为理性的本体,经验世界为幻象的一元论哲学。对于康德哲学,费希特有一转折,康德以知为重点,而费希特以行为重点。知的自我是不能独立不依的,它必须靠知的对象、靠外物保持其存在。知失其对象,便失去自身存在的理由。能知必以所知为前提,所以"知"不是自我的本质。真正的自我乃是行为的、健动的。行为与对象的关系和知识与对象的关系不同,在行为中,自我创造对象、陶铸对象。所以在行为中,自我是第一位的,它是能创造的、能产生的,非我是被创造、被产生的。非我同自我的关系不似康德哲学中物自体与认识主体的关系,而是非对等的。这样,康德的二元论便被费希特的一元论所代替。

贺麟认为,费希特的一个创造就是把行为和事实区别开来,行是"动",物是"有";行是一个过程,物是一个存在。自我不是物,而是一个行为、一个活动。行外无物,行外无有。若套用笛卡尔的"我思故我在",可以说费希特的实质是"我行故我在"。"我行"之中即逻辑地包含"我在",而"我在"不能逻辑地包含"我行",因为"我行"必有行的对象。"我行"亦逻辑地包含"我思",因为"我行"的"行",是知行合一之行。

贺麟认为费希特的知识学的精髓就是"自由"一概念。他说:"费希特的知识学虽未用自由一名词,但处处都在为自由建立理论基础,绕许多弯子去发挥自由概念。"①因为健行的自我是绝对的自我,它对于理论自我所建立的非我有绝大的影响力,它本身就是一种挣扎、征服。绝对自我完全是自

---

① 贺麟:《哲学与哲学史论文集》,商务印书馆 1990 年版,第 285 页。

为的,它的行为以自身为目的,不为外在的功利。它是自由的。绝对自我的自由不是斯宾诺莎的把握了必然的自由,而是绝对自我的无限的健动必将征服任何外来阻力的健动健行本身。自然界只是此自由的健动施行的场所。所以费希特哲学以自由为体、为目的,以自然界的客体、对象为用、为材料。自由概念是费希特最重要的概念,他的自由不是无律则性的任意妄为,而是自创律则,是积极地超出因果律的自由。在他的伦理学中,健动是最高的善,自由是最可嘉许的品格,放弃行动,懒惰、怯懦就是恶。贺麟评述费希特,紧紧抓住绝对自我的健动这一本质,认为这是自由最深厚的基础,是自由问题上的形上学。

贺麟的自由观,吸收了费希特的健动、自主精神,又吸收了斯宾诺莎"把握必然就是自由"的理性精神,并融会了程朱、陆王的一些思想,表现出既不陷于主观任性、又不陷于消极被动的特点。他认为,自由可以从两个方面去看。从科学的、机械的立足点来看,万物皆不自由;从理想的、形上学的眼光看,万物皆自由。而中和的看法,即认为自由既是经验中的事实,又是超经验的理想。一方面是人人皆有、与生俱来的本性,一方面又是一生所追求不到、望之弥高、钻之弥深的理想。

斯宾诺莎认为万物皆不自由,人与物皆受因果律的支配,每一个思想,皆可用因果律找到其根源;每一个动作,皆可用机械性去解释。甚至人的情绪、意念等,皆可当作几何学上的点、线、面一样的东西去研究,皆可找出其因果律的说明。后来行为派的心理学家也认为人的行为皆有机械的原因可循,人是不自由的。这是机械论的看法。这种看法可以使我们惕然自省,处处皆知遵循律则。

反之,若用诗人的审美眼光,和形上学家超功利、忘物我的识度来看宇宙和人生,便又感觉到万物皆依其本性自由自在的生活。在诗人眼里,宇宙间万物皆生意勃发,意趣盎然,程颢诗:"万物静观皆自得,四时佳兴与人同",便道出了这种万物自在自得、随意适兴的自由,也道出了诗人与此境界同一的体验。《易传》所谓"天行健",所谓"生生之谓易",也是这种自由观的写照。从这一眼光看,人与万物皆有其内在目的,皆不受外在的束缚。这种看法可以令我们爽然自释,襟怀宏阔。

在贺麟看来,艺术的、形上学的自由观,可以给我们树立一个自由的理想,可以给我们追求的境界。但现实中的我们,要得真实的自由,必须经过困心衡虑,自觉的奋斗。现实的自由在于心与理一,能择(心)与所择(理)的合一。贺麟解释说:"能择者良心,而所择者不背良心;能择者真我,而所择者足以实现真我,扩充人格,才可以算作意志自由。换言之,必能择者为不失其本心的'道德我',而所择者又是实现此道德我的道德理想或道德律,方能满足意志自由的条件。意志自由建筑在能择的道德我及其所具之道德理想或道德律上。"①贺麟这一观点,是吸收了康德、费希特的思想,也与王阳明的思想吻合。康德认为人有选择的自由,人不属于现象世界无休止的因果联系的连锁,人属于理智世界,人有按自己的理性指令选择的自由。康德同时也认为,人的选择,应该不是基于个人欲望的选择,受个人欲望支配的选择与动物的选择没有多大区别。人的选择是理性自身的道德律令发号施令从而必定要战胜欲望的强制性选择。理性作为统帅这种强制的选择,正是自由,正是作为理性存在的人的自由。就是说人有能择的意志自由,他的所择应该是能够成为普遍立法原则的"天理"。费希特也认为,行为本身即是善,行为就是自由的表现。但费希特所谓行为,是实现自己天职的行为,这样的行为是真正意义的行为,是道德的,是有价值的。而贺麟所谓"能择者良心,所择者不背良心",正是王阳明"良知"的两个方面的说明。王阳明说:"知善知恶是良知",又说:"尔那一点良知,是尔自家底准则。尔意念着处,他是便知是,非便知非,更瞒他一些不得。"②这是说,良知是能择的主体,善恶现前,良知自能辨别。另一方面,良知又是天理的体现,是人性的自觉,是心理的本能。良知是至善,是宇宙根本法则的凝聚与显露。此即王阳明所谓"良知即天"。总起来说,良知是合"性"、"天"、"心"为一的。"良知是天理之昭明灵觉处",即是说良知是能择与所择的合一。

　　贺麟提出的自由的两个方面——能择的意志与所择的天理,前者要通过在实际行为中的锻炼而愈益敏锐,后者要通过在实际行为中的扩充而愈益真切。能择与所择靠"行"合而为一,就是说,自由既是人生俱来的本性,又是人通过行为而追求的理想。在行为的末端,本性与理想重合了。贺麟的自由观,是理学心学的合一,而最终归于心学。这是与他诸合一中最终注重主体的思想一致的。

---

① 　贺麟:《哲学与哲学史论文集》,商务印书馆1990年版,第3l5页。
② 　(明)王守仁:《王阳明全集》,上海古籍出版社1992年版,第92页。

他所提出的扩充自由本性、实现自由理想的途径,不惟思想是心学的,即名词也是心学的:

其一,"求放心"。意志之所以不自由,即由于本心在外,内无主宰。思的方面,是别人的意见;行的方面,是私欲的奴隶。贺麟提出:

> 欲求放心,知的方面,必须随时随地提醒自己超经验的真我,行使自己先天的知识范畴,以组织感官的材料而形成真知识。行的方面,必须本着自己与人格俱来意志自由的本性,于复杂的意念与欲望中抉择其能发展自性、实现真我者而行。①

总的方面,"求放心"即陆象山"收拾精神,自作主宰",费希特的"自由";知的方面,即康德的先验理性;行的方面,即程朱的"存理去欲",王阳明的"致良知"。

其二,"知几"。《易传》有"知几其神乎",周敦颐有"诚、神、几曰圣人"之语,都指见微知著,见隐知显之意。贺麟说:"自由即是主动,被动就不自由。知几就可以先物而主动,不致随物而被动。"②贺麟特别指出,他的"知几"的方法,得自中国古籍者少,得自柏格森者多。柏格森曾以欣赏艺术的经验来说明意志的自由。如欣赏歌舞时,总能感觉到一种精神的自由,因为欣赏者能审知其节奏,预推其发展,不期然地与之谐和。这也是知几。推演此义,宇宙历程,人事变迁,无论如何复杂,但总有规则、节奏为人所知。只要心思没有被利害、物欲所蒙蔽,总能掌握事物的规律与节奏。

其三,"尽性"。尽性实际是知几的发展。知几是见性之端倪,尽性是顺其理而壮大,即依其本性的必然性而活动,使性质中潜存的丰富内容全部展现出来。尽性也就是自我实现。尽性必逻辑地蕴含"性即理"之义。万物莫不各依其理,各遂其性,各极其长,这在万物就是自由。贺麟引歌德"难道你禁止蚕吐丝吗"一语,说明依本性的必然性活动就是自由,在任何情形下我们做我们不得不做的事便是自由之意。他说:"行乎其不得不行,止乎其不得不止,纯出于本性之必然,依天理之当然,就是自由。"③纯出于本性的必然,在物就是按自己内在的必然性发展,在人就是顺人的本性。按贺麟的意思,人的本性就是创造真善美,创造真善美就是尽人之性;自觉人

---

① 贺麟:《哲学与哲学史论文集》,商务印书馆1990年版,第319页。
② 贺麟:《哲学与哲学史论文集》,商务印书馆1990年版,第320页。
③ 贺麟:《哲学与哲学史论文集》,商务印书馆1990年版,第322页。

的这种本性,知道自己在宇宙中的地位,在社会中的天职,就是知命。内心中纯以这种天性天命做主宰,就是良心。贺麟在论述自由问题时,把人与天联系起来,把心、性、天打通,与天理相合,与本性为一,内尽本性、外极天理,就是自由。

综观贺麟对费希特的论述,可以看出,他是以自由为康德、费希特哲学的内涵,再用斯宾诺莎"知天理行天理"中和之,以成立自己的自由观。他的自由观以统合天人、统合理欲、统合知行为根本内容,以尽性、循理为现实途径,具有理论上有渊源、实践上切实可行、形式上中西兼容的特点。

五、贺麟与谢林

贺麟对谢林哲学的吸收与发挥,主要在如下两个方面。

(一)灵魂里放光明的自然

费希特的理论重心在其"自我"的健动性、绝对性。费希特为了抬高自我,而把自然贬抑到无足轻重的地步,把客体说成主体想象力的结果,这是沿着康德的路径出发而偏到一边去了。谢林的同一哲学正所以纠正费希特的偏失。谢林认为,世界的本体是主体与客体的绝对同一,此绝对同一是最高的原则,主客绝对同一外无实体。一切存在,皆莫非主客同一体,但此主客同一体中又有对立,在其自我实现的过程中,有时客体占优势,有时主体占优势,但此种优势只有量的差别,而无质的不同。谢林哲学由此分成自然哲学和先验哲学。在自然哲学中,精神是昧觉的,客体是彰显的,自然哲学就是研究客体中的精神由昧觉到自觉的过程。而先验哲学中,精神是彰显的,自然是隐匿的,先验哲学就是由精神原则推出昧觉的自然事物。在谢林的自然哲学中,自然是亦精神亦物质的,心灵是亦物质亦精神的。他不像斯宾诺莎那样,把心与物作为"绝对"的两个属性,而是认为绝对本身亦心亦物,心物的关系不是平行的,而是同一的、不可分的。在谢林哲学中,自然和精神、主体和客体的轻重轩轻调解了。谢林不是把自然当作本身无目的的，而是自然本身即目的，自然的目的就是精神的目的，两者是不可分的。而同时精神的特性又因其与自然的绝对同一而使自然也具有了精神性。也就是说，实体是亦主亦客的，绝对是亦精神亦物质的。这一点，为黑格尔所直接继承。黑格尔的绝对精神吸取了谢林"绝对"的亦主亦客的品格，新黑格尔主义又回到康德和费希特，强调"实体即主体"而修正了谢林和黑格尔。

　　贺麟虽然强调"实体即主体"，但自然在他的哲学里有相当的地位。他认为费希特偏重道德的哲学有弊病，他说："费希特重道德轻自然，重人为轻自然，对自然未给予适当地位，此为其偏处。"①贺麟欣赏谢林自然和精神并重的思想，他最看重者在谢林"一贯地注重自然，使人能欣赏自然的有生命方面和精神性"②。他反对机械主义眼中的"死物质"，赞同谢林的"生机原则"，赞同谢林"大自然中千奇百异的自然形态，亦不过此同一精神曲折迂回以求自觉的表现"的有机观。贺麟提倡人返归自然，他所谓自然，指具体的、有机的、美化的、神圣的自然，是与人类精神相通的、有生命、有灵魂的自然。这样的自然，是人的精神的反映，是人的精神的外在记号、象征。周敦颐之爱莲，陶渊明之爱菊，林和靖之爱梅，都是在花木中找到了知己，在对象中寄托了志向。自然界的浩浩星空、滚滚江河、灼灼花木、离离野草，都是人意志的写照。这种对自然的看法，是人格化自然的看法，是诗的、美学的看法。

　　谢林的主客同一，精神与物质不可分判，为德国浪漫派提供了艺术哲学，也为贺麟提供了"灵魂里放光明的自然"。自然在贺麟这里，是神圣的、美的、精神洋溢的。回复自然，即所以充实人生；仰慕自然，并非埋没自我、丧失主体，而正所以发展自我，提高主体。这都得益于谢林"自然应该是可见的精神，精神应该是不可见的自然"的同一哲学。

（二）直觉与理智

　　谢林认为，哲学的本体——主客观的绝对同一是不能用概念去描述的，

---

①　贺麟:《哲学与哲学史论文集》，商务印书馆 1990 年版，第 290 页。
②　贺麟:《哲学与哲学史论文集》，商务印书馆 1990 年版，第 309 页。

也不能用概念去理解的,对它的把握只能是直观。他说:"整个哲学都是发端于,并且必须发端于一个作为绝对本原而同时也是绝对同一体的本原。一个绝对单纯、绝对同一的东西是不能用描述的方法来理解或言传的,是绝不能用概念来理解或言传的。这个东西只能加以直观。"①在谢林看来,绝对本体是混一的,它具有艺术品的品格,它不能分成部分。一切概念、名言都只能是对它的近似的描述;它的出现是整个的,不能零碎地宰割。对它的直觉,犹如宗教上的神契,只能与之直接为一,不能用概念分离地认识,对本体的认识只能是非逻辑的、艺术的直觉。

谢林的这一理论,受到了黑格尔的批评。黑格尔认为"绝对"可以用概念去把握,不过这种概念是流动的、由低向高发展的。谢林的这种混一是"夜间观牛,其色皆黑",而他自己的方法是慎思明辨的,是分析和综合结合的。最高的本体——绝对理念就是三个一串的概念由低到高拼成的一张网,这张网与宇宙运行、历史发展的总过程所呈现出的律则、节奏是一致的。这种方法是逻辑的、理智的。贺麟认为,这两种方法是可以并行不悖的,各有各的适用范围。哲学是理智的、逻辑的,但不排斥直觉的、非逻辑的成分;艺术是直觉的,但不排斥其中的逻辑分析。直觉和逻辑分析都是人常用的思维方法,不能执其一而否定另一。他在讲到思维方法时,把人们常用的思维方法分为三种:逻辑的方法,即数学的演绎方法;体验的方法,即忘怀自我,投入对象之中深切体察的方法;玄思的方法,即"由全体观部分,由部分观全体"的方法。并且特别说明:"此处所谓体验,实包含德国治文化哲学者如狄尔泰等人所谓体验和法国柏格森所谓直觉。"②

贺麟的直觉法,吸收了谢林和柏格森的直觉说,也吸收了梁漱溟的直觉说,是一种中西合璧的直觉法。

谢林已如上述。柏格森的直觉,也是一种把握本体和真我的方法。他的思维方法,源于他的形上学。柏格森的形上学是生机主义的。在他看来,宇宙是一个不断发展变迁的大流,无时或停。这个大流中的万物互相渗透,互相纠缠,互相影响,没有任何理智的法则,不受任何拘囿。这个创化的大流的最高表现就是生命力,生命力不断冲创发展,而其物质外壳则是其阻碍

---

① [德]谢林:《先验唯心论体系》,梁志学、石泉译,商务印书馆1976年版,第274页。
② 贺麟:《文化与人生》,商务印书馆1988年版,第179页。

甚至使其死灭。生命力必须把物质的抵抗征服，才能向上发展。在柏格森的本体论里，最根本的哲学概念是生命和物质，但其实唯有生命的冲力才是真实的，唯有创化的活动才是本体。这种本体是变化无方、活泼健动、不间断、无缝隙的。而所谓真我、本心，就是他所谓内在的自我之流，也就是万千意识状态的交融贯通，你中有我，我中有你。每一个意识状态都包括了过去的所有意识状态，也蕴含了它后面的意识状态的产生。整个的意识是一个无间断的大流，不停地向前延伸。这就是柏格森所谓真实的意识状态，就是他所谓绵延。对这种本体、真我的把握，只能用直觉。如果用名言去分析，用概念去把握，则原来强烈的淡化了，五彩缤纷的褪色了，特有的共有了，渗透的孤立了。就是说，概念分析的结果，动的、丰富的、具体的没有了，只剩下静的、抽象的、单纯的。一落言诠，便乖本质。这是柏格森的直觉。

梁漱溟的直觉是一种生活态度。他从研究中西文化出发，对西方人的生活态度和中国人特别是儒家的生活态度作了比较，从中得出结论说：西方人的生活态度是"直觉运用理智的"，中国人的生活态度是"理智运用直觉的"①。所谓"直觉运用理智"，即崇尚理智或以功利为主导。而儒家反之，儒家的人生态度是反功利的，不算账的，不计较利害得失，遇事不问为什么的，它只凭直觉去行动。梁漱溟认为这种直觉就是孔子所倡导的"仁"。达到了仁的境界就是大无畏的、刚强的，心中充满浩然之气的境界。有了这种境界就会静虚动直，随感而应，活泼泼地而无拘系。

贺麟集中了谢林、柏格森和梁漱溟的观点，提出了他对于直觉的看法："直觉是一种经验，复是一种方法。"②这里他不言"直觉是一种生活态度"，是因为他的"经验"包括了生活态度。他解释说："所谓直觉是一种经验，广义言之，生活的态度，精神的境界，神契的经验，灵感的启示，知识方面的当下的顿悟或触机，均包括在内。"③贺麟这里所谓"经验"，概括了三个方面：梁漱溟的"生活态度"、"精神境界"以及德国柏林大学哲学教授亨利希·迈尔（Heinrich Maier）的"神契经验"、"灵感启示"——亨利希·迈尔在他关于《最近五十年的西方哲学》一文中说道："整个宇宙之为一大个体，有如一切个体，只为直观所可达到，而非概念的知识所能把握。直观乃是凭一种直

① 梁漱溟：《东西文化及其哲学》，商务印书馆 1987 年版，第 158 页。
② 贺麟：《哲学与哲学史论文集》，商务印书馆 1990 年版，第 179 页。
③ 贺麟：《哲学与哲学史论文集》，商务印书馆 1990 年版，第 179 页。

接的透视以究自然世界和精神世界之最深邃的本质。要求神契经验的驱迫力,乃彻始彻终是一种直觉的力量。"①这里,"生活态度"是伦理上的直觉,"神契"是宗教上的直觉,"顿悟"是认识上的直觉。

关于直觉是一种方法,贺麟说:"所谓直觉是一种方法,意思是谓直觉是一种帮助我们认识真理、把握实在的功能或技术。"②这种技术虽与理智方法根本不同,但不能说它是无理性或反理性的。善于应用直觉法可以使之谨严而合于理性。如何应用得好?贺麟这里借用了斯宾诺莎的思想,即认识的真观念越多,则我们求知的方法越完善;积理越多,学识越增长,涵养越醇熟,则方法亦随之越完善。由此,贺麟认直觉法为一种基于天才的艺术,他说:"直觉法恐怕是一种基于天才的艺术,而此种艺术的精粗工拙仍须以训练学养之醇熟与否为准。故直觉虽是方法,亦有因运用得不精巧醇熟而发生危险的可能。"③这里所谓天才,不是说天生便具备的能力,而是说运用直觉是创造性的,非徒呆板模仿所能得。其间有利钝、巧拙、精粗、深浅的差等。

贺麟所谓直觉是不排斥理智的。他认为理智分析、矛盾思辨法、直觉法是任何哲学家都通用的,三种方法不可缺一,只不过各个人偏重略有不同罢了。他把直觉法分成先理智的直觉和后理智的直觉两种,他说:

> 直觉方法一方面是先理智的,一方面又是后理智的。先用直觉方法洞察其全,深入其微,然后以理智分析此全体,以阐明此隐微,此先理智之直觉也。先从事于局部的研究,琐屑的剖析,积久而渐能凭直觉的助力,以窥其全体,洞见其内蕴之意义,此后理智之直觉也。直觉与理智各有其用而不相背,无一用直觉方法的哲学家而不兼采形式逻辑及矛盾思辨的,同时亦无一理智的哲学家而不兼用直觉方法及矛盾思辨的。④

在贺麟这里,理智分析是见"分"的方法,直觉是见"全"的方法。单是分析,绝不能达到对整体的认识,对整体必须借助直觉的助力,方可把握。所谓分析与直觉相结合,即分析用直觉法得到的对于整全的印象,及至部分的分析

---

① 贺麟:《哲学与哲学史论文集》,商务印书馆 1990 年版,第 178 页。
② 贺麟:《哲学与哲学史论文集》,商务印书馆 1990 年版,第 179 页。
③ 贺麟:《哲学与哲学史论文集》,商务印书馆 1990 年版,第 180 页。
④ 贺麟:《哲学与哲学史论文集》,商务印书馆 1990 年版,第 181 页。

到了面面俱到的程度,又借直觉之助,对于整体有更新更深的认识。"全"是分之"全","分"是全之"分"。故直觉中不能无分析,分析中不能无直觉。

从这里贺麟将分析与直觉对言,可以知道,他所谓直觉,绝不等于综合。综合是对于局部的相加、统贯、笼括等,但整体绝不仅是部分的相加、统贯,整体有整体的功用、性质。相加等等是机械的、量的,直觉则是有机的、质的。综合是科学方法,直觉是艺术方法。如果整体纯是局部的相加、统贯,则从头到尾皆是一理智的活动,无所用直觉。贺麟认为,对于"全"的认识,只能用艺术的直觉方法。这里不能说贺麟是神秘主义者。他认为直觉与理智是同一思想历程的不同阶段或不同方面,两者并不冲突。并且他认为,"近现代哲学的趋势,乃在于直觉方法与理智方法的综贯"①。

贺麟自己讲,他之所以要发挥出"前理智的直觉"与"后理智的直觉",是为了"把直觉从狂诞的简捷的反理性主义救治过来,回复其正当的地位,发挥其应有的效能"②。这里,贺麟道出了他的思维方式的强烈倾向——理性主义。谢林的直观是有意识的理智消除必然的自然与自由的精神的对立,从而返归本原的手段。他要否定逻辑,用非逻辑的东西代替逻辑的东西,最后达到绝对同一体。柏格森的直觉也是摒弃理智的。贺麟接过了柏格森、谢林的直觉,又羼入了黑格尔、斯宾诺莎的理智,成立了他的理智中不废直觉、直觉中不废理智的直觉学说。根据这一学说,他对于谢林和柏格森两人皆有批评。他评论谢林说:"他的思想一贯地注重自然,使人能欣赏自然的有生命方面和精神性。其同一哲学合物我、一天人,消除自然与精神的界限,审美态度贯彻始终,实不愧为当时德国浪漫主义的高潮和哲学上的代言人。他的著作中颇富于诗人的颖思和创见,但尚欠逻辑的发挥。"③他赞美谢林的审美态度,但对谢林的非逻辑非理智的方法是不赞同的。

对柏格森的批评也主要在这一点,他说:"我们认为他的尊崇直觉、鄙弃理性的说法只是得理性之一偏的理论。理性是要认识全体的,良心、直觉等等都是这一方面的表现。但理性不只求认识全体,它另一方面又是规模、法度、理则、真理的建立者。理性的这一方面的意义就被柏格森忽略了、鄙

---

① 贺麟:《哲学与哲学史论文集》,商务印书馆 1990 年版,第 183 页。
② 贺麟:《哲学与哲学史论文集》,商务印书馆 1990 年版,第 183 页。
③ 贺麟:《哲学与哲学史论文集》,商务印书馆 1990 年版,第 309 页。

弃了。于是他的滔滔清辩只不过引人进入神秘境界之中,变成了探求禅意的言词。"①柏格森在事物不断发展变化上,在事物的无限联系上,承受了黑格尔;但他贬抑理性、反对事物发展中的理则、法度等,则是背离了黑格尔。贺麟正是用黑格尔的理性主义,纠正谢林、柏格森的非理性主义。

如果要确切指出贺麟融合直觉与理智的哲学的直接理论渊源的话,恐怕要算他在美国留学时亲炙过的怀特海。

怀特海是现代过程哲学的大师,他的哲学的一大特色就是调和西方现代哲学中势如水火的两大派——分析学派和思辨学派。怀特海以其既是数学家因而着重逻辑分析又是形上学家因而着重抽象思辨这样的双重身份,试图消除现代西方哲学中这两大营垒的严重对峙和门户之见。怀特海认为:"完善词典的谬误把哲学家分裂成为两个学派,即拒绝接受思辨哲学的'批判学派'和接纳思辨哲学的'思辨学派'。批判学派把自己局限于'词典'的范围内进行语句分析,思辨哲学则诉诸直观,并进一步援引有助于这种特殊直观的情势,借以指明这种直观的意义。"②所谓"完善词典的谬误",怀特海指人类有意识地相信可应用于经验的所有观念,甚至相信人类语言能用单词和短语来表达这些概念这样一种谬误。分析学派特别是维也纳学派相信这一点,而思辨学派则完全拒斥它,认为形上真理、大全等绝不能用逻辑思维的名词概念去把握,而要靠思辨想象。对思辨学派的"冒险",怀特海批评它们常常忽略了对思辨想象的制动机制,任凭思辨力任意驰骋而无规范制约,也即"让诗人的想象当权"。思辨哲学家常常独断地提出自己包罗万象的体系,不肯俯就逻辑规范,甚至也蔑视经验。结果,他们的哲学体系常常是建筑在沙滩上的大厦,经不起逻辑与事实的检验。而批判哲学则常常对事物进行静态研究,他们的概念是静态的,缺乏历史感;他们着眼于个体,忽视了整体;他们的方法是否定性的,没有积极的建树。这种方法对思辨想象的弱点的纠正方向是对的,却走入了另一个片面。怀特海欲集两大学派之长:既要思辨学派的整体性、想象力丰富、艺术的审美境界,又要分析学派坚实的逻辑基础与事实基础。他得出的新方法是逻辑分析与思辨想象并举,有强烈的东方意味。

---

① 贺麟:《现代西方哲学讲演集》,上海人民出版社 1984 年版,第 20 页。
② 陈奎德:《怀特海哲学演化概论》,上海人民出版社 1988 年版,第 233 页。

贺麟非常赞赏怀特海这种方法论,认为这种方法就是对柏格森的思辨的想象和詹姆士的彻底的经验主义的救治。柏格森有一设定:"不能用固定的现成的概念建立活生生的实在。"①对之可以注入理智分析方法,使其有逻辑的确定性。詹姆士的三条公准:"在哲学家中间唯一可以展开辩论的东西将是可以从经验中抽出来的项加以说明的东西","事物之间的关系比起事物本身来,同样是属于直接个别经验的东西,不多不少恰好就是这样","直接把握的宇宙不需要什么外来的超经验的连接性的支持"②,对之可以注入抽象思辨使之跳出经验的甲壳。贺麟认为,由于怀特海哲学的兼容并包,他的哲学究属哪一派就成了有争议的问题。怀特海自称他是新实在论者,但他又承认他的思想和新黑格尔主义者布拉德雷相近。贺麟在介绍怀特海时,既介绍他反对抽象和孤立,主张玄思,主张用直观去把握亚里士多德所谓"第一原理"的形上学,又介绍他站在理性主义立场反对"心理附加"的自然哲学思想。对于前者,贺麟认为"可以把怀特海看作新谢林学派";对于后者,可以看作"接近新实在论"③。

贺麟吸收了怀特海的思想,结合中国哲学重体验、重整体把握的特点,提出他的又一关于直觉的思想:"可以简略地认直觉为用理智的同情以体察事物,用理智的爱以玩味事物的方法。"④这一定义,可以说是为中国哲学家特别是宋明理学家的思维方式写照。不管是注重向外格物穷理的程朱学派还是注重向内明心见性的陆王学派,认识外界的物理物性,可用透视式的直觉;反省自己的本心本性,可用反省式的直觉。无论透视式还是反省式,都是"用理智的同情以体察事物,用理智的爱以玩味事物"。理智的同情、理智的爱是一种态度、一种怀抱,体察、玩味事物是运用一种方法。所以贺麟这一定义可以看作他所谓"直觉既是一种态度,又是一种方法"这两种意义的综合。据以上定义,贺麟认为朱熹和陆象山的认识方法都是直觉方法,不过一为透视式的直觉,一为反省式的直觉。

陆象山的直觉法有正负两面,负面的为"不读书"。"不读书"一半为矫

---

① 洪谦编:《西方现代资产阶级哲学论著选辑》,商务印书馆1987年版,第147页。
② 参见[美]威廉·詹姆士:《彻底的经验主义》,庞景仁译,上海人民出版社1987年版,第4页。
③ 贺麟:《现代西方哲学讲演集》,上海人民出版社1984年版,第117页。
④ 贺麟:《哲学与哲学史论文集》,商务印书馆1990年版,第184页。

正程朱学派埋头书册,殚精竭虑于传注,为书本所系、为文字所累的弊病而发,即陆象山所谓"圣人之言自明白,何须得传注。学者疲精神于此,是以担子越重。到某这里,只是与他减担"①之意。这种"不读书"的方法,可以保持学者心灵的贞操,赤地新立,一切由自己的"真我"作主,不做权威、偶像、书本的奴隶。另一半也是陆象山一贯的思想,反对著书,"六经注我";反对空讲论,要求切己实行。正面的即陆象山的"回复本心"的根本方法。所谓回复本心,第一步功夫先要"收拾精神,自做主宰"、"先立其大",以直觉方法顿见本心之全,然后再以细密工夫分析、体察。这就是"先理智的直觉"。朱熹一派的方法,先格物穷理,向外透视,然后积理既多,豁然贯通,达到"物之表里精粗无不到,吾心之全体大用无不明"的境地。这是先以细密功夫见其分,后以直觉功夫见其全,可以说是"后理智的直觉"。不管哪种直觉方法,都是"用理智的同情以体察事物,用理智的爱以玩味事物",都有直觉和理智两个阶段,不过运用的方向正好相反。就是说,宋儒的思想方法是直觉法,此直觉法是包括理智分析的。从这里可以看出贺麟明显的调和中西思维方法的对立,调和程朱陆王理学心学对立的企图。他之特别表彰怀特海之意也在此。他要以怀特海兼容并包的气度,超越分析学派和思辨学派、调和自然科学和人文科学两种方法论的襟怀为模范,在中国走出一条调和唯心论与实在论、理智与直觉、程朱理学与陆王心学,建立一种新的兼容并包的哲学的道路。

---

① （宋）陆九渊:《陆九渊集》,中华书局 1980 年版,第 441 页。

第二章　贺麟与斯宾诺莎

斯宾诺莎是贺麟终生倾注心力的哲学家。1926 年,贺麟到美国奥柏林大学留学,从耶顿夫人处初次接受黑格尔、斯宾诺莎哲学。从那时起,他对斯宾诺莎产生了浓厚的兴趣。1930 年,贺麟到德国,以一篇研究斯宾诺莎身心平行论的文章,见知于斯宾诺莎专家、《斯宾诺莎全集》拉丁文及德文本编订者犹太人格布哈特。格布哈特邀他到家里做客,陪他游览,还介绍他参加了国际斯宾诺莎学会。从留学美国开始,贺麟写了《斯宾诺莎哲学的宗教方面》、《斯宾诺莎身心平行论的意义及其批评者》、《大哲学家斯宾诺莎诞生三百年纪念》、《斯宾诺莎的生平及其学说的大旨》、《怎样研究逻辑》、《斯宾诺莎哲学简述》等论文,翻译出版了斯宾诺莎的重要哲学著作《知性论改进》①、《伦理学》,并在北京大学、清华大学讲授斯宾诺莎哲学。可以看出,贺麟对斯宾诺莎是有研究、有译介、有讲授的,并且终生以之,没有间断。甚至晚年到国外讲学,还讲斯宾诺莎。对斯宾诺莎哲学的诸方面,他都有亲切的接受和出色的发挥。

一、斯宾诺莎与黑格尔哲学的关系

贺麟曾说:要把握黑格尔哲学,非要先研究斯宾诺莎和康德不可。斯宾诺莎和康德是通向黑格尔的两条路线。在贺麟看来,斯宾诺莎的"实体即自然"与康德的"实体即主体",正好是黑格尔的"绝对精神"的两个方面。

---

① 此书 1943 年由贺麟翻译出版,名《致知篇》。1960 年版由译者作了修订,改用今名。

从绝对精神是自然界、人类社会历史的抽象,绝对精神必然表现为自然界、人类社会历史来说,黑格尔是斯宾诺莎的后继者;从绝对精神是能动的、有力的,是具体事物的逻辑秩序的给予者来说,黑格尔是康德的后继者。贺麟"斯宾诺莎和康德是通向黑格尔的两条路线"这一观点,表明他所认为的黑格尔,是主客合一、心物合一的。他复由主客合一、心物合一来批评斯宾诺莎哲学的不足。他认为,斯宾诺莎的本体是"内在的必然,自性的必然,自身的根据",但他关于本体的思想有三个最主要的缺点:第一,斯宾诺莎过于强调实体,他只把万物看作实体的无独立自足性的样式。他过于强调本体,压抑万物;过于注重一,而忽视了个别事物的多。黑格尔则避免了这个缺点。黑格尔哲学是一多相融的,既重视绝对精神的性质,又重视个体事物的作用。个体事物是绝对精神的现象,是其表现。无现象也就无本体可言。第二,斯宾诺莎所谓本体只是实体,还不是主体,不是精神;斯宾诺莎只是理性主义者,但不是唯心论者;只是理学而非心学。而黑格尔的绝对精神是即主即客、即心即理的。第三,由于斯宾诺莎的实体不具主体性,所以它不是创造具体事物的力量,反而是压抑、掩蔽、消灭具体事物的力量。它是以具体事物的虚幻来证明本体的真实,他的本体是静止的、僵死的本体。

从这里可以看出,贺麟把斯宾诺莎哲学看作通往黑格尔的两条路线之一,黑格尔在更高的层次上包括了斯宾诺莎,斯宾诺莎必然要逻辑地过渡到黑格尔。实在论必然要过渡到超越实在论唯心论两派对立的哲学,理学必然要过渡到即心即理的哲学。而黑格尔哲学是近代哲学的高峰,它涵括了它以前的哲学的主要精神。它也是近代哲学的终结,不能在它之外另有更高、更全面的哲学了。哲学只能另辟蹊径,或者在局部方面发挥黑格尔,不能在总体上超越黑格尔。

二、"从永恒的范型下观认万物"

贺麟不仅认为斯宾诺莎的"实体即自然"是黑格尔的理论先驱,而且认为斯宾诺莎的"从永恒的范型下观认万物",是黑格尔"真理是整全的"这一思想的先导。斯宾诺莎说:"神不唯是万物存在的致动因,而且是万物的本质的致动因。而这种本质必须通过神的本质才能被认识，并且必须通过某种永恒的必然性才能被认识。而这种概念必然存在于神内。"①斯宾诺莎认为，具体事物的存在因和本质因都来自无所不包的自然本身，具体事物的本质在自然总体中都有一永恒的范型，此永恒的范型亦即此事物的"性"。只有把具体事物放在自然总体中，放在永恒的范型下，才能被完满认识。贺麟认为，斯宾诺莎的这种方法，是从全体的本质来看个体的本质，不仅能得到具体事物的特质，而且能在熟悉普遍规律或全体的基础上，对个体的本质有直接的正确的直观。贺麟对斯宾诺莎这方面的论述有三点可注意者：第一，"从永恒的范型下观认万物"是一种直观。这种直观不同于知性知识。知性知识是知道具体事物的特质，对之形成正确的观念，但这种观念还是抽象的、一般的。个体事物的本质只有在对自然总体的全部了解中才能直观到。直观是对于总体的具体把握，高于知性的、对个体的抽象把握。第二，他同意斯宾诺莎的这一看法：个体事物的真理性，若离开了总体，则不能得到完满的说明。或说，个体事物若孤立地、抽象地去看，则不成其为真理。真理是整全的。贺麟在谈到斯宾诺莎的方法论时说：

> 以局部真理与全面真理比，则局部的真理以全面的真理为标准，人所达到的真理愈全面（关于神和自然的真理），则他的方法愈完善，真理标准愈可靠。他已经由自明说的知识标准达到贯通说的知识标准了。②

这里所谓贯通，即超越具体事物的视角，从更高层次、更大范围来看具体事物的性质，这已经向黑格尔"真理是全体"的思想靠近了。第三，他认为斯宾诺莎所谓"具体事物的本质只有通过某种永恒的必然性才能被认识，而这种概念必然地存在于神内"的说法，包含着事物之性超时空、永恒的意思。斯宾诺莎不仅认为具体事物存在于自然内，而且理则、性质、范型也存在于自然内。这个范型是陶铸具体物的，这个理则是超时空、超物我、永恒存在、不生不灭的。对事物的理则、范型的直观把握，就是真观念。从这里看，贺麟也同斯宾诺莎一样，承认有超时空的范型与理则。在他看来，万物莫不有性有命，性是超时空的理则、规律，命是据其性不得不然的具体存在。

---

① ［荷兰］斯宾诺莎：《伦理学》，贺麟译，商务印书馆1981年版，第236页。
② 贺麟：《哲学与哲学史论文集》，商务印书馆1990年版，第641页。

时空的形式只涉及事物的命,不涉及事物的性,"性"是永恒的、超时空的,必自超时空的观点或从永恒的形式下观认方可把握。就万物之有命、有存在言,莫不在时空中;就万物之有性或有理言,莫不超时空。从这里看,贺麟又是实在论的。不过他的根本宗旨是即心即理、即主即客的,理学必须同时是心学。他的根本宗旨中并不绝对排斥实在论。

贺麟把斯宾诺莎"从永恒的范型下观认万物"的直观法,称作形而上学家所用的罗盘针、望远镜或显微镜,认为掌握了这种方法,就可以遨游于天理世界。他把这种直观法比作佛家"以道眼观一切法"的"道眼"或"慧眼",庄子所谓"以道观之物无贵贱"的"道观法",也是朱熹所谓"以天下之理观天下之事"的"理观法"。佛家一般认为,世间一切事物,无论精神或物质,皆是虚幻的假有,其真实本质是"空",能见得真空假有就是"道眼"或"慧眼"。就是说,"空"是佛家从一切事物直觉到的真实本性,从"空"这个永恒的范型之下观认万物,才算真正把握了事物的本质。庄子从"通天下一气"的本体论和齐是非、齐生死、齐贵贱的认识论出发,认为"以物观之,皆自贵而相贱;以道观之,物无贵贱"。庄子所谓道,类似斯宾诺莎所谓"实体"、"神";"以道观之",就是"从永恒的范型下观认万物"。朱熹的"理观法"认为,人、物皆有理,此理就是此物之所以存在的根据,即"所以然之故",也是此物所遵循的准则,即"所当然之则"。从一物之理观认此物,也就是从此事物的永恒本性、从此物之所以为此物者着眼。所以贺麟说,从永恒的范型下观认万物是"以形而上的真理为对象,以生活的超脱高洁,心灵之与理一、与道俱为目的"。

贺麟认为,"从永恒的范型下观认万物"是绝对的客观法,亦是绝对的主观法,亦是超主客的直观法。他的这一观点是与斯宾诺莎的前驱培根和伽利略、笛卡尔对比而言。培根在斯宾诺莎之前,提出获得知识的"新工具"——归纳法,攻击四种偶像,目的在廓清我执、我见,以求得客观真理。但他的归纳法,只能得到无普遍性无必然性的实用知识,实际上仍不能摆脱我执、我见。理性派人伽利略、笛卡尔修正归纳法,提出数学方法,但没有解决数学的前提的来源问题。斯宾诺莎取同样的途径,提出他的从超时空、超物我的立脚点或说从永恒的范型下观认万物的直观法,以此种直观知识为自明的定则,为数学推论的前提。贺麟认为,斯宾诺莎这种直观法是比培根的归纳式的客观、伽利略的数学的客观更为根本,更为超脱我执、法执的绝

对客观法。而因为这种直观知识是对于最高真理的自知自明,不是借外物以推论或证明的,所以又可叫作绝对的主观法。他说:

> 斯宾诺莎由培根之提出客观,乃更近而求出绝对客观;由培根之反对主观,乃更进而寻出绝对主观以代之。必须这样比拟陪衬,才可以反映出斯宾诺莎的知识方法论与标准论之深邃处,与直证知识之本源处。①

这里,贺麟又一次显出了他的根本特点:调和唯心论与实在论,调和主观论与客观论,融合成一种即心即理、即主即客或说超主超客的圆融理论,他处处都在吸收理性派与经验派的长处,处处都在试图建立一个既有理性的普遍性与必然性,又有经验的实在性的哲学,处处都在寻求宇宙根本法则与客观经验的统一。虽然这种努力不是以建构一种理论体系而是在对西方和中国诸哲学家的评述中体现的。

三、数学方法与逻辑演绎

斯宾诺莎构筑其哲学体系的方法,是几何方法,甚至他最重要的著作《伦理学》就是用几何方法写成的。贺麟在介绍斯宾诺莎哲学时,也重点介绍斯宾诺莎的方法。他的用意在,不但"鸳鸯绣了从教看",而且"要将金针度与人"。贺麟认为,逻辑方法的本质就是数学方法,他总结逻辑的性质和效用说:"(一),逻辑是一种修养或训练——精神的训练,一如体操之为身体的训练;(二),逻辑是一种工具——精神的工具,精神交通和斗争的工具,一如轮船火车飞机等之为物质上交通和斗争的工具。"②受过体育训练的人举动灵活敏捷,受过逻辑训练的人思想明晰、条理清楚。经过逻辑组织过的思想有系统、有根据,把握本质,绝不同于原始本能所发出的感情、欲望、臆想、意见。贺麟在强调逻辑的重要性时甚至认为精神为物质之本,物质为精神之用,精神的工具——逻辑是物质的工具之本。这里他明显地有

---

① 贺麟:《哲学与哲学史论文集》,商务印书馆1990年版,第252页。
② 贺麟:《哲学与哲学史论文集》,商务印书馆1990年版,第211页。

取于黑格尔的思想。黑格尔思想中的泛逻辑主义把逻辑看成先于客观事物而存在，客观事物皆不能逃出逻辑框架为它规定的路向。绝对精神可以逻辑地推演出现实世界的一切发展过程。逻辑是"先天而天弗违"的。虽然黑格尔的逻辑是辩证逻辑，不同于斯宾诺莎所讲的形式逻辑。但贺麟显然认为，形式逻辑的规律、法则也是先天的，是人们的正确思维所必须遵循的。逻辑是思维的法则，思维是物质的根本，所以逻辑是物质的根本。

贺麟从逻辑上溯到逻辑的本质——数学方法，他说："数学公认为科学之科学，要想任何学问成为科学，最要紧的就在于使该项学问受数学的洗礼，采数学的方法。"①认数学为科学之科学，即认数学为一切科学的基础，为一切科学所应该运用的手段。一门学问只有达到了能运用数学的程度，才算成熟了。用这个标准衡量中国当时各门学科，贺麟得出结论："中国之缺乏科学，根本即由于缺乏数学。"②中国人的思维方法，注重事物的实用、目的、结果，而不注重其学理上的性质。所以中国缺乏纯逻辑、纯哲学、纯科学。他提出了救治这一偏向的路径：

> 这种重目的、重效用不重本性的思想习惯不打破，则知的方面，只问本质、只重原理的纯逻辑、纯哲学、纯科学永不会产生；行的方面，"正其谊不谋其利，明其道不计其功"的高洁行为、纯粹道德亦将永远不能产生。以数学为模范，只问本性，不问效用，实走入纯逻辑的主要关键，而且是企求纯道德的入德之门。③

这里，贺麟对中国古代理论科学落后原因的分析是中肯的、有说服力的。有一点要注意的，就是这里所谓纯逻辑，主要不是指形式逻辑。贺麟不赞成形式逻辑，认为它脱离内容。他提倡人们研究的纯逻辑，实际上是黑格尔的逻辑。"纯"即排斥实用的功利目的，并非无内容。他注重的是形式与内容不可分，注重的是以内容充实形式，以形式驾驭内容的黑格尔式的逻辑，并非排斥作为一门独立学问的、有训练思维的价值的形式逻辑。

贺麟提出，要以数学方法去研究逻辑。用数学方法研究逻辑并非要将逻辑数学化，像数理逻辑那样，而是要将数学精神贯注于逻辑中。数学有两个基本特点应该为逻辑所采取：第一，只研究本性，不问目的如何、实用与

① 贺麟：《哲学与哲学史论文集》，商务印书馆 1990 年版，第 211 页。
② 贺麟：《哲学与哲学史论文集》，商务印书馆 1990 年版，第 211 页。
③ 贺麟：《哲学与哲学史论文集》，商务印书馆 1990 年版，第 214 页。

否。数学只问理论上的由来，不问事实上的由来。本性是有普遍必然性的，实用价值只是偶然的、个别的、因人因地因时而异的。从所得结果是否具有数学的确定性和必然性为标准，贺麟比较了培根、洛克、康德的方法论。

他认为，培根只研究知识的效用及获得知识的途径，所得无普遍性、必然性。洛克只从心理经验中去分析知识的起源与限度。而康德则从逻辑的立脚点，去研究知识的本性和构成知识的前提或条件。所以知识问题到了康德手里，由实用问题、心理问题变成了逻辑问题。康德之集大成在此，康德之开认识论的新纪元在此，康德之为治哲学的典范亦在此。

从对以上三位哲学家的抑扬褒贬可以看出，贺麟虽欲建立既有数学的普遍必然性又有经验的实在性的理论，但从根本上说，他是崇奉理性，贬抑经验；崇奉心的创造，贬抑外在知识；崇奉真理本身的科学性，贬抑其实用性。康德之高于洛克、培根，在于他的先天逻辑。数学之胜过其他科学，在于数学是理智所要求的确定性、完备性、系统性的最高代表。

其次，贺麟认为数学必须为逻辑所采取的第二个基本点是公理方法，他说：

> 数学上有所谓"公则的方法"，也可以说是数学的直观法。此法在寻求清楚明晰不待证明的基本观念或公则，以做推论的基础，而组成严密的系统。换言之，此法以界说、公则或公设为基本，循序演绎，以推论出新的命题或定理。①

这就是数学的精神，斯宾诺莎哲学体现了数学精神。形式上，《伦理学》的方法，就是这种公理的方法。不过他据以推论的界说、公则是自己规定的；内容上，斯宾诺莎牢牢把握"据界说以思想"的规则。贺麟解释说，"据界说以思想"，界说就是本质，据界说以思想就是根据对于事物的本质的知识来思想。而事物的内在本质乃是固定永恒的共相，也可以说是深藏于事物之中，为事物所必须遵循的律令。无此内在的本质，事物既不能存在也不能被认知。贺麟这里，是以程朱一派的思想来解释斯宾诺莎的。程朱认为"性即理"，性、理即此物所以存在的根据，此根据规定了此物一切变化发展的范围和趋向，此理为事物必须遵循的律令，即"所当然之则"。贺麟的新心学是融合了理学的新心学。他的理学的来源，在西方是斯宾诺莎，在中国是

---

① 贺麟:《哲学与哲学史论文集》，商务印书馆1990年版，第214页。

程朱。他的心学的来源,在西方是康德和费希特,在中国是陆王。最后归结为黑格尔。斯宾诺莎和康德在黑格尔哲学里聚首了,中国的程朱陆王在贺麟这里也聚首了。他曾说:"唯心论即唯性论,心学即理学,亦即性理之学。"①贺麟是以西学为基本,以融合了斯宾诺莎、康德和费希特的黑格尔思想为基本,回过头来融会程朱理学和陆王心学。关于这一点,徐梵澄在评论《近代唯心论简释》时说:"整个地看,著者实是深研费希特、黑格尔、康德、斯宾诺莎诸人的哲学,又研究宋明理学,其努力求融会贯通中西哲学,显而易见。"②

　　贺麟不仅把斯宾诺莎"从永恒的范型下观认万物"看作"据界说以思想"的数学方法,而且把康德的纯粹理性和实践理性的学说也看作此种方法。他说:

　　　　至于康德所谓先验逻辑,更是充满了自数学,特别是自伽利略、牛顿的数学、物理学得来的教训。康德的道德学说,一言以蔽之曰:"本通则以行为";康德的逻辑学说,一言以蔽之曰:"依原理以求知"。行的方面,以人人应当奉行的无上律令为准则,使自己的意志遵守自己制定的律令,而形成纯义务的道德。知的方面,依知性的纯概念或先天原则以组织感官经验,使经验遵循先天的范畴,而形成科学知识。③

　　在贺麟看来,数学的"据界说以思想"的本质在康德的道德学说里就是"本通则以行为"。这个通则是实践理性自己建立的,也就是道德律:"要这样做,永远使你的意志的准则能够同时成为普遍制定法律的原则。"道德律是实践理性的根本大法,是无上律令,道德领域的一切皆据此律令以思想或行动。这是判断思想、行为善恶的标准。意志执行这个命令,据此界说或准则以行动是无条件的、绝对的。这是道德领域的"据界说以思想"。在知识领域,就是"依原理以求知"。人人皆依知性的纯范畴组织感官经验,知性的纯范畴就是界说、原理。感官经验若不经过它的安排、整理,就是一堆杂乱无章的材料,不会成为有普遍必然性的科学知识。感官材料必须在这些先天范畴中就位,一如遵循原理、原则。并且,这些范畴是自明的,好像数学中的公理。这是知识方面的"据界说以思想"。

---

① 贺麟:《哲学与哲学史论文集》,商务印书馆 1990 年版,第 134 页。
② 贺麟:《哲学与哲学史论文集》,商务印书馆 1990 年版,附录第 403 页。
③ 贺麟:《哲学与哲学史论文集》,商务印书馆 1990 年版,第 218 页。

斯宾诺莎的这一方法,对贺麟影响甚大。他的"绎理"功夫,就是得自斯宾诺莎的数学方法。贺麟善长绎理,即根据一个命题的前提,绅绎出它的全部含蕴,有似魏晋玄学所谓"辨名析理"。他对前人讲过的许多问题,都有独到的发挥,所用的利器就是绎理。许多前人已经作出的结论,而根据其前提尚应有更深更广的挖掘、更圆融的说明的,他都一一阐幽发微。他阐发的,是题中应有之义,是理中有而文中无的。他之见别人所未见、道别人所未道,都是用绎理的方法,根据本性的必然性推出的。他的绎理的本领,一是得自他深厚的中西学养,一是得自斯宾诺莎的数学方法。如对知行问题,他从孙中山"知难行易"中推绎出"能知必能行"和"不知亦能行"两原则,并且认为这两原则较之知难行易说的本身尤为重要、尤为根本且较深于学理基础,较便于指导生活,较能表现近代精神。又比如,他讨论"五伦"概念,在旧礼教的核心"三纲"说中,发现了与西方正宗的高深的伦理思想和向前进展、向外扩充的近代精神相符合的地方。韦政通在谈到贺麟的《五伦观念的新检讨》这篇文章时,也叹服"在贺麟的讨论范围内,自知不能比他说得更好",并且大段引用贺文,而自己不赞一词。认为贺文对五伦内涵的分析"不但态度客观,且确已把握到传统伦理的本质,尤其对等差之爱的补充以及对三纲的精神,更是作了颇富创意的阐释,很能表现一个哲学学者的思考训练"①。这些都可以见出他得于数学方法的受用处。

四、《致知篇》与"致良知"

贺麟复在中国哲学家中找到了据界说以思想的例子,这就是王阳明。这一点表现在他对斯宾诺莎的重要著作《知性改进论》的译名上。此书贺麟于 1943 年翻译出版,定名为《致知篇》。之所以这样定名,是因为贺麟认为,此书的全部宗旨,合于王阳明的"致良知"。不过斯宾诺莎是知识论上的致良知,王阳明偏重于道德论上的致良知。也就是说,王阳明的为学之方,是把人天赋的"良知",或说孟子所谓"四端"、陆象山所谓"本心"作为

---

① 参见贺麟:《文化与人生》,商务印书馆 1988 年版,第 4 页。

开端,然后将此良知长养扩充,由火之始燃、泉之始达,培养为"溥博天渊"地位。而斯宾诺莎的哲学方法,在于以"真观念"为推论的根据,从中演绎出事物的全部内涵。王阳明的"良知"和斯宾诺莎的"真观念"都不由推论而得,而是一种天赋、直观。有似几何学里自明的公理。以真观念为前提推出结论的方法,是斯宾诺莎方法论的本质。贺麟归结斯宾诺莎的方法论说:"方法从具有真观念开始。这就是说,我们一有了真观念,一有了清楚明晰的观念,像几何学上的公理那样的观念,我们就开始有了方法。知识的积累,知识的推论与演绎,以至成为体系,达到'智慧的顶点',都从具有真观念开始。"①斯宾诺莎从真观念开始,王阳明从良知开始;真观念是直观的理智认识,良知是直观的道德意识;王阳明的良知是道德方面的真观念,斯宾诺莎的真观念是知识上的良知,两人的方法都是"据界说以思想"。贺麟把《知性改进论》译为《致知篇》,就是把斯宾诺莎和王阳明的方法看作同一的,真观念即良知,依真观念去认识就是致良知。

另外,贺麟译《知性改进论》为《致知篇》,还有以"据界说以思想"反对经验派的方法论的意思。斯宾诺莎认为知性本身自足,培根则与之相反,认为知性有病,须加救治。救治知性的良方在对经验进行归纳,从中找出确定不易的原则。所以培根的《新工具》中常有"纯化知性"、"校正知性"等语。而斯宾诺莎认为,知性是自然之光,本身无病,只须扩充,不须救治。所以贺麟认为,《知性改进论》应译为《致知篇》,方能显出知性自足之意,他说:

> 斯氏本篇之旨,在教人如何消极的勿为起自身体的感受的、想象的、混淆的、违反我们意志的感官知识所围,积极的独从吾人本性之必然,绝对凭依我们自己的力量,以求得明晰清楚的观念。盖斯氏不惟认道德非外铄我,且认真理亦非外铄我,其说与宋明儒之言"致知",亦有吻合处。②

这段话,除了清楚地表明他译《知性改进论》为《致知篇》,以期与宋明儒的良知说吻合的本意外,且复有深意在:第一,他指出依真观念以认知和致良知两者都必须破除感官的局限,这表明他的理性主义的思想特色。第二,贺麟认为致良知之"致",真观念之演绎,皆出于理性的必然,理性自己的力

---

① [荷兰]斯宾诺莎:《知性改进论》,贺麟译,商务印书馆1960年版,译者序言第9页。
② [荷兰]斯宾诺莎:《致知篇》,贺麟译,商务印书馆1943年版,第48页。

量,也就是说,"据界说以思想"之"界说",本身包含有促使其内涵全部展开的逻辑力量。理性自身是有力的、自动的,不管是道德理性还是理论理性。第三,斯宾诺莎的真观念和王阳明的良知都是"心与理一"的。真观念从其为观念说,是心;从观念与本质符合说,是理。良知从其为"天理"说,是理;从其为"心之本体"说,是心。两者都是理与心的统一。

五、身心平行论

身心平行论,是贺麟从斯宾诺莎那里得到的最主要之点,它与贺麟思想的许多方面特别是他的"知行合一"说密切相关。自入奥柏林大学师从耶顿夫人学斯宾诺莎起,身心平行论始终是他研究的中心问题。他几乎全盘接受了斯宾诺莎的身心平行论,忠实信从,并且同攻击、批评身心平行论的论敌勇猛交锋,不少假借。

贺麟之所以从早年起就重视身心平行论,是基于这样的认识:

> 身心关系问题是机械论和目的论、决定论和意志自由论的焦点。因此,如何正确理解和评价斯宾诺莎身心平行论的问题,是一个有关斯宾诺莎哲学根本性质的问题,也是涉及心理学、知行合一、道德实践以及神人合一等认识论、思辨哲学方面的争论问题。①

既然身心平行论是斯宾诺莎哲学的关键问题,是贺麟关注的首要问题,那就必须首先弄清身心平行论的真实意谓。

斯宾诺莎在《伦理学》中,对身心关系有很多明确的说明,如:"物体不能限制思想,思想也不能限制物体。""身体不能决定心灵,使它思想,心灵也不能决定身体,使它动或静。""凡是决定心灵使其思想的,必是一个思想的样式,而不是广延的样式。""凡是发生在身体方面的,必不能起源于心灵,而心灵乃是思想的一个样式。"又如:"观念的次序和联系与事物的次序和联系是相同的","心与身乃是同一的东西,不过有时借思维的属性,有时借广延的属性去理解罢了。为此,不论我们借这个属性或那个属性去认识

---

① 贺麟:《哲学与哲学史论文集》,商务印书馆1990年版,第613页。

自然,事物的次序与联系却只是一个。因此我们身体的主动或被动的次序就性质而论,与心灵的主动或被动的次序是同时发生的。"斯宾诺莎的身心平行论继承了笛卡尔的两种实体说,但两人绝不同。笛卡尔认为有物质和心灵两种实体,且又持身心交感说。两种实体既彼此独立又互相作用,是一种典型的二元论。而斯宾诺莎是把物质和心灵看成同一个实体的两种属性,世界只存在一个实体即自然,这个实体是自因的,心灵和物质只是这唯一实体的两种属性,是用两个属性表示同一的东西。而且这两属性各自成一因果系列,不能发生常识认为的互相作用。因此斯宾诺莎不是二元论,而是一元论。

贺麟据以上对身心平行论的理解批评了"副象论"和"心理一元论"。副象论认为心理现象只是唯一实在的和起作用的物理现象的毫无意义的伴随。物理现象是实在的,心理现象是它的影子。就如人走路,物理现象是真实的,起作用的;走路时所投下的影子则对走路不发生影响。心理一元论是它的反面,认为一切都是心灵的运动,物理运动也是心理运动的反映。贺麟认为,这两种理论各得身心平行论的一偏,是柏格森所谓"不完全的斯宾诺莎主义"。

贺麟总结斯宾诺莎关于身心平行论的学说,得出五点结论:(一)斯宾诺莎反对身心交感论,理由是身心不同类,彼此无共同之点;(二)实体是一个统一体,实体表现在思想和广延两属性中;(三)没有广延就没有思想,反之没有思想就没有广延,因为两者是一体的两面,缺一面,另一面就失其所以存在的理由,就是说,思想、广延不可分;(四)身心平行就是身心同时发生,就是说,观念的次序和联系与事物的次序和联系是相同的;(五)广延的领域和思想的领域皆存在一必然的因果系列。每一思想、一物体必有另一思想、物体为其原因。而且这两个因果系列的次序和联系是同时发生的。不仅人的行动必然是由原因决定的,就是人的情感、欲望,也是可以用几何方法当作点、线、面积去研究的,这就是斯宾诺莎的彻底的决定论。

贺麟据以上关于身心关系的基本论点,批驳了几种对身心平行论的反对意见。

他先批驳了泰勒(A.E.Taylor)和罗素关于身心平行不符合普遍经验的观点。泰勒和罗素都认为,在经验中,在现实生活中,心和身、思想和身体的动作是互相影响的。这是人们的常识,是不容置疑的。贺麟认为,在哲学上,理论的建立要经过学理的考察,绝不能建基于常识之上。从严格的哲学思辨看,人们所习见的一些观念恰恰是错误的。泰勒和罗素及其他身心交感论者的错误,在于把身体的运动看作纯物理事件,把目的、兴趣、意志、理解等心灵的运动看作纯心理事件。在身心平行论者看来,身体的运动和心灵的运动都是心—物事件。在这些事件中,心理系列的次序和联系与物理系列的次序和联系是同时发生的,是同一个心物事件的两个方面。区分心理事件和物理事件,纯粹是方便的说法。从心—物事件的本来面目说,本不可作这种区分。常识所说的从思想过渡到行动,实是因为思想不纯粹是心理的,行动不纯粹是物理的,而是一个心身合一事件。正因为是心身合一体,所以无论是心理的还是物理的都能产生心理的和物理的双重结果。他解释说:

> 心和身的交感作用如果正确理解的话,就是抽象设想为心的心—身事件作用到另一个抽象设想为物的心—身事件,或者抽象设想为身体的心—身事件作用到另一个抽象设想为心灵的心—身事件。这观点相当重要,因为它不仅答复了身心交感论者的反对意见,而且也真实阐明了身心交感论的实际:身心两面统一于一体的具体客观过程。①

这一观点到了《知行合一新论》中,就是"知行同为同一生理心理活动的两面"、"显知隐行、显行隐知"、"知行本来合一的体段"等思想。

贺麟也批评了罗素反对身心平行论的观点。罗素认为心理世界的因果律和物理世界的因果律是不同的。心理世界的因果律具有随感而应的性质,也就是说,心理上的任何一个对刺激的反应都是随情况而变易的,心理世界的规律是无普遍性、必然性的。而物理世界则没有随情况而变化的因果律,物理世界的规律是确定的,有普遍必然性。这两种不同的因果律绝非身心平行论所说的"观念的次序和联系与事物的次序和联系是相同的"。贺麟认为,罗素的批评显然是误解了身心平行论,因为身心平行论者是把心和物看作同一东西的两面,所谓心理世界和物理世界都是同一心—物事件的两种表现,绝没有无心理的物理,也没有无物理的心理。罗素实际上是把两者决然相分了。

柏格森对身心平行论的批评也是贺麟所不同意的。柏格森承认大脑和

---

① 贺麟:《哲学与哲学史论文集》,商务印书馆 1990 年版,第 621 页。

精神状态有紧密的联系,两者相互依存。但他反对两者等同的观点,认为心理的事实是附在大脑状态上的。但不能因为两者有依赖关系就说两者也是平行的,不能从大脑的解剖研究中得出心理内容,就如不能从挂衣服的钉子的形状得出衣服的形状。贺麟认为柏格森也误解了身心平行论。身心平行论的真正主张是思想和广延是同一实体的两面,心理状态和物理状态是分不开的。柏格森钉子和衣服的比喻是不恰当的,因为钉子和衣服是同类的两个东西,而心物是同一个东西的两个性质不同的方面。心物关系的最好比喻是弹琴和琴声的关系。弹琴的运动次序和联系与琴声的次序和联系是相同的。聋子能观察弹琴的物理运动但不知其音,瞎子能听见琴声但不见弹奏运动。副象论者好似聋子只知物理运动,心理一元论者好似瞎子只知心理运动。身心平行论者则像一个听觉、视觉都健全的人,他可以观弹琴运动而知音,也可以听音乐而知弹奏运动。所以,副象论者和心理一元论者是"不完全的斯宾诺莎主义"。

贺麟还批评了逻辑实证主义者的观点。逻辑实证主义者从其"经济原则"出发,排斥形而上学,所以他们认为斯宾诺莎的"实体"是不知道的,是假定。原则上不可知的东西必须作为毫无意义的东西被抛弃。不需要任何"中立的第三者"。他们不反对心理事实和物理事实,即人的直接经验同神经过程的同一。他们承认认识论立场的身心平行论,承认"一方为心理概念系统,一方为物理概念系统之间的一种认识论的平行论",但反对"一个实体的两个属性的平行论"。就是说,如果摒弃了"实体"概念,斯宾诺莎的身心平行论是可以接受的,而且是有科学根据的。贺麟认为,这样一来,斯宾诺莎就成了实证主义者。抽去了实体,属性就成了马赫的"经验的要素"、罗素的"中立的感觉材料"。斯宾诺莎之为斯宾诺莎,就在于他的实体(即神)的概念及由此概念的规定逻辑地推出的属性、样式。离开了实体概念,斯宾诺莎哲学的一切推论就都不能成立。

六、决定论和自由意志

与身心平行论紧密相连的是斯宾诺莎的决定论。斯宾诺莎认为,人的每一观念都是实体的思想属性的一个样式,人的身体的每一个动作都是实体的广延属性的一个样式。因此人是自然的一部分,是实体的一个样式,受自然整个规律的支配。人的每一个观念、意志、情感都是一系列心理原因的结果,每一个身体的活动都是一系列生理原因的结果。就是说,人的一切活动都是有原因的,被决定的,没有所谓自由意志。斯宾诺莎的决定论是纯出于理智的,他的决定论是为他的自由论服务的:既然每一个活动都是被决定的,合乎规律的,那么,人的理智就可以通过认识其原因而得到结果,就可以通过认识规律、掌握规律、按必然规律来行动而得到自由。也就是说,自由只能通过彻底的决定论而获得,服从自然的必然律才能够控制自然。这就是斯宾诺莎的卓越思想:自由就在于认识必然。

贺麟对于决定与自由的问题进行了长期研究。在奥柏林大学时期写的《斯宾诺莎哲学的宗教方面》里,贺麟指出,斯宾诺莎的决定论是"要使世界成为理性的或理智的世界",因为他设想一切东西(除神而外)都有一个原因和前提,一切东西都是其前提的必然产物。贺麟认为,以历史观点研究精神现象发展的黑格尔历史哲学和以历史观点研究自然现象发展的达尔文进化论,都与斯宾诺莎有某种联系。因为历史的观点即因果律的观点、决定论的观点。黑格尔的精神现象学,是把精神现象如意识、自我意识、理性的发展及各种意识样法的演变递嬗当作有规律可循的,其间的过渡都是受其本性的必然性支配不得不然的,是决定论而非自由的,是受因果律制约,不是盲目的、突然的。达尔文进化论也如此,物种的形成绝非如突变论所言,而是受遗传和变异的规律支配的。他们的方法论原则是斯宾诺莎的决定论:"斯宾诺莎以其决定论使我们确信,理性可以被用来探究实在的每一个方面,对每一件事物的原因和前提进行追索就是获得真知的钥匙。"[1]

此外,贺麟认为,在道德领域,决定论教人们遵从自然的命令:按照事物的因果法则认识事物,按照神(实体)的法则认识神,按照情感的法则认识情感,这是获得高洁生活的根本方法。贺麟总结说:"思考、认识、遵循理性的指导,欣悦地服从本性的命令,就是斯宾诺莎的爱神知神,就是他的解脱道路。"[2]

---

[1]　贺麟:《哲学与哲学史论文集》,商务印书馆 1990 年版,第 64 页。
[2]　贺麟:《哲学与哲学史论文集》,商务印书馆 1990 年版,第 65 页。

贺麟研究了斯宾诺莎的决定论,也研究了与决定论相反对的目的论,考察了两派哲学的理论基础——机械论和生机论,而赞同调和机械论和生机论的新机械主义。新机械主义看到两者各有所偏,也各有所长。它不欲偏袒任何一方,自揭一种折中的新说。它主张,机械主义是一种方法论而非本体论,以机械观为有用的方法而不以机械主义来解决形而上的问题。也就是说可以把机械主义作为一种分析具体问题、寻求前因后果、探求实用真理的方法,而不能说事物本来就是这样,也不能说这种方法可以解决宇宙人生的一切问题。康德所谓上帝、世界、心灵等"物自体",只能让玄学家去思辨地解答,不能由科学家实证地解答。所以,主张新机械论的德国哲学家罗宰(Lotze)说:"只要单限于考察事物之相互关系,并推求其源流变迁,我们当十分信任机械主义,但是若不认机械主义为研究的工具,而欲用以解释一切事物的最终原理,则我们绝不敢承认这种权威。"①就是说,罗宰认为科学与哲学各有其用处,各有其限制,两者可以并行不悖。英国哲学家、科学史家李约瑟也说:"不妨把机械观当作极正确的方法论,可应用来解释一切现象。但是若当作形上学的原理,便无何价值可言。"②也区分了科学和哲学,限制了机械观的适用范围。

贺麟接受了新机械主义的观点。他在讨论意志自由时,也区分了理智的立脚点和诗人的审美眼光、形而上学家超功利忘物我的态度。也就是区分了科学和玄学。他说:

> 我们若是从理智的立脚点,用科学的机械方法或是斯宾诺莎的几何方法来研究宇宙和人生,我们便不能不坦白地承认万物皆不自由。不论你用演绎的几何方法来研究意志自由问题也好,不论你用实验的动物学的方法来研究意志问题也好,只要你彻底用理智、用科学方法,你就可以发现,人的意志绝对不自由。不惟人的意志不自由,即神的意志也不自由。简言之,万物皆不自由。假如我们用诗人的同情的审美的眼光,或形而上学家超功利、忘物我的识度来观察宇宙人生,我们又不禁感觉到万物莫不各遂其性,各乐其生,而享受一种令人不胜羡慕的自由。所以我们只须换一副眼镜,由理智的科学的观点改变为同情的

---

① 贺麟:《哲学与哲学史论文集》,商务印书馆 1990 年版,第 381 页。
② 参见贺麟:《哲学与哲学史论文集》,商务印书馆 1990 年版,第 381 页。

艺术与形而上的观点,我们便不难由令人感觉得局促不安的万物皆不
自由的决定论,而转到令人觉得爽然自释的万物皆自由的目的论。①
贺麟这种调和科学和玄学的对立,可以说是对 20 世纪 20 年代中国学术界
的一次著名论战——科玄之争的回应。以张君劢为首的玄学派认为科学不
能解决人生观问题,因为人生是主观的、直觉的、综合的、意志自由的和个别
的,而科学则是客观的、逻辑的、分析的、受因果律支配的、有共通的规律的。
科学是向外的,是把人生当作机械来研究的。但人生的基本问题如精神现
象、爱以及社会历史问题、价值观等,是不能用机械方法来研究的。而以丁
文江为首的科学派则认为,一切问题都可以用科学方法及机械论、因果律来
解决。科学无所谓外内,无论什么问题都可以用因果律来分析。科学万能,
科学的威力无限。科学派所用的武器是决定论,玄学派所用的武器是意志
自由。玄学派的理论依据是柏格森、倭铿等人的生机论,科学派则相信马
赫、孔德的实证论。科学派虽因当时中国人对于科学万能的虔信,对于理性
的、有严格因果律可循、有明明白白的实证根据可依的东西的向往而占了上
风,但玄学派所提出的问题并没有从根本上解决。

　　贺麟对科玄论战的回应就是限定两者的理论所适用的范围:在现象领
域,一切问题可用因果律、决定论来解决;在本体领域,只能是意志自由起作
用。把一切可见可触的实证的东西,都当作现象,用科学的理智的方法去解
决。把一切不可见不可触、只能用思辨去把握的形而上的东西,都当作本
体,放在玄学方法统辖之下。人生既可当作现象,当作有普遍性必然性的东
西来研究,也可提高到本体领域来研究。立脚点不同,所得各异。但从根本
上说,两者并非水火不相容,而是可以各行其道并行不悖的。

　　贺麟的这种调和,是当时的必然趋势。因为双方的观点都有相当多的
信徒,都有西方哲学流派做根据,论争的结果必然是各不相下,最后的结局
只能是调和,承认各自的真理性,而限制其适用范围。贺麟早期的思想,既
有黑格尔的成分,也有斯宾诺莎的成分;既有唯心论的心理附加,又有实在
论的因果决定。比如他在作于留学期间的《论自我》中就持这种明显的调
和论:

　　　　说自我只不过是一架机器,未免过于自贬;但说自我是绝对自由

① 贺麟:《哲学与哲学史论文集》,商务印书馆 1990 年版,第 315 页。

> 的,又未免是一种过于自傲的表达。为了方便起见,我们把自我暂时分
> 成两个部分,即现实的自我和理想的自我。前者是自我的现实化和占
> 有空间的部分,后者是一个目的系统,是未决定的和无条件的。①

这里所谓现实的自我即现象界,理想的自我即本体界。前者是被决定的,后者是自由的。人既不是如机器一样毫无自由可言,也不是绝对自由的。

有一点须得注意,就是贺麟在机械论和目的论、决定论和自由意志这个问题上的摇摆态度。他既有斯宾诺莎的学养,又有康德、费希特的学养;既有程朱的理学,又有陆王的心学。他的根本哲学旨趣是即心即理的。他时时欲强调心的创发性、无拘执性,但又怕堕入任性、夸大、离性离理而言心的坑堑。他时时欲强调性和理的主宰作用、决定作用,但又怕失掉心的活泼创颖、不可典要的品格。所以他有时以新黑格尔主义之强调主观纠黑格尔刻板、拘执之偏,有时又以斯宾诺莎的决定论纠新黑格尔主义强调主观之偏。后一方面到晚年愈甚。比如,新黑格尔主义者鲁一士认为,所谓目的论和决定论,都只是人对自然的解释,自然本身并无所谓决定和自由。他认为世界是精神的意义或目的的渐进的表达,但这种意义或目的只是在解释或洞察中才能看得出来。精神的意图是不能用知觉或概念想象的。他说:"世界是一个进步的解释的共同体。"又说:"人并非他自己所认为的那种短暂的生物,而应被理解为一个自然的解释者。他完全具有探讨时空之深奥的能力,而且能构造需要花费几个世纪进行验证但又确能为大量事实所验证的假说。"②鲁一士认为,解释涉及三重关系:被认识者——具体事物,认识的工具——知觉概念,解释者——具有解释功能的人。世界的精神意义只能在解释中被理解,而不能在知觉概念中被理解。因为知觉概念只能分辨事物,但不能获得事物的意义。分辨认知是用知性的方法,不涉及价值、意义等理性才能把握的东西。知性的方法是科学的、因果律的,意义、价值等精神方面的东西是自由的、非决定的。鲁一士轻视所谓绝对意义的认知,而高扬解释的价值,即人赋予自然事物以精神意义的价值,因为这会增加人的思维的广度,寻求人的心灵的更大容量、求知欲的更高满足。鲁一士说:"在我们这个时代,概念经常被斥责为无效用的,知觉就其本身来说,也确实过

---

① 贺麟:《哲学与哲学史论文集》,商务印书馆1990年版,第93页。
② 贺麟:《哲学与哲学史论文集》,商务印书馆1990年版,第76页。

于枯寂了。每一种以知觉为唯一原则的哲学都邀我们到不存在神和人的孤寂的荒野去住。而解释是在寻求眼所未见、耳所未闻、心所未思的东西，即人对人的有效果的解释。"①在鲁一士，这种解释是一种洞察、一种创造性的直观。在这种直观中，汇集了诸多心灵储备的、累积的意义，这种直观就是把这些意义给予被解释者。而这一功能，知觉和概念是不具备的。我们的解释能力是怎样的，我们眼中的世界就是怎样的。这一点类似柏格森的记忆说。贺麟早期对鲁一士这一点是赞同的，他在介绍鲁一士的目的论时未加任何评论，不像他对亨德森（L. J. Henderson）所持的严厉批评态度。但晚年贺麟曾评论鲁一士这一点说："鲁一士特别强调解释而不用理性一词，也似乎太偏了。"②就是说鲁一士的康德意味、柏格森意味太过强烈，过于强调心对物的附加，从黑格尔特别是斯宾诺莎的路子上偏离了。从这里可以看出，贺麟晚年更加倾向于斯宾诺莎的机械论、决定论对理想论者的中和作用，越来越放弃了早年得于鲁一士的高扬自由精神、主体能动性的思想。

---

① 贺麟：《哲学与哲学史论文集》，商务印书馆 1990 年版，第 77 页。
② 贺麟：《哲学与哲学史论文集》，商务印书馆 1990 年版，第 4 页。

第三章 新心学的哲学思想

贺麟是个东西方学养兼具的学者。自 1931 年留学归国后,他一直从事黑格尔和斯宾诺莎的研究、翻译、教学工作,同时写了大量哲学论文,主要收在《近代唯心论简释》、《文化与人生》两书中。这些文章的突出特点便是融合中西,调和实在论与唯心论、理学与心学。他的前期思想,主要表现在这些文章中。他的思想,在当时被称为"新心学"——这一称号是相对于冯友兰的思想被称为"新理学"而起。但冯友兰尝自称他的哲学为"新理学",而贺麟则从未称自己的思想为"新心学"。他尝说他的思想"如从学派的分野来看,似乎比较接近中国的儒家思想,和西洋康德、费希特、黑格尔所代表的理想主义"①。这是他唯一明白自述自己的思想归属的地方。另外,他把自己前期思想的代表作定名为《近代唯心论简释》,其内容也主要是据德国理想唯心论阐发他自己的思想。其实"理想主义"与"唯心主义"在英文中是同一个词,贺麟用"理想主义"主要是为了免遭误解。② 据此,我们可以把他归入心学范围。但须知他的心学是心物合一、体用合一、知行合一、理势合一的心学。其中理势合一("理性的机巧")前面已经讨论,知行问题下章详述,本章只讨论心理、心物、心性、体用诸合一。最后归到他的哲学思想的本质——理想唯心论。

一、"心即理"

贺麟在《近代唯心论简释》首篇即开宗明义说:"心有二义:一、心理意

---

① 贺麟:《文化与人生》,商务印书馆 1988 年版,第 1 页。
② 参见贺麟:《哲学与哲学史论文集》,商务印书馆 1990 年版,第 416 页。

义的心;二、逻辑意义的心。逻辑的心即理,所谓'心即理'也。心理的心是
物,如心理经验中的感觉、幻想、梦呓、思虑营为,以及喜怒哀乐爱恶欲之情,
皆是物,皆是可以用几何方法当作点、线、面积一样去研究的实物。"①这一
段话,是贺麟关于"心"最明确的说明。心理意义的心,是经验的事实,是人
通过内省可以确知的,是可以当作客观对象来研究的。按贺麟的体用之分,
这些是用,是现象,即贺麟所谓"被物支配之心,心亦物也"之物。逻辑意义
的心,是"心即理也"的心。这个意义的心即能主宰、统摄、组织、排列感觉
经验,能支配行为,能评断价值的主体。贺麟说:

> 逻辑意义的心,乃一理想的超经验的精神原则,但为经验、行为、知
> 识以及评价之主体。此心乃经验的统摄者,行为的主宰者,知识的组织
> 者,价值的评判者。自然与人生之可以理解,之所以有意义、条理与价
> 值,皆出于此"心即理也"之心。故唯心论又尝称为精神哲学。所谓精
> 神哲学即注重心与理一,心负荷真理,理自觉于心的哲学。②

这里对心的界说,是用康德思想来发挥的。这里的精神原则,即康德哲学的
主体。这里的心,包括了康德的"三大批判"所含容的知、情、意三个方面:
经验的统摄者,知识的组织者,即康德的纯粹理性;行为的主宰者即康德的
实践理性;价值的评判者即康德的判断力。所以贺麟的"逻辑意义的心",
是康德的精神原则、主体。知、情、意是其分而用之的表现。也就是说,精神
原则用在知上就是纯粹理性,用在行上就是实践理性,用在审美上就是判断
力。这个精神原则的内容就是"理",心与理一,即精神原则的内容与形式
的统一。心负荷真理、理自觉于心就是精神原则的内容显现于形式,形式承
载内容。逻辑意义的心,是自然与人生的意义、条理、价值之所自出。没有
逻辑意义的心、"心即理"的心,则自然与人生皆为混沌不可知的"物自体"。
所以贺麟说:

> 普通人所谓物,在唯心论者看来,其色相皆是意识所渲染而成,其
> 意义、条理与价值皆出于认识或评价的主体。此主体即心。一物之色
> 相、意义、价值之所以有其客观性,即由于此认识的或评价的主体有其
> 客观的、必然的、普遍的认识范畴或评价准则。若用中国旧话来说,即

---

① 贺麟:《哲学与哲学史论文集》,商务印书馆 1990 年版,第 131 页。
② 贺麟:《哲学与哲学史论文集》,商务印书馆 1990 年版,第 131 页。

由于"人同此心，心同此理"。离心而言物，则此物实一无色相、无意义、无条理、无价值之黑漆一团，亦即无物。①

贺麟的心学思想，也是对中国自孟子以迄王阳明诸心学家思想的继承。孟子的四端，陆象山的本心，王阳明的良知，其宗旨皆不出"心即理"三字。但中国哲学以伦理道德为理论重心，心学诸家所谓"心即理"，多指心中本具天赋道德意识。如孟子"仁义礼智根于心"，陆象山"当恻隐时自恻隐，当羞恶时自羞恶"，王阳明"见父自然知孝，见兄自然知悌，见孺子入井自然知恻隐"，等等，皆道德意识。而所谓"万物皆备于我"、"宇宙即是吾心，吾心即是宇宙"、"良知即天"，等等，只不过将心中的道德意识投射到宇宙万物，认为宇宙万物皆具道德意味，宇宙的法则与人心的法则根本上是同一的。人心即宇宙之心，宇宙之心是人心的放大，人心是宇宙之心的具体而微。所以，中国心学所谓"心即理"之心，是伦理的，心学家的修养方法皆是内省的，如孟子的"求放心"，陆象山的"切己自反"，王阳明的"致良知"等。心学对于古来的学术文化，皆本"六经注我"的精神，以文化学术为心的表现、阐释，所谓"五经者，吾心之记籍"是也。贺麟对于中国心学诸家有继承，有改造。他所继承的，是心学的精神原则，心学对自我的高扬；他的改造，主要是康德、费希特、黑格尔浸透了理性的慎思明辨精神，主要是用知识论的学说，来改造中国心学主要是伦理学的学说。就是说，他不满中国哲学主要是伦理学，其他方面皆是伦理精神的投射这种运思方法，而要把西方具有强烈理性色彩的、主要是"知"的心掺加进来，构成另一种品格的"心即理"。这是贺麟思想里极其明显的意向。

二、心物合一

贺麟虽主"心即理"，但并不排斥其他哲学主张，他对于历史上的哲学体系，并不十分着重其唯物论、唯心论的区别，并不认为唯物论、唯心论势同水火，不可相融。在贺麟看来，唯物论和唯心论的分歧，是学术上的不同，不

---

①　贺麟：《哲学与哲学史论文集》，商务印书馆 1990 年版，第 131 页。

是政治倾向上的不同；即在学术上，也是观察问题、解释问题的着眼点不同，侧重点不同。如，唯物论接受科学研究的结论，用科学研究的结论来解释观念、思想。唯心论则注重考究科学结论据以成立的前提，科学定律之所以有效的原因，并限制科学方法、科学知识的范围和限度。如康德哲学是唯心论，他所做的工作就是考察人所据以进行种种活动，如认识、伦理、审美等的主观因素，以人先天具有的纯形式、纯范畴作为认识的前提条件，以人的主体原则为科学定律所以有效准的原因，以上帝、世界、灵魂为人类理性达不到的自在之物。又如，在外物和精神、理性何者为本、为决定者的问题上，唯物论以时间上在先的外物为本，唯心论以逻辑上在先的精神或理性为本。在心物关系上，唯物论离心而言实在，离理而言实在，离价值而言实在，唯心论则合心、合理、合意义价值而言实在。贺麟以上分析意在说明，唯心论、唯物论两派，其分派固源远流长，但并非不可调和，一部哲学史实际上就是这两派分而复合、合而复分的历史。这样的分合正是推动学术前进的力量。

即在唯心论内部，贺麟对于主观唯心论、客观唯心论，也特别注重它们的融合。他认为，主观唯心论注重心灵之自由创造，及自我的刚健本性，西方以柏拉图、康德、费希特为代表，中国以孟子、陆象山、王阳明为代表。客观唯心论注重宇宙秩序（天理或天道）的神圣性，及自然与人生的谐和性，西方以亚里士多德、斯宾诺莎、歌德、怀特海为代表。贺麟所谓客观唯心论，实际上即唯物论与唯心论的融合。他所举的代表人物，皆是注重天理人心、宇宙秩序和精神理性融合的哲学家。如斯宾诺莎主心物平行，其实体、上帝即心即物。歌德、怀特海注重过程、注重生命，而生命、过程则既有精神的驱动，又有物质的展开；既可看作宇宙的实在，又可看作心灵的运作。贺麟更把黑格尔看作主客合一的。从其绝对精神的外化来说，是物；从物中所体现的逻辑法则说，是心。但由于贺麟特别注重逻辑法则的最终决定的、绝对的意义，所以他认为黑格尔"稍偏主观"。对于孔子和朱熹，贺麟也注重其哲学的折中、调和性质。他认为中国主要的儒、道、墨三家中，道家与墨家各偏于一边，儒家则持中。如在天道人事上，道家重自然，墨家重人为，儒家则调和两者；既重视人伦道德义务，又尊重自然无为的天。在对鬼神的态度上，墨家讲天志明鬼，持有神论，道家不信鬼神。儒家一方面歌颂鬼神之德，相信天意天命，但又重生不重死，重事人不重事鬼。朱熹的"太极"，更是理和心的融合。①

总之,贺麟要沟通、融合唯物唯心两派哲学,以之消除一般人把唯心论看作"唯我论",看作不近情理、狂妄虚骄的哲学的误解。他的唯心论,是康德、斯宾诺莎的综合——黑格尔的唯心论。即他的哲学是体用一如的,既承认心物两者不可分,又从心的逻辑在先、心的知物用物上强调心的决定意义。他说:

> 严格讲来,心与物是不可分的整体。为方便计,分开来说,则灵明能思者为心,延扩有形者为物。据此界说,则心物永远平行而为实体之两面:心是主宰部分,物是工具部分;心为物之体,物为心之用;心为物的本质,物为心的表现。故唯心论者,不能离开文化科学而谈抽象的心。若离开文化的陶养而单讲唯心,则唯心论无内容;若离开文化的创造、精神的生活而单讲唯心,则唯心论无生命。②

贺麟这里很明确,他所讲的心,绝不是贝克莱所讲的心,也不是柏拉图所讲的心,更不是洛克所讲的心。贝克莱主要从认识上讲心,把心作为感觉器官;所谓物,不过是感觉的复合。柏拉图哲学,严格说是客观唯心论,因为他认为在现实世界之外,还有一个理念世界作为现实世界的原本,理念世界比现实世界更真实、更完满因而更根本。贺麟把柏拉图归入主观唯心论,就是侧重柏拉图创造出理念论、创造出高于现实世界的理想世界这种创进精神,就是侧重柏拉图敢于冲破世俗的洞穴,独与天地精神相往来的孤介气质。而洛克所谓心只是一块"白板",对外界的反映只是在白板上刻下了与外界相同的印记。洛克的心绝没有天赋观念,绝没有主动地整理、给予客观实在的先天原则。洛克的"白板"说,正是莱布尼兹以讫康德的德国哲学一贯反对的东西。贺麟的根本思想,是合心而言实在、合理而言实在、合意义价值而言实在。不合理性,未经过思考、未经过观念化的无意义无价值之物,非真实可靠之物或实在。这一思想,若套用中国古代哲学的话,就是"心外无理"、"心外无物"。所以,中国古代心学家陆象山、王阳明在贺麟笔下,也是合心而言实在、合理而言实在的。如他说:

> 象山虽注重本心,注重理想,然而他仍与朱子一样地注重理、天理、

---

① 参见贺麟:《黑格尔哲学讲演集》,上海人民出版社1986年版,第630页。
② 贺麟:《哲学与哲学史论文集》,商务印书馆1990年版,第132页。

学问、格物穷理。不过象山根本认为理不在心外,且比较在行事方面,在实际生活方面(而较少在书本章句方面)去求学问,去格物穷理罢了。①

就是说,贺麟心目中的心学家,绝不是"除了先立其大,全无伎俩"的人。总之,贺麟理想的哲学,是心理合一、心物合一的心学,是在主客合一的前提下更注重心的逻辑在先、心的创颖活泼、心的主宰统贯作用的心学。从这里说,他是德国古典哲学的真正意义在中国的代表。

三、心性合一

贺麟主"心即理",他的"心即理"是用康德解释的。而康德的"心"演变到黑格尔那里即"性"的能动作用。贺麟的根本思想是黑格尔式的即主即客,他不能不持"心即性"说。

性是宋明理学一个重要范畴。宋明理学家所谓性,多指一事物之所以为此事物者,一事物区别于他事物的内在本质。本质规定了事物发展的方向、阶段、结果等。贺麟对性的理解,基本上与宋明理学家相同。他说:

> 性为代表一物之所以然及其所当然的本质,性为支配一物之一切变化与发展的本则或范型。凡物无论怎样活动发展,终逃不出其性之范围。但性一方面是一物所已具的本质,一方面又是一物须得实现的理想或范型。②

这里,贺麟说出了他所谓性的两个方面:所已具的本质和须得实现的理想或范型,也即"所以然"和"所当然"。贺麟这里的"所以然"和"所当然",显然是取于朱熹。朱熹所谓理即"所以然之故,所当然之则"。"所以然之故,所当然之则"指理,也即是性,不过是"在天为理,在物为性"。所以然之故即事物所以为事物的原因、根据,所当然之则即事物的理想、范型。不过在朱熹,所以然之故多用来解释自然事物的理,所当然之则多用来说人的道德

---

① 贺麟:《文化与人生》,商务印书馆 1988 年版,第 232 页。
② 贺麟:《哲学与哲学史论文集》,商务印书馆 1990 年版,第 133 页。

准则。

贺麟对于性的界说吸收了朱熹,也吸收了黑格尔的思想。黑格尔的"绝对理念"是其逻辑学的终点,也是其起点。绝对理念有一个从抽象到具体、从主观到客观再到主客合一的过程。而绝对理念的所有展开,其各逻辑环节,都是被其本性的必然性决定的,所以有其逻辑的先在性,所谓"万变不离其宗"。另外,绝对理念是最高范畴,"理念"二字,有浓厚的柏拉图意味,"理念"诸义如圆满、理想、目标皆取自柏拉图。万物至绝对理念而实现其理想,至绝对理念而展开其全部丰富性,至绝对理念而各归其位。所以,黑格尔的绝对理念包括了"所以然之故,所当然之则",从这个方面说,黑格尔的绝对理念是"太极",也是贺麟所谓"性"。从太极本具的推动事物展开、通过矛盾运动而上升的自求超拔的能动性质说,它是心;从它展开为、外化为自然之物、社会之物来说,它是物;从太极的展开有其逻辑、有其理则说,即理;从这些展开无不遵循其本性的必然性,无不趋附其最后归宿说,即性。黑格尔的绝对理念是即心即物即理即性的。贺麟继承了黑格尔这一思想,他的心学,即理学、即性学。所以贺麟标出"性格即是命运"、"性格即是人格"两句格言,作为他的即心即理即性思想的概括说明。

从以上的论述可以得出,贺麟所谓"性"是"具体共相"。他说:"本性是自整个的丰富的客观材料抽拣而出之共相或精蕴。因此本性是普遍的具体的,此种具体的共相即是理。如人物之性各为支配其活动之原理。"①具体共相是包含了个别的全部丰富性的共相。贺麟长期寝馈于黑格尔所得的学养,使他与黑格尔有相同的趋势,即不喜抽象,不喜仅从相同事物中抽出共同性,而喜欢共同性中包含差别性,同中有异、异不害同的具体共相。他认为这是黑格尔的"性论"超出柏拉图的性论的最主要之点。柏拉图之本性世界是与现象世界分离的,而黑格尔则本性不离现象。柏拉图的本性是僵死的、抽象的,黑格尔的则是流动的、具体的。所以贺麟认为,所谓人物之性,应包括从现象中抽拣出来的永恒本质,也包括它所含具的具体丰富性。如论人性,就应包括人所创造的历史文化的全部发展,从历史文化的全部发展中才能真正解释人性,否则就是抽象的人性。所以,在贺麟看来,所谓"性"就是"如炼丹炼盐般地从文化生活自然现象中抽拣其永恒本质,以得

---

① 贺麟:《哲学与哲学史论文集》,商务印书馆 1990 年版,第 134 页。

到具体共相"。① 这个具体共相是理，也是性，"性即理"。贺麟认为，黑格尔的绝对理念从其为纯粹的本体、道体说是理学或道学，从它本身是精神性的，是绝对意识，绝对真理说，它又是心学。道体的全部展开即心的包蕴的全部发露，向外格物穷理即向内明心见性。所以黑格尔的理学、性学同时是心学。就是说，在贺麟看来，黑格尔不仅主性即理，也主心即理、心即性；心、性、理在黑格尔是打通的。贺麟接受了黑格尔这一思想，他也是主张心性合一的。黑格尔是西方集理学心学大成的哲学家，贺麟是中国合理学心学为一的哲学家，在这一点上，他们是"心同理同"的。

贺麟所谓心、性、理，内容不同于中国心学家，但他接受了心学家笼统不加辨析的思维方式。就是说，内容是黑格尔的，形式是陆王心学的。在陆王心学里，"理"主要指"天理"，天理的内容主要是人和宇宙万物所体现的道德意义。"性即理"是说人和万物的本性就是这种道德意识。心学所谓"心"就是带有此道德意识的灵明的主体。心即理即性。所以心学一派并不特别明确心、性、理、道的区分，而是笼统地讲心即理、心即性、心即天等。而贺麟所谓"心"指主体精神、主体原则，"理"即理则、逻辑，"性"即规定了、潜藏了此理则的全部发展的性质。贺麟根本认为体用合一，主客合一，世界的本体即主客合一体，此主客合一体的能动方面叫"心"，存在方面叫"物"，条理、法则、理则叫"理"，规定的、主宰的特质叫"性"。如承认世界的本体是此主客合一体，是此"太极"，则必承认心即理，心即性，性即理。所以贺麟的结论是："唯心论即唯性论，心学即理学，亦即性理之学。"②这些思想都是得自黑格尔的，不过贺麟是用陆王心学的思维方式、名词概念将其统贯起来，使之在内容上具更多的心学意味，形式上更中国化而已。

四、体用合一

体用合一是贺麟的根本观念。他所谓体指形而上的本体或本质，用指

---

① 贺麟:《哲学与哲学史论文集》，商务印书馆 1990 年版，第 134 页。
② 贺麟:《哲学与哲学史论文集》，商务印书馆 1990 年版，第 134 页。

形而下的现象;体为形上之理则,用为形下之事物。体用必然合一而不可分。凡用必包含其体,凡体必发为其用。无用即无体,无体即无用。贺麟的体用合一,是用中国理学家"体用一源,显微无间"的命题,去发挥黑格尔哲学的内容。这突出地表现在他对王船山的解释和他的文化观上。

贺麟认为王船山是体用合一的哲学家,这首先从他的方法论上就可以看出来。贺麟把王船山的方法论概括为三点:其一,体用一源的方法,即"纯自一根本原则或中心思想出发,采取以事实注理则,以理则驭事实的方法,借历史事实以说明哲学原理,将历史事实作为哲学原理的例证或证成"①。这里贺麟认为王船山的方法是体用合一,"以事实注理则,以理则驭事实";而其内容却是以理则为体,事实为用,理则是事实的本体,事实是理则的表现。这里贺麟已把王船山拉入黑格尔或说拉入自己的哲学上来。他所说的王船山,从方法到内容都是他自己思想的展现,也可以说他是借王船山表达自己的根本思想。

其二,现象学方法。贺麟说:"所谓现象学方法,就是即用以观体,因物以求理,由部分以窥全体,由特殊以求通则的方法"②,这个方法也是体用合一。以理、全体、通则为体,以物、部分、特殊为用。不过"以事实注理则,以理则驭事实"是先立一体(理则),以用(事实)说明之,可以说是由体到用,体显用隐。而现象学方法是即用观体,用显体隐,在运思程序上正好相反。

其三,体验方法。其实这种方法可归入现象学方法,因为体验方法是由历史人物之事迹,体验其心地。也是先假定历史人物之事迹是他的心地的表现,是体用合一的。不过现象学方法包容较广,重在理智方面的参证、比较、推究等,而体验方法包容较狭,重在直观方面,设其身于古人之地而觉其心。

贺麟把王船山的方法概括为三点,把王船山的哲学思想归结为五个方面:(一)道器合一,(二)心物合一,(三)知行合一,(四)人我合一,(五)体用合一。贺麟认为这五个方面实际上可归结为一个,即体用合一,因为王船山的方法论原则是"体用胥有,相需以实"。这里需要辨析的是,王船山所谓体指物质实体,用指物质实体的效用,他所谓体用即冯友兰在《中国哲学

---

① 贺麟:《文化与人生》,商务印书馆 1988 年版,第 259 页。
② 贺麟:《文化与人生》,商务印书馆 1988 年版,第 260 页。

史新编》中所举"烛为体,光为用"之体用。但贺麟的体用,是黑格尔的绝对精神为体,绝对精神的外化、表现为用。贺麟同意王船山的体用合一的方法,但又依自己"心为体,物为用"的心学,把王船山哲学说成是心物合一的。这表现出他明显的调和理学心学的意向。

贺麟言体用合一,莫详于他关于文化的体与用的论述。贺麟对文化的解释,借用了朱熹的"道之显者谓之文"之义,他说:"道之显者谓之文,应当解释为文化是道的显现,换言之,道是文化之体,文化是道之用。"①这里,贺麟所谓体是"道",用是文化。那么什么是道呢? 贺麟说:"所谓道,是宇宙人生的真理,万事万物的准则,亦即指真美善永恒价值而言。"②在贺麟的文化定义中,最重要的是三个概念:(一)道,即文化之体;(二)文化,即道之显现,道之用;(三)精神,即道与文化之间的媒介。这样,文化的精确定义应该是"道之凭借人类的精神活动而显现者谓之文化"③。这三个重要概念若用体用关系去解释,则有两个层次:一是道为体,精神文化为用;一是精神为体,文化为用。前者是他所谓"绝对的体用观",后者是"相对的体用观"。这三个概念中,精神是个重要但又难以确切定义的名词,贺麟说:

> 可以简单地说,精神就是心灵与真理的契合。换言之,精神就是指道或理之活动于内心而言。也可以说,精神就是为真理鼓舞着的心。在这个意义下,精神也就是提高了、升华了、洋溢着意义与价值的生命。精神亦即指真理之诚于中形于外,著于生活文教,蔚为潮流风气而言。简言之,精神是具体化、实力化、社会化的真理。若用体用的观点说,精神是以道为体而以自然和文化为用的意识活动。④

贺麟这段话意在说明,不具于心,未经精神陶铸过的理或道只是抽象的、潜在的、有体无用的。有体无用,就是不真实的。他反对实在论的独立自存的理。他认为精神才是体用合一的。精神以道为体,以物为用。这表明他是主张合心与理为一,合规律与目的为一的。他认为真实的存在,必是合规律与合目的的统一。人的活动,必是上本天理,下遂人心。这样的活动,才是真善美的合一:本天理即真,遂人心即善,而只有既真又善的,才是美的。所

---

①　贺麟:《哲学与哲学史论文集》,商务印书馆 1990 年版,第 346 页。
②　贺麟:《哲学与哲学史论文集》,商务印书馆 1990 年版,第 346 页。
③　贺麟:《哲学与哲学史论文集》,商务印书馆 1990 年版,第 347 页。
④　贺麟:《哲学与哲学史论文集》,商务印书馆 1990 年版,第 347 页。

以贺麟的"精神以道为体,以物为用",是合真善美为一的。他所谓精神,是人的意识对于天理天道的契合,不是鲁莽任性、浮躁叫嚣的狂妄精神,此即"意识与真理打成一片",亦即"诚于中"。这样的精神表现以外,便是生活文教,潮流风气。实际上,以上三个概念经贺麟心学思想的解释,只剩下两个:精神和文化。道的概念已由"心即理"、"心即道"、精神合规律合目的而融合于精神之中了。道只是本体,不是主体,而按贺麟得于黑格尔的思想,非主体、非精神贯注其中的本体是抽象的。唯有精神才是体用合一、亦体亦用的真实。文化是精神的产物,精神才是文化真正的体。文化之体不仅是道,亦不仅是心,而是心与道的契合,意识与真理打成一片的精神。所以,贺麟的文化定义最后归结为"文化是道凭借人类的精神活动而显现出来的价值物"①。即是说,心与理一的精神为体,文化为用。若再比较两者的价值,贺麟则曰:"体属形而上,用属形而下,体在价值上高于用。"②

可以看出,贺麟在文化的体用观上表现出来的思想,不是中国的陆王心学的,而是西方的黑格尔的。是黑格尔以心理合一、即主即客的绝对精神为体、现实的历史文化为用的思想。即主即客、心理合一的绝对精神,才是贺麟所谓心的实质。他自己也说,他的文化哲学是"尽力绍述一些黑格尔的思想"③。

贺麟还据他的体用合一思想,提出了吸收外来文化的三条原则:

第一,研究、介绍,吸取任何外来文化,须得其体用之全。贺麟明确说:

> 此条实针对中国人研究西洋学问的根本缺点而发。因为过去国人之研究西洋学术,总是偏于求用而不求体;注重表面,忽视本质;只知留情形下事物,而不知寄意形上原理;或则只知分而不知全,提倡此便反对彼。老是狭隘自封,而不能体用兼赅,使各部门的文化皆各得其分,并进发展。④

这是深有见地、切中时弊的。中国自明代后期西方传教士东来,与西方文化发生接触,向西方学习的先行者首先瞩目的,是西方的科学技术,即传教士带来的天文、历算、地舆、炮铳、水利、机械等学科。南怀仁、白晋等传教士中

---

① 贺麟:《哲学与哲学史论文集》,商务印书馆1990年版,第348页。
② 贺麟:《哲学与哲学史论文集》,商务印书馆1990年版,第346页。
③ 贺麟:《哲学与哲学史论文集》,商务印书馆1990年版,第346页。
④ 贺麟:《哲学与哲学史论文集》,商务印书馆1990年版,第351页。

的科学家受到极高礼遇。鸦片战争后,中国兴实业、办洋务,首先着眼的也是西方人的船坚炮利、声光电化。于是有"中学为体,西学为用"的方针。直到甲午海战中国惨败,才知道西方的科学技术后面,还有其政治、经济、学术、教育等,于是才有严复社会科学方面的译书。按照贺麟的体用标准,中国明代以来向西方学习的,都是用而非体,形下事物而非形上原理,皮毛而非本质。由于中国人只注意到西方人的科学技术,便以为西方人只有科学技术,便有"西洋文明有用无体"的说法。贺麟认为,这是狭隘固陋的说法。中国人向西方学习,不仅要学其船坚炮利,还要学习其社会科学。这样的学习才算得体用兼赅。所以贺麟特别表彰严复译书的卓识:"严复不介绍造船制炮的技艺和其他格致的书,乃能根本认定西洋各国之强盛,在于学术思想;认定中国当时之需要,也在学术思想。"①严复为中国近世学习西洋第一人,正在于他深切了解中国当时一般人见识的狭陋,了解中国人思想方法的弱点,了解体用之全。贺麟之表彰严复,就是要使中国向西方学习,走一条文化学术与实用科技齐头并进的道路,纠治只重实用、目的、效果,不研究事物本性的体用割裂的思想方法。

第二,"化西"而不是"西化","体用合一"而不是"中学为体,西学为用"。

贺麟指出,他所说的"得体用之全"并不是主张全盘西化。得体用之全就是体用一起学,全面地、深刻地吸收、融合西方文化。西方文化不能一一拿到中国来,不顾中国国情地生搬硬套。西方文化的吸收,要有利于中国民族精神的创进与发扬。文化的吸收与消化,必须立足于本民族的文化根基,特别是中国这样有数千年文明史的大国。贺麟严正告诫国人:"假如全盘西化,中国民族将失掉民族精神,沦为异族文化的奴隶。"②所以,中国的文化方针必须是"化西"而不是"西化"。

贺麟不仅批评了全盘西化,而且批评了"中学为体,西学为用"。贺麟为文化的体用关系规定了三条原则:(一)体用不可分离,(二)体用不可颠倒,(三)各部门文化皆可反映其他部门文化。根据这三条原则,贺麟认为,"中学为体,西学为用"的说法不通,因为中学西学各自成一整套,各自有其体用,不可生吞活剥,割裂零售。中学有中学之体,亦有中学之用;中国不只

① 贺麟:《论严复的翻译》,《东方杂志》1925年11月,第22卷第21号;又见罗新璋编:《翻译论集》,商务印书馆1984年版,第147页。

② 贺麟:《哲学与哲学史论文集》,商务印书馆1990年版,第352页。

是道学,西方亦不只是工业、经济。西方的物质文明,以西方的精神文明为主导、为根源。我们要吸收西方的物质文明,也要吸收其精神文明;继承中国的精神文明传统,也要保存中国的物质文明成果。

第三,以精神理性为体,以古今中外的文化为用。这就是:"以自由自主的精神或理性为主体,去吸收、融化、超出、扬弃外来文化和以往的文化,尽量取精用宏,含英咀华;不仅要承受中国文化的遗产,且须吸收西洋文化的遗产,使之内在化,变成自己的活动的产业。"①"以精神理性为体",这个体首先是准则,古今中外一切文化遗产,都要经过"我"的理性准则的审察,由理性决定取舍,不是盲目的、机械地接受。凡精神理性判定为发扬民族精神,促进人类进步的,是可以吸收的;凡精神理性判定为低劣芜滥、蠹国贼民的,皆在排斥之列。"以精神理性为体",这个体也是泉源活水,吸收一切优秀的外来文化,目的在于激发民族文化内蕴的生命力。这样的文化,就不是只有继承没有创新、只有被动接受,没有主动融化、超出、扬弃的文化。以精神理性为体,就是使文化创造有无穷的活力,永远趋新。就是摆脱具体的优劣比较、异同参证而直造形上本质。贺麟提出:

> 文化乃人类的公产,为人人所取之不尽用之不竭的宝藏,不能以狭义的文化作本位,应该以道、以理性、以精神作本位。换言之,应该以文化之体作为文化的本位。我们需要的是有体有用的典型文化,能够载道显真,能够明心见性,使我们与永恒的精神价值愈益接近的文化。②

可以看出,体用合一是贺麟重要的思想特点。他所崇敬的哲学家,是体用合一的哲学家;他所倡导的文化,是有体有用的文化。他所谓体,是精神、理性;他所谓用,是本精神理性而创造的一切现实价值、效用。这使他的思想表现出广阔的视野和突出的创进精神。

五、理想唯心论

贺麟特别重视理想之超越现实与改造现实的作用,他认为,近代精神的

① 贺麟:《哲学与哲学史论文集》,商务印书馆 1990 年版,第 353 页。
② 贺麟:《哲学与哲学史论文集》,商务印书馆 1990 年版,第 354 页。

突出特点就是理想主义。他说：

> 唯心论又名理想论或理想主义。就知识之起源与限度言，为唯心论；就认识之对象与自我发展的本则言，为唯性论；就行为之指针与归宿言，为理想主义。理想主义最足以代表近代精神。①

在贺麟这里，唯心论、唯性论、理想主义是同一学说的不同名称，也可以说，贺麟的唯心论包括这些方面。在知识的起源与限度上，贺麟的唯心论是康德的，即知识起源于人心中本具的先天形式和范畴，知识的限度即人类理智无法把握的"物自体"。在知识的对象和自我发展的本则上，贺麟的唯心论是黑格尔的，认识的对象即作为绝对精神外化的万殊事物的本性，自我发展的本则即决定自我的全部逻辑展开的先在本性。而广义的理想主义，则是德国古典哲学的总精神。理想主义在贺麟这里，有几个不同的意思：第一，行为的指针与归宿。即行为之前，悬一理想，以做行为的指导、标准。行为不循此指导，不合此标准，皆非理想的行为。贺麟所谓理想，并不是任意定一目的，而是"揆之天理而顺，拟诸人心而安"的，实即合规律性与合目的性统一的。他说："理想为现实之反映。"就是说，理想是根据现实作出的，是反映现实发展方向，代表现实归趋结果的。这样的理想，对现实有指导意义，是改造现实的有力帮助。这里贺麟强调的是理想的力量：理想是改造现实的动力，改造现实的目的是为了达到理想。理想是现实的动力因。必先有改造现实的理想，才有改造现实的行动。理想越切实，则改造现实越深入；理想越高远，则改造现实越宽广。贺麟强调理想指导现实、陶铸现实的作用，他指出：

> 理想是征服现实的指南针，理想是陶铸现实的模型，是创造现实的图案，是建立现实的设计。现实是理想的材料，是理想实现自己的工具。现实是被动的、受支配的，理想是主动的、支配的。任何人类有价值的政治、社会的建树，文化的创造，都是理想与现实合一的产物。不过在理想与现实的合一体中，理想为主，现实为从；理想为体，现实为用。②

理想与现实统一，是与贺麟主客合一、知行合一、体用合一等思想一致的。

---

① 贺麟：《哲学与哲学史论文集》，商务印书馆 1990 年版，第 134 页。
② 贺麟：《文化与人生》，商务印书馆 1988 年版，第 104 页。

在理想与现实二者之中认为理想更根本,是由贺麟的心学根本思想决定的,是他得于黑格尔的绝对唯心论的必然结论。

第二,贺麟所谓理想,即"精神"的别名。他在论述宇宙观之大要时,列举了机械观、生机观、经济史观、精神观或理想观。他用"或"字而不用"和"字就表明,他是把精神观等同于理想观的。他解释精神观或理想观说:

> 此即由对于人类精神生活和文化历史的研究,不免见得人类文化为人类的精神力量创造而成,因而应用其精神的或理想的观点以解释人生和自然,认自然为自由精神的象征,认历史的进化为绝对精神的自求发展,认精神有陶铸物质的力量且必借物质方得充分的表现。①

这个"精神",是与物质相对的广义的精神,实即人的知、情、意的总和,人的心灵的全部含蕴。所以,贺麟的理想唯心论,就是把人的精神力量放在最高的位置,认为人的精神力量即创造世界、创造历史的根本。是真善美的价值所自出。他的思想,是在主客合一、知行合一、体用合一的前提下强调精神的决定作用。这样的唯心论,离贝克莱远,离康德近;离柏拉图远,离黑格尔近;离程朱远,离陆王近。是以黑格尔为根干同时又容纳了康德和斯宾诺莎,融合了程朱陆王的唯心论。它是西方的,也是中国的。

贺麟的心学并不怀疑物的实在性,不过他强调心物二者中,心最重要、更根本。这里用"精神"两字比用"心"字更能代表贺麟的思想。因为"精神"较"心"字具更多的伦理意味。而贺麟的思想,是中国心学陶镕过的西方心学。中国哲学家包括心学家,都是朴素经验论者,他们不怀疑物的实在性,他们没有西方思辨哲学那样的思维习惯,通过对某种东西的抽象分析而达到背离常识的地步。中国哲学家中没有康德的《纯粹理性批判》那样在书斋中靠思辨构造出来的体系,也没有人认为伸手可触、睁眼可见的实在物为不真实的现象。朴素唯物论是中国哲学的基本品格。当然,素朴的东西往往是浅显的、不深刻的,所以,在一些西方学者眼中,中国几无哲学。特别是西方近代哲学在认识论方面的突进,更使中国哲学缺乏思辨、认识论不发达的弱点彰明较著。中国的心学不是认识论的,甚至也不是本体论的,而是人生论的。孟子认为"仁义礼智根于心",由此推开去便是"万物皆备于我",提倡的便是"大丈夫精神"。陆象山高揭"心即理",由此推开去便是

---

① 贺麟:《哲学与哲学史论文集》,商务印书馆 1990 年版,第 136 页。

"收拾精神，自作主宰"，提倡的便是"激励奋迅，冲破网罗，焚烧荆棘，荡夷污泽"。王阳明讲"良知是心之本体"，推开去便是"狂者胸次"、"万物一体"。至于"举头天外望，无我这般人"、"天上地下，唯我独尊"等惊世骇俗之语，更是王学高扬主体精神的写照。章太炎曾说：王学无他，只自尊无畏而已。贺麟对于中国心学，主要吸收了这种精神高于物质、精神重于物质、精神是物质的主宰的思想。对于德国古典哲学，贺麟主要吸收了精神先于物质、精神陶镕物质、精神是物质的本质的思想。他的思想中，中西学养兼有，而以西学为主。他的心学，中西心学兼有，究以黑格尔为归。

贺麟所谓"精神"又是"理性"。这里的"理性"，不是与感性、知性并列的认识阶段、认识方法，而是广义的"理性"，主要指人的思维、人的自觉活动。而思维、自觉活动是人的特异品格，所以贺麟把"理性"作为人之所以为人者，他说："理性乃人之本性，而理性乃构成理想之能力。"①又说："理性是人之价值所自出，是人之所以为人的本则。凡人之一举一动，无往而非理性的活动，人而无理性即失其所以为人。"②这里所谓"理性"，实即精神本体之意。在贺麟，"精神"、"理性"、"理想"不甚分别，如果比较他对这几个词的用法，则"精神"重在理性洋溢的热情方面，行为的动力方面；"理性"重在运思、自觉、有意识方面，"理想"重在范型、目的、标准方面。若从体用上分，"精神"重在用，"理性"重在体，"理想"即体即用。所以贺麟的心学，含摄了中西唯心论的多种类型，如贝克莱式的唯心论（心理意义的心，即物），康德式的唯心论（逻辑意义的心，即理），柏拉图式的唯心论（悬一理想于前，为完满之标准），费希特式的唯心论（自我的本质是行而非知），黑格尔式的唯心论（理性是动态的，不断努力以求超拔），鲁一士式的唯心论（绝对精神是个战将），以及陆王的"心即理"和程朱的"性即理"。而以黑格尔融摄诸家。黑格尔是在西方唯心论和唯物论都达到相当的发达程度，而以一新的识度去解释他以前的一切思想体系，并把它们安排在自己的思想框架的不同位置中。而贺麟因无独立的、成体系的哲学著作，也无意按一个体系的要求去整理、条理化各种唯心论类型。所以对各种唯心论只是在散论中提到，并未把它们作为一个整全的系统的不同逻辑阶段。他甚至说："我

①　贺麟：《哲学与哲学史论文集》，商务印书馆1990年版，第133页。
②　贺麟：《哲学与哲学史论文集》，商务印书馆1990年版，第135页。

素抱'述而不作、译而不作'的态度,我只是在译述中外大哲的唯心思想,我自己的思想是否符合唯心论的准绳,我自己也不知道。"①其实贺麟不只译述,而是有相当多、相当精彩的发挥。他的心学,包容很广,虽每一个哲学家采撷一点,但皆得其精要,能据以阐释自己许多创颖的思想,绝非"述而不作、译而不作"。

此外,贺麟认为,唯心论特别适于解释历史文化。在他看来,历史主要是文化的历史,而文化主要是就精神方面而言的。他对"文化"和"文明"两个概念的解释,清楚地表达了他这个观点。他说:

> 一个民族的精神产物,而能给精神自身以满足的就是文化。一个民族的精神产物,而能供人实际生活以便利或享乐的,就是文明。文明是一个民族本其精神力量以征服自然世界的成绩,文化是一个民族的精神力量自求开拓发展的成绩。无论文明的进步也好,文化的发展也好,皆是一人群、一民族辛勤艰苦一点一滴的精神努力的收获。真美善的种种价值属于文化的范围,经济的或实用的价值属于文明的范围。所以从价值的观点来看,真美善之表现于外,如学术、宗教、艺术即是文化,而真美善之活动于内,如真理的探讨、艺术的创造与欣赏,宗教道德的体验等,亦是文化,或称学养。②

这里,贺麟仍是以精神理性为体,物质文化为用。在同为人类精神努力的收获这个意义上,文化即文明。不过文化侧重于精神享受这个方面,文明侧重于实用价值这个方面。在贺麟,人类的精神努力具有两个方面的收获,一是创造出有实用价值的物质产品,一是在创造这些产品的同时,充实了自己的知识,提高了自己的境界,欣赏了自己的艺能,也就是满足了自己的精神需要。前者的收获品是物化的,后者的收获品是心灵的。这里贺麟实际是把人类精神努力规定为主客合一的、真善美合一的、文明文化合一的。人的现实活动不仅仅是实用的,而且有精神价值,这是人和动物的活动的最大区别。动物的活动是本能的、实用的,没有精神、心灵的享受。从这一点看,贺麟把精神性作为人之为人的本质、人与禽兽的根本区别所在是深刻的。贺麟处处强调精神的重要,处处高扬人的精神本质,高扬人的自求开拓发展的

---

① 贺麟:《哲学与哲学史论文集》,商务印书馆 1990 年版,第 417 页。
② 贺麟:《哲学与哲学史论文集》,商务印书馆 1990 年版,第 121 页。

内在力量。在他看来,万恶之首就是泯没人的精神本性,戕害人的精神力量。在人被外界的物质力量所束缚,所威摄,在人看不见自己的精神力量而自暴自弃时,更应该大声疾呼提倡精神哲学。西方在遭到中世纪神学的长期压抑,人的精神力量被神的力量掩蔽不见时,文艺复兴、宗教改革所提倡的就是这种精神。费希特在拿破仑重兵压境、德意志国亡在即时冒死作《告德意志国民》演讲,宣讲的就是哲学辞句包裹的这种精神。贺麟在抗日战争时期国难深重,人心晦否之时,提倡的也是这种精神。对此,绝不能贬低甚或歪曲。

这里须得注意的,是贺麟的论文中,有许多用中国哲学名词如心、性、理、道、太极等等发挥西方哲学的地方。这在二三十年代是中国哲学界普遍使用的方法。其中最著者为冯友兰和贺麟。他们皆当中国学术界在五四新文化运动之后大量输入西方学术,思想剧变、交替之时,他们学成归国之后,经过十余年的潜心研究,咀嚼消化,皆在 30 年代末期,由坐而论道到起而实行,即开始离开被动接受、反刍消化阶段,利用他们幼时造就的国学学养和留学西洋所得的新观点、新方法,在中国当时相对自由的学术空气里展开各自的工作。他们接受的西学理论不同,在中国所找的融会对象也不同。冯友兰主要接受了英美新实在论,他自然找到了程朱理学。程朱理学的中心概念"理",最适于发挥新实在论的共相说、"理"的逻辑在先说;"理"的诸性质,与新实在论的共相潜存最易于融通。贺麟留学主要接受了德国古典哲学和斯宾诺莎哲学,其集大成者黑格尔的主客合一、心理合一、知行合一的理论,使贺麟自然地找到了陆王的"心即理"说。冯友兰不安于做哲学史家,花大力气构造了"新理学"的哲学体系。他的《新理学》是纯粹的哲学著作,有完整的谨严的逻辑架构,有据新理学的本体论而构造的人生论、方法论。所以冯友兰的新理学体系是完整的、独立的。虽在名词概念上依傍中国传统哲学,但在思想上是自成体系的。贺麟以研究、翻译、介绍黑格尔、斯宾诺莎为主,并没打算专门构筑哲学体系,中国哲学在贺麟,主要是比较参证之资。所以从结果上看,贺麟没有成体系的哲学专著,他阐发自己思想的,是一些长短不等的论文。这些论文间,并无严格的逻辑联系。所以我们不能说贺麟有一完整的哲学体系,他的思想,可以从这些长短不等、深浅各异的论文中窥见。但这些论文有一个一贯的思想,一个始终不渝地持守的原则,这却是显而易见的。在贺麟的论文集中,本体论、人生论、知识论的许多问题都谈到了,几乎包括了一个完整的哲学体系的各个方面,但这些方面并不是按照一个哲学体系的框架逻辑地安放在各自的位置上,而是在散论中谈到的。从这个方面看,贺麟没有一个严格意义上的哲学体系,没有建立体系的专著,但有一个首尾一贯的思想倾向。他的前期思想没有今日之我和昨日之我的搏战。他在 20 世纪 30 年代后期建立起了自己的思想,这就是自康德以迄黑格尔,再由新黑格尔主义改造过了的德国古典哲学。这就是在主客合一、心理合一、知行合一、体用合一的基础上,对主体、精神、心灵的强调。这就是贺麟的哲学思想,这就是他一贯持守的原则。

六、中国现代哲学是陆王心学的复兴

贺麟主张在中国建立一种新哲学,这种新哲学必须是吸收它以前的一切哲学思想的精华又加以创新发展的,必须是中西结合,即以西方的正统哲学柏拉图、亚里士多德、笛卡尔、斯宾诺莎、康德、黑格尔哲学与中国的正统哲学孔孟老庄程朱陆王融会贯通的。这种新哲学"主张一切建筑在理性的基础上,精神的基础上;没有精神,什么都没有,也只有精神的基础才是最巩固的基础"[1]。这种新哲学的理想人格是孙中山,因为孙中山的哲学是继承了中国的正统哲学又吸收了西方正统哲学并加以融会贯通的重视精神、理性的新哲学,是站在儒家立场适应民族需要和世界发展潮流,处处能代表典型的中国人的精神的新思想。

贺麟不仅提出了他的新哲学的内容,实现新哲学的途径,而且认为中国现代哲学的一大趋势,就是陆王心学的复兴,以期为新哲学的形成造更大的声势,为新哲学的巩固建立更广阔的阵线。

贺麟认为,自戊戌变法之后至 20 世纪 40 年代末期这五十余年,中国哲学有了极大进步,这个进步的最突出标志是:(一)陆王心学得到盛大发扬;(二)儒佛两家的对立得到新的调解;(三)理学中程朱陆王两派的对立得到新的调解。贺麟在《当代中国哲学》一书中按以上观点评述了康有为以迄

---

① 贺麟:《五十年来的中国哲学》,辽宁教育出版社 1989 年版,第 75 页。

马一浮十几个哲学家。

对康有为，贺麟据其在万木草堂课弟子时"教以陆王之学"，据其著书立说皆本"六经注我"精神，及《大同书》中许多大胆激越的思想，晚年又以"不忍"二字名其所办之刊物，判其为陆王心学的后继者。

对谭嗣同，也据其《仁学》为佛家的慈悲、耶稣的博爱、王阳明的良知的糅合，据谭嗣同主张冲决网罗，打破名教、世俗的束缚的勇敢精神，判其为陆王学者，更以谭嗣同立身行事方面毫无顾忌，任性而行，认为他"近似于王学中泰州龙溪一派，更属显然"。但贺麟对于康、谭二人也有批评，认为二人"皆以气盛，近于粗疏狂放，比较缺乏陆王反本心性的精微穷理功夫"①。这可以看出他心目中的陆王之学了。

梁启超是贺麟在清华学校时的老师，所以对他极表敬佩宗仰之情。贺麟认为梁启超"全部思想的主干，仍为陆王"，表彰梁启超在《清代学术概论》中以绌荀申孟相号召，斥各派经师两千年内，一皆盘旋于荀学肘下。另梁启超有节本《明儒学案》，而《明儒学案》实际上是王门之家谱。贺麟还认为其师"终身精神发皇，元气淋漓，抱极健康乐观的态度，无论环境如何，均能不忧不惧，年老而好学弥笃"②。此皆得力于陆王之学。

对于章太炎，贺麟特别表彰其提倡诸子之学，以诸子之学补充儒家的主张。对章太炎否定一切，打破束缚，同时反对空疏的性理之辨，认为深得"内断疑悔，外绝牵制"的王学精神。

对于欧阳竟无，贺麟不述其佛学方面的贡献，专讲其得陆王之学的地方。认为欧阳竟无是以般若统贯孔学，"般若当下明心，孔学亦主当下明心"。认为欧阳竟无《论语读》叙中宗仰陆象山"东西南北海有圣人出，其心同其理同"。指出欧阳竟无以明心见性的功夫为"诚"，"诚至则生天生地，生物不测；诚不至则一切俱无，心非其心，境非其境，事非其事"为深得王学精神。

贺麟评述梁漱溟的篇幅最大，说："他（指梁漱溟）坚决地站在陆王学派的立场，提出'敏锐的直觉'以发挥孔子的仁和王阳明的良知。"梁漱溟对于东西文化问题，有著名的"三路向"说，预言西方文化逐渐由向前的态度而

---

① 贺麟：《五十年来的中国哲学》，辽宁教育出版社 1989 年版，第 4 页。
② 贺麟：《五十年来的中国哲学》，辽宁教育出版社 1989 年版，第 4 页。

趋于中国人折中调和的态度,最后趋向印度人向后的路向。贺麟认为,这种说法使人对于整个东方文化(包括中国和印度)的前途,有了无限乐观的希望;不管这种说法有多少正确的成分,都是从综观世界文化演变的事实所得到的识见和态度。缺点在于梁漱溟缺乏文化哲学的坚实基础,就是说,他的结论基于具体事例,对文化的本质缺乏哲学的说明。他指出:"新文化运动以来,倡导陆王之学最有力量的,当然要推梁漱溟先生。不过梁先生注重的是文化问题,他发挥儒家陆王一派思想,亦重在人生态度方面,很少涉及本体论及宇宙论。"①这个评价是公允的。

贺麟对熊十力发挥特多,谓其:"得朱陆精义融会儒释,自造新唯识论,对陆王本心之学,发挥为绝对的本体,且本翕辟之说,而发展设施为宇宙论,用性智实证以发挥陆之反省本心,王之致良知。"②贺麟这里指出,熊十力之本体论、宇宙论、认识论皆本陆王心学。在本体论方面,熊十力的绝对本体之心,依其表现不同,分为心、意、识三名:即主宰之心、意志之心、认识之心。名虽有三,而实为一心。贺麟指出,熊十力所谓"本心",是超绝对待的,它不仅是道德的,也是本体论的,有似于黑格尔的绝对唯心论;其心、意、识三者合一,有似于黑格尔之绝对精神的本体论、认识论、逻辑学三者合一。并将熊十力《新唯识论》中所言"仁者,本心也,即吾人与天地万物所同具之本体也。以为万化之源,万有之基,即此仁体"目为不刊之论,极力赞赏。③ 以仁为本体,熊、贺二人是相同的。贺麟曾说:"从哲学来看,仁乃仁体,仁为天地之心,仁为天地生生不已之机,仁为自然万物的本性,仁为万物一体,生意一般的有机关系和神契境界。"④他还认为,此天地本心之仁,在艺术或诗教上即"温柔敦厚",在宗教上即救世济物、民胞物与的热忱。以仁为本体,这是熊十力和贺麟得于儒家的最主要之点。熊十力最得力处为《易传》之"天地之大德曰生","日新之谓盛德,生生之谓易",贺麟最得力处为孟子的"四端",陆九渊的"本心",王阳明的"良知"。二人皆以"仁"为"天地之心",为"人与天地万物所同具之本体",实即宇宙万物蓬勃的生命力,不竭创发力。

① 贺麟:《五十年来的中国哲学》,辽宁教育出版社 1989 年版,第 12 页。
② 贺麟:《五十年来的中国哲学》,辽宁教育出版社 1989 年版,第 12 页。
③ 参见贺麟:《五十年来的中国哲学》,辽宁教育出版社 1989 年版,第 13 页。
④ 贺麟:《文化与人生》,商务印书馆 1988 年版,第 10 页。

贺麟对于熊十力宇宙论的"翕辟成变"说也有发挥。他解释熊十力的"翕"、"辟"二概念说:"刚健的本体(本心)之显现,有其摄聚而成形象的动势,名曰翕;有其刚健而不物化的势用,名曰辟。所谓心物即是翕辟的两种势用或过程,而翕辟相反相成,并非两个不同的历程。因此心物亦非二物,而是一个整体的相反相成的两方面。"①贺麟认为,熊氏翕辟之说,与自己的心物合一论正好契合。在贺麟看来,主客、心物合一,在这个合一体中,灵明能思者为心,延扩有形者为物,即所谓"被物支配之心,心亦物也;受心支配之物,物亦心也。"熊氏以本体(本心)的两种势用言心物,正与自己以心物合一言本体相同。并且认为熊十力和自己这种心物合一说破除了把心消归于物,和把物消归于心两种偏颇。

贺麟复指出,熊氏的翕辟说可称为泛心论,但与西方哲学史上的泛心论不同。西方泛心论认为物各有心,物中之心即此物之本心。而熊氏所谓心,非此物之本心,而乃宇宙本体在此物上的显现。西方泛心论所谓心,是外在于宇宙本体或本心的。所以西方的泛心论一为常识所反对,二为黑格尔、鲍桑奎等正统心学所反对。熊十力受宋明理学"理一分殊"的影响,认为一一物各具之心,即是宇宙的心,宇宙的心即一一物所具之心,体用不二,有似黑格尔。故"既能打破常识的拘束,亦不执着泛心论,而归于绝对之本心"②。就是说,西方泛心论只知分殊,不知理一,黑格尔即分殊即理一,此间差异甚明。

贺麟对于熊十力也有批评,他说:"熊先生对于本心即性、本心即仁,皆有发挥,唯独于本心即理,'心者理也'一点,似少直接明白的发挥。不过或由于熊先生注重天地万物一体之仁,以生意盎然,生机洋溢,生命充实言本体,而有意避免支离抽象之理。"③这里贺麟所谓"心即理,心者理也",指逻辑意义的心,即康德的先天形式、先天范畴,即黑格尔的绝对理念的逻辑系统。贺麟认为黑格尔是将康德的理则学深刻化,使之回复到形上学、玄学。黑格尔是即心即理的最完备系统。而中国的即心即理的系统,也必是程朱和陆王的融合。他说:"讲程朱而不能发展至陆王,必失之支离;讲陆王而

---

① 贺麟:《五十年来的中国哲学》,辽宁教育出版社1989年版,第14页。
② 贺麟:《五十年来的中国哲学》,辽宁教育出版社1989年版,第15页。
③ 贺麟:《五十年来的中国哲学》,辽宁教育出版社1989年版,第15页。

不回复到程朱,必失之狂禅。"①熊十力只讲到万物一体之仁,生意盎然等,还没讲到"心即理",还没讲到本体是有理则的,心是有理则的,这是他的缺憾。这里贺麟是以西方理性主义陶镕过的中国哲学,来批评纯粹的中国哲学。他道出了中西心学的一个差别:伦理意义的心和逻辑意义的心的差别。前者主要是生意盎然,生机洋溢,生命充实,后者主要是秩序井然,循序渐进。前者是诗人的、艺术家的,后者是科学家的。两者必须融合、补充。所以,从贺麟对熊十力的批评,可以看出他改造中国传统哲学的着眼所在。

而贺麟对冯友兰、金岳霖的批评,则是从另一面,即新实在论的"理在心外"着眼的。他评述冯友兰的"新理学"说:

> 冯先生认为任何事物之所以成为事物,必依照理,必依据气,这是承继朱子认事物为理气之合的说法。而冯先生复特别对于朱子凡物莫不有理之说加以新的发挥,他认为山有山之理,水有水之理,飞机有飞机之理。而理是先天的、永恒的,故未有飞机之前,已有飞机之理;未有山水之前,已有山水之理。"实际"中万事万物之无量数多的理,便构成"真际",他所谓"真际",就是理的世界。这些理在真际中,不在事物内,也不在心内,因为心也是形而下的实际事物。②

贺麟对于冯友兰的新理学的叙述是忠实的,但并不同意它。他认为理与心应是同一的,宇宙本体应是即理即心的。冯友兰只注重程朱理气之说,而忽视程朱心性之说;并且讲程朱而排斥陆王,认为陆王心学为形下之学,有点"拖泥带水",对程朱之学是片面取我之所需,而对陆王则太乏同情。贺麟多次指出,格物穷理即所以明心见性,所穷的对象是即心即物的,穷理即穷本心之理。冯友兰的"真际"只有理,此理是先天的、永恒的,与心了无关涉。

金岳霖是冯友兰的同调。贺麟对金岳霖《论道》中的基本概念道、式、能、无极而太极等作了分析,认为金岳霖所谓式,相当于冯友兰所谓理;金岳霖所谓能,相当于冯友兰所谓气;"无极而太极",形成"流行"的实际事物的世界,两人的说法也相同。贺麟不同意金岳霖的外在关系说,金岳霖认为认识的对象既非唯心论所谓心,也非唯物论所谓物。他曾说,无论我们对于心

---

① 贺麟:《五十年来的中国哲学》,辽宁教育出版社 1989 年版,第 33 页。
② 贺麟:《五十年来的中国哲学》,辽宁教育出版社 1989 年版,第 31 页。

与物的看法如何,我们总得承认有非心与非物。贺麟认为,金岳霖这一说法,是采自詹姆士的纯粹经验说。其实认识的对象不是非心非物,而是亦心亦物。这里明显道出了新实在论和唯心论对于认识对象也即本体的根本分歧。贺麟也不同意金岳霖所谓心,认为这只是心理上的官能,是洛克、休谟式的心,不是具有玄学意味的心。玄学意味的心,应该是即心即理的。金岳霖所谓理,只是心思议的对象,是在心外的。金岳霖的说法是根本排斥"心即理"、"心外无理"的心学根本观点的。并指出,金岳霖的说法,只是休谟的联念论,排斥心在接受经验中的主动性和创造性。这是实在论的偏颇之处。

贺麟反对割裂程朱陆王、理学与心学,在他对马一浮的评论中更可见出。他认为马一浮"格物穷理、解释经典、讲学立教,一本程朱;而其反本心性,袪习复性则接近陆王之守约"①。还说马一浮在心与物、心与理的看法上"能调和朱陆而得其会通"。即是说,马一浮讲格物穷理,是格心中之物,穷心中本具之理。而心中本具之理,是周遍充塞、无处不在的,不可执为有内外。马一浮这一说法是以理为无内外,或即内即外,即理即心,心外无理,理事双融,一心所摄。这是他融通朱陆、融通理学心学的地方。

以上是贺麟心目中当代哲学家的几位代表,也是贺麟"中国当代哲学,陆王之学得到盛大发扬,及理学中程朱与陆王两派的对立得到新的调解"的明证。从这里我们可以看出:

第一,贺麟所谓哲学,所谓能代表当代哲学水平的,都是学院派哲学。也就是说,要么是如康有为、梁启超、谭嗣同、欧阳竟无、马一浮等受过严格中国旧式书院教育的学者,他们的哲学皆自承袭中国传统哲学,如诸子学、佛学、宋明道学等而来,且能精思绝虑,或对传统哲学有深切发挥,或能本传统创造出一种新的哲学。要么是留学英美,受过严格学院教育,并能融会中西思想自创一种新哲学,如冯友兰、金岳霖等。这些哲学家讨论的问题,是纯哲学问题。所以当时许多五花八门的思潮、派别,虽然有的披着哲学的外衣,都在贺麟的视线之外。贺麟所谓中国哲学,是纯讨论理气心性、本末体用等传统哲学问题的;他的理想,也以做一个纯粹学者为最高。因此可以说,贺麟是一个学院派哲学家,他的职志在哲学本身,他的贡献也主要在纯

---

① 贺麟:《五十年来的中国哲学》,辽宁教育出版社1989年版,第16页。

哲学。

第二，他所论的现代中国哲学，以陆王心学为主流。如论康有为，则说"他生平用力较多，气味较合，前后一贯服膺的学派仍是陆王之学"。论述谭嗣同和梁启超，则说"康氏的两个大弟子思想亦倾向陆王"。对于章太炎和欧阳竟无，也说"即谓其思想渐趋于接近陆王，亦无不可"，并说他们"专治陆王，期以补救时弊"。对于梁漱溟，则谓他"对于儒家思想的辩护与发挥，坚决站在陆王派的立场"，并谓梁漱溟后来兴趣转入经济、政治和乡村建设方面是"已放弃发挥王学的使命了"。对熊十力，谓其"对陆王本心之学，发挥为绝对的本体"，并谓熊十力哲学"为陆王心学之精微化系统化最独创之集大成者"。也可以说，他是专把现代中国哲学中合于陆王思想的挑选出来加以论列，以之代表现代中国哲学的主流。他把现代中国哲学的历史，看成陆王心学的复兴史，并指出其原因：

> 过去这五十年来何以陆王学派独得盛大发扬，据个人揣想也并非无因。大约由于：（一）陆王注重自我意识，于个人自觉、民族自觉的新时代，较为契合。因为过去五十年，是反对传统权威的时代，提出自我意识，内心自觉，于反抗权威，解脱束缚，或较有帮助。（二）处于青黄不接的过渡时代，无旧传统可以遵循，无外来标准可资模拟，只有凡事自问良知，求内心之所安，提挈自己的精神，以应付瞬息万变的环境。庶我们的新人生观、新宇宙观、甚至于新的建国事业，皆建筑在心性的基础或精神的基础上面。[1]

所以，贺麟把陆王心学看作现代哲学的主流，是有其深刻的用意的，是受其为新的建国事业奠立精神基础、心理基础这一使命鼓舞的。在贺麟看来，陆王心学比其他哲学流派更适应当时中国的需要，更能做发起信心，争自由民主的精神武器。

第三，贺麟所提倡的陆王心学，是受了现代学术洗礼的陆王心学，是与程朱理学会通融合了的陆王心学。贺麟说："根据以上对于五十年来中国哲学的叙述，我们很可以看出，如何由粗疏狂诞的陆王之学，进而为精密系统的陆王之学；如何由反荀、反程朱的陆王之学，进而为程朱陆王得一贯通

---

[1] 贺麟：《五十年来的中国哲学》，辽宁教育出版社1989年版，第18页。

调解的理学或心学。"①

陆王之学自明代后期流入"猖狂自恣"一路，"束书不观，游谈无根"，逐渐堕入空疏狂诞。许多有识之士欲保持学术的纯正、笃实，思有以救治。明末三大家顾亭林、黄梨洲、王船山皆有斥王学末流猖狂自恣的文字，并身体力行，以实学示范。如顾亭林的《日知录》、《天下郡国利病书》，黄梨洲的《明夷待访录》、《明儒学案》，王船山的《周易内传》、《尚书引义》等。清朝以程朱学为正宗。清末民初以来，陆王之学大起。许多人只借助陆王打破权威、自作主宰、一空依傍、发皇自立的精神气概，而未暇详究王学理论之精微。熊十力、马一浮、支那内学院欧阳竟无及其弟子，借《周易》、先秦诸子、程朱、佛学的理论养分，从本体论、宇宙论、心性论诸方面发挥陆王之学，使陆王之学渐趋于精密、严谨、有系统；使王学心性论较强的特色得以保留，而本体论、宇宙论较弱的缺点得以弥补。经过近现代学者的创造性工作，援程朱入陆王，援佛学入陆王，使其理论内容大大地充实了。贺麟在发挥陆王之学使之更精密、系统，调解程朱陆王使之更圆融、通脱方面，功绩是显然的。他是以西方的程朱陆王——斯宾诺莎和康德融合，而至黑格尔的绝对唯心论。他是以斯宾诺莎的天和康德的人，斯宾诺莎的理和康德的心融合，而至黑格尔的天人合一、心理合一、主客合一、知行合一；而在诸合一中，又特别强调精神、心灵、主体、知识的决定作用。贺麟是以合主客、一天人的德国古典哲学为正宗，来解释、改造、融会程朱陆王之学而成为一个兼容并包的新哲学。这一努力贯彻在他的全部哲学活动中。

七、王安石研究中的心学表达

贺麟是个中西哲学兼通的学者，自幼就打下了良好的中国哲学功底，对宋明理学尤其有深刻理解和出色发挥。他用素所积累的西方哲学来解释发挥中国哲学，用中国哲学来印证、补充西方哲学，在二者的对比参证中收启发、拓展之功。在对中国哲学家的论述中，集中表达他以上特点的是写于

---

① 贺麟：《五十年来的中国哲学》，辽宁教育出版社 1989 年版，第 18 页。

1941 年的《王安石的哲学思想》,本节即分析此文,以见他对中西哲学的融会与体现在其中的心学思想。

(一) 对王安石心论的阐发

王安石的思想中,既有孟子的王道思想,又有申韩的杂霸思想,贺麟在论述王安石的思想时,皆以自己的黑格尔思想改铸之,把王安石解释成一个心学思想家。

贺麟把中国古代政治家区分为两大类型:圣人型政治家和贤臣型政治家。前者是伊尹、周公一类圣人,道德文章兼备,人格之伟大卓荦和事功之彪炳青史皆有,且事功是他们道德人格的自然引出。但此类政治家大多是儒家经典中所描述和赞扬的三代盛世时的人物,加入了很多想象和虚构的成分,且三代以后即渐衰微。后者如汉之萧何、曹参、霍光,唐之房玄龄、杜如晦、姚崇、宋璟一类名臣贤相,他们是事功本位,以政治上建功立业为唯一目标,其道德文章未见精彩;且他们的事功也不是他们道德人格的自然引出,其中有申韩的杂霸掺入。前一类型的政治家憧憬大同之治,后者则至多达到小康;前者的特点是理想主义,后者则是现实主义的。

贺麟在对政治家作了如上分类之后,对王安石时代的政治家也作了区分,认为范仲淹、韩琦、司马光大体可属前者,欧阳修、苏轼以其崇尚儒家之道德、事功、文章三者兼备,虽为文人,仍可归为前一类。王安石虽为文士,但就其人格、事功、学问而言,可算得北宋最大政治家。贺麟称赞王安石说:"在历代培养文治的传统下,在杰出之士皆以达到道德、学问、文章兼备为政治家的理想的风气下,王安石不过是最杰出、最完美的代表而已。王安石的诗文皆卓然自成为大家,他的人格,陆象山称其'洁白之操,寒于冰霜'。他的生平志业,陆象山称其'道术必为孔孟,勋绩必为伊周'。所以他实在具备了种种条件,使他成为三代以下伊周型的政治家中最伟大的虽说是一个失败的代表。"[①]此处且不论"王安石为圣人型的政治家在宋代的代表"理由是否充分,我们只考察贺麟表彰王安石目的何在,从中见出他自己的哲

① 贺麟:《文化与人生》,商务印书馆 1988 年版,第 285 页。

学思想即可。笔者认为,贺麟之所以如此,首先在于他对于理想人格的认定。他心目中的理想人格,是内圣外王式的人物。即内有符合道德价值的高远理想,外有博施济众的功业,而且功业是他道德人格的自然表现,自然发露。这里仍然是他黑格尔式的思想的表现:精神为体,事功为用;外在的一切皆是精神的外化,是精神借外在的事物表现自己;精神为主、为本,外在事物为辅、为末。这一新心学的基础,是贺麟观察一切、评断一切的出发点。

以此为出发点,贺麟心目中的王安石便是内有儒家王道理想、外有据此理想推展出的事功,而且此种事功不妨夹杂法家、道家的思想。在儒家的王道理想的规范、制约下,申韩杂霸皆可以为其所用,皆可以是王道的有机组成部分。所以贺麟首先要证明的是,王安石有着儒家的王道理想,其首要理由,便是王安石推尊孟子。贺麟曾经说过,大凡一个政治家必有其哲学见解,必有其所服膺的哲学家。王安石的哲学倾向,最接近孟子的心性之学;他最推尊的哲学家除孔子外,为孟子及扬雄。他最反对的哲学家是荀子。王安石为什么有这样的价值取向,按贺麟的解释,是因为孟子是理想主义者,提倡大同理想,而荀子是现实主义者,主张小康社会。在贺麟的心目中,讲陆王之学的人大都是理想主义者,大都推尊王安石,而讲程朱学的人大都推尊司马光。而如王安石、张居正一类主张改革的政治家亦大多讲心学。这多半出自性情的投契,而非全由于偶然,因为政治主张与哲学思想二者是互相关联的。

王安石与孟子之投合处,贺麟认为首先在二人皆主张尽心知性,发挥良知良能,皆主张先立乎其大,万物皆备于我。而在推行理想政治上,皆有舍我其谁的胸襟与气魄。他推崇扬雄的理由亦在扬雄用心于内,不求于外。这里贺麟显然夸大了王安石的心学倾向,他这样做的目的,是要把王安石说成黑格尔式的即心即理的思想家。在他眼里,孟子、扬雄、王安石皆即心即理,即既有理想的王道政治,又有当下的切实作为,不完全以现实利益为思考的出发点,也不陷于无法实现的空想中。既重视理想决定方向的作用、范导现实的作用,又以格物穷理式的实际行为、具体步骤作为实现理想的保证。这二者是一件事的两个方面。所以,程朱、陆王二派在贺麟这里不是截然相反、绝对排斥的两极,二者虽不同而可以融合,虽相反而可以相成。他说:“要讲安石的哲学思想,我们不能不概括地先讲一下程朱陆王的区别。程朱陆王都同是要讲身心性命格物穷理之学,所不同者只是程朱主张先格物穷理,而后明心见性。先今日格一物,明日格一物,而后豁然贯通,吾心之全体大用无不明。陆王主张先发明本心,先立乎大者,先体认良知,然后致吾心之良知于事事物物。所以程朱比较注重客观的物理,陆王比较注重主观的心性。一由用回到体,一由体发展到用。而陆王的心学正代表了西洋欲了解宇宙须了解自我,欲建立宇宙先建立自我的唯心哲学。"①在既重视主观又重视客观,既重视向外格物穷理又重视向内明心见性二者中,贺麟更加重视主观性,这是由他黑格尔之学的主客统一中,理念不是主客的平分体,而是"在理念的否定的同一里,无限统摄了有限,思维统摄了存在,主观性统摄了客观性"②这一根本立场决定的。这一立场导致了他在孟子所批评的杨朱为我、墨翟兼爱二者中,虽对二者都未达到主客合一这一点有批评,但二者相较,却更肯定杨朱,因为"为我"是学者之本。因为这一点,他甚至把孔子也算入心学,因为孔子提倡"古之学者为己,今之学者为人"。贺麟认为杨朱之"为我"与墨子之"兼爱"可以统合起来,他据此认为王安石思想中的这两种要素也可以统合起来:"以杨子之为己为出发点,而达到墨子之兼爱的归宿点,庶几合乎本末兼赅、体用合一的儒家正道。"③

贺麟解释王安石一个最大特点是,他着力挖掘王安石思想中的心学方面,认为王安石哲学以"建立自我"为基本出发点,王安石的思想、性格中无不表现出这一点。从性格上说,王安石倔强执拗,有"天命不足畏,祖宗不足法,人言不足恤"的三不足精神,坚持理想信念不为外物所动的静定精神;从哲学上说,以自我为宇宙万物之本根,自我意识是认识外物的基础,外在的功业是精神活动的自然结果,是自我的自然实现。这都是建立自我的表现。贺麟举出王安石之"建立自我"着重表现的四个方面:

第一,不为物欲名利所羁绊,以本真的自我做主。如《答曾子固》中告诫士大夫要勇于自治,不做嗜欲的俘虏;《进戒疏》中告诫帝王"不淫于耳目声色玩好之物,然后能精于用志",这说明,在王安石看来,摒除过分的嗜欲,保持纯真自我,需绝大意志力。不能挺立自我,就不能达于此种状态和境界。王安石的"洁白之操,寒于冰霜",是建立自我的结果,是主动地自发地超越旧我,以成新的境界的结果,这都需要英灵挺特的意志。贺麟同时也

---

① 贺麟:《人心与人生》,商务印书馆1988年版,第287页。
② [德]黑格尔:《小逻辑》,贺麟译,商务印书馆1980年版,第403页。
③ 贺麟:《文化与人生》,商务印书馆1988年版,第287页。

强调，不要陷入师心自用，刚愎任性。建立自我乃是拯拔自我，保持自我，以求体察真理。并不是放任主观意见。

第二，以自由意志所认定的真理为唯一依归，不为利欲所劫，也不为流俗所转，不曲学阿世，不随世俯仰。这就是王安石所说的"己然而然，不时然而然，不以时胜道"，这也是自我建立的一个重要方面。贺麟认为这一点表示的不仅是重视自我，不为世俗所转移的精神，同时也有陆象山所谓我心即是宇宙的思想。所信之自我，不是偶然的一时兴会，一时感想，不是乖僻傲慢的虚浮的我，乃是以自我为道的展现，为具有普遍性的道或理，这样的自我方是足以倚恃的，方是可信可从的。王安石的"己然而然，不以时胜道"，实际上包含着心即道，心即理，本心、良知即天等陆王的基本思想。贺麟同时认为这句话中又包含着以心中服膺的理想，去转移风气，改变时代潮流的意思在内。贺麟并且指出，历史上转移风气的人，都是具有这种心学精神的，如力距杨墨的孟子，倡导排佛的韩愈，改革家张居正等皆是。王安石变法，也立基于这种精神。王安石答司马光的信中所说的"人习于苟且非一日，士大夫多以不恤国事、同俗自媚于众为善。上乃欲变此，而某不量敌之众寡，欲出力助上以抗之，则众何为而不汹汹然"①，正是这种精神的表达。贺麟虽对反对王安石变法的理学家如司马光、程颢、张戬等人的学术皆抱有敬意，但他对王安石变法持赞成态度，故对变法的精神支柱"不以时胜道"，尤认为合于心学而大力表彰。

第三，建立自我表现在读书上就是不做传注的奴隶，不以圣人的是非为标准，能以自我为主而吸收一切有益养分。这是读书上的致良知。贺麟说："能致良知以读书，不仅六经皆我注脚，而且诸子百家皆我注脚。所以他（指王安石）不为狭义的正统观念所束缚，胆敢无书不读。然而能自己受用随意驱遣，而不陷于支离。"②王安石在读书上能建立自我，以心中之理、之道为本，则诸子百家、医卜星象、农圃女工，皆无不可读；即使所谓非圣无法之书，若善加利用，皆可为我所用。贺麟认为，王安石博极群书有似朱子之即物而穷其理，以己心为道理之基广泛摄取各种知识有似陆象山之先立其大则小者不能夺。相较而言，王安石比陆象山读书范围尤为阔大，尤为不拘

① （宋）王安石：《王文公文集》，上海人民出版社1974年版，第97页。
② 贺麟：《文化与人生》，商务印书馆1988年版，第289页。

一格。

贺麟认为,有了这样主动、自主的精神,则儒家传统中的许多观念都可予以新的解释。如孔子所谓非礼勿视、听、言、动,前人多诟病其太受礼法拘执,太被经典束缚,太没有自我意识,所以引起儒家"以礼杀人"、"礼教吃人"的看法。而王安石因有主体意识做基础,则对此句话的解释充满积极意义。贺麟谓,王安石《礼乐论》中"气之所禀命者,心也。……天下之物,岂特形骸自为哉?其所由来盖微矣。不听之时,有先聪焉;不视之时,有先明焉;不言之时,有先言焉;不动之时,有先动焉"①,就是这种转化的表现:此中之先聪、先明,即心。而心即性的外在表现,性即心的内在制约,心性实为一体两面。由心性做主,则心为行为的动力,行为的规范,是非的标准:"鼓舞人征服外物,改变外物,以自己为范型去陶铸外物,已经包含有阳明释格物为正物,去物之不正以就己心之正的精神了。"②贺麟继续发挥:此心性"即指自动的有主宰的理性之我而言,亦即近似象山所谓本心,阳明所谓良知。他所解释的非礼勿视听言动,实即应积极地依本心,凭良知而视、听、言、动,或借视、听、言、动以格物(正物),以复本心,以自致良知之意。有了先天自我的立法性和灵明性,则视、听、言、动自有准则(即有礼),而视、听、言、动所接触之外物,自有条理,自受规范,因外物并非形骸自为,而乃为自我所建立,受自我之陶铸而成者"③。贺麟并且指出,王安石这段话,有康德的意思,也有斯宾诺莎的意思。先聪、先视,即实际的视听之所以然,类似于康德的先天的纯形式,自我的理性。而此自我的理性,就是斯宾诺莎的天理、准则。康德重主观的意志,重知识论上的根据,斯宾诺莎重客观的法则和规范,二者在贺麟这里是一致的,是一件事的两个方面。因为贺麟一再说康德和斯宾诺莎是通向黑格尔的两条线,在黑格尔这里二者统一了。

王安石的思想,特别是其中的心性论,被贺麟解释成黑格尔思想,其中包含了康德和斯宾诺莎。这是因为,他心中有一个强固的观念,西方的正统思想是从柏拉图、亚里士多德经笛卡尔、莱布尼兹到康德、黑格尔,中国的正统思想是先秦的孔孟、老庄到宋明的陆王,西哲东哲,心同理同。东西方的正统哲学皆是主心性合一、心理合一、心物合一而以代表精神、理性的心为

① (宋)王安石:《王文公文集》,上海人民出版社1974年版,第334页。
② 贺麟:《文化与人生》,商务印书馆1988年版,第290页。
③ 贺麟:《文化与人生》,商务印书馆1988年版,第290页。

最高的、首出的概念。这个思想若用王阳明的话来说,就是"聪明者耳目之能为,而所以聪明者乃良知之所能为。不致良知,则耳失其所以为聪,而无真听;目失其所以为明,而无真视。能致良知,则耳目得其所以聪明之理,而视听言动皆尽其用,合于理(礼),知致而物格(正)矣"①。

第四,建立自我在以自我认定的理为应对外部变化的准则,为变法维新的根本,反对外在权威,反对对既成规则的拘执。在贺麟看来,王安石当时被称为"拗相公",世人非之而不恤。他的执著,他的坚持,全在于认定人之心有执一御万、在万变中求其不变者的能力。在变法中,反对者所攻击者,为迹,而有其所以;要把握住古今一致之心、之理,作为权变的根据,不为外在的迹之同异所束缚,即能心如磐石,不为时言所左右。所以王安石的法尧舜,法伊周,并非徒法其迹,而在法其不变之心。在贺麟眼里,王安石的"圣贤之言行,同者道也,不同者迹也,知所同而不知所不同,非君子也。夫君子岂固欲为此不同哉? 盖时不同,则言行不得无不同。唯其不同,是以同也"②,这段话足以证明,王安石注重的,是迹背后的道,名背后的实。名与迹与时俱化,而道则千古不变。他所谓道,贺麟认为即柏拉图式的实在论所谓理与唯心论所谓心。这就是随迹而行、变中之不变的法则、标准。掌握此法则就控御了万变的枢纽。贺麟对王安石此点大加表彰:"指出不同的言行事迹正所以实现同一的道,不唯洞见一与多的真正关系,而且对泥古拘迹者揭示其弊害,加以有力的排斥,并提供变法革新以一种坚实的理论基础。这是他由建立自我,求心同不求迹同的心学,而发挥出自由革新的精神的地方,也是中国思想史上少见的卓识,而为陆王思想中所特有的色彩。"③

贺麟对王安石心学思想的表彰还表现在他对王安石王霸思想的阐发上。

王安石在《王霸论》中曾说过:"仁义礼信,天下之达道,而王霸之所同也。夫王之与霸,其所以用者则同,而其所以名者则异。何也? 盖其心异而已矣。其心异则其事异,其事异则其功异,其功异则其名不得不异也。王者之道,其心非有求于天下也。所以为仁义礼信者,以为吾所当为而已矣。以仁义礼信修其身,而移之政,则天下莫不化之也。霸者之道则不然,其心未

① 贺麟:《文化与人生》,商务印书馆1988年版,第291页。
② (宋)王安石:《王文公文集》,上海人民出版社1974年版,第331页。
③ 贺麟:《文化与人生》,商务印书馆1988年版,第293页。

尝仁也。而患天下恶其不仁,于是示之以仁。其心未尝义也,而患天下恶其不义,于是示之以义。其于礼信,亦若是而已矣。是故霸者之心为利,而假王者之道以示其所欲。故曰其心异也。"①贺麟对此的评论是,王安石辨王霸,以其心之动机。王者之动机为纯真之心之不容已,为仁义礼信之价值之本身,是应然,非为任何外在的目的。故王者之修身、理政,皆行其心之自然。而霸者之动机在利,而假借仁义之名,恐怕人非议,于是特别夸饰其仁义礼信。二者动机不同,行为也随之不同。可见,王霸之辨,主要在心,不在物;事之不同,由心之不同。

贺麟又举出王安石《虔州学记》中的一段话,说明王安石的心学:"先王之道德,出于性命之理,而性命之理,出于人心。《诗》、《书》能循而达之,非能夺其所有而予之以其所无也。经虽亡,出于人心者犹在,则亦安能使人舍己之昭昭,而从我于聋昏哉?"②贺麟认为,从王安石这段话可以看出,人皆心同理同。如中国自尧舜以来建立之道统,至秦而毁弃。暴秦之烧诗书、坑学士,毁灭文化,但文化终不可毁,且不断发展昌盛,这说明公道自在人心。尧舜以来道统传承不绝,是因为其内容出于人性命之理,而性命之理出自人心之自然建立。经书是引导人们达于性命之理的媒介,只是顺人心中的道德性命之理表达、发挥,道德性命之理非由外铄,而是人心自然的建立。即使经书亡佚,但人心仍在,仍能创造出其他手段达到性命之理。道德、文化永无沦亡之日。贺麟充分相信:人心中固有之义理或良知,活泼昭明,非专制权威所能压迫,非烧诗书、杀儒士、废学校所能蔽塞消灭。王安石的这一思想,与陆象山所谓人皆有千古不磨之心是一致的。所以,人的良知是反对专制权威的最根本武器。

从以上对王安石建立自我、王霸之辨的阐发可以看出,贺麟处处把王安石解释成心学思想家,以与德国古典哲学特别是黑格尔哲学相融会。他着力发挥的是心的能动力量,心的诠释精神,心的将价值理想和深厚的文化蕴积融摄为一,以价值带动文化蓄蕴这种功能,为抗战期中的中国知识人发起信心,丢掉疑虑,振奋精神,力克时艰,取得抗战的最后胜利。

---

① (宋)王安石:《王文公文集》,上海人民出版社 1974 年版,第 326 页。
② (宋)王安石:《王文公文集》,上海人民出版社 1974 年版,第 402 页。

（二）对王安石性论的阐发

以上是贺麟关于王安石心论的阐发，以下讨论贺麟对于王安石性论的阐发。先简单介绍一下王安石心性论的大要。

王安石的性论，主张孔子的"性相近，习相远"。王安石明白表示："孔子曰：'性相近也，习相远也。'吾是以与孔子也"①，"吾所安者，孔子之言而已"②。所以，孟子的性善论、荀子的性恶论、扬雄的性善恶混、韩愈的性三品皆在排斥之列。王安石反对这四种性论，皆因他们主张有天生的、一成不变的"性"。王安石所谓性，指人性，人性是人的情感背后的支撑者，也就是人必然有情感这种性质，性体情用。所以王安石首主性情一致，他说："性情一也，世有论者曰'性善情恶'，是徒识性情之名而不知性情之实也。喜、怒、哀、乐、好、恶、欲未发于外而存于心，性也；喜、怒、哀、乐、好、恶、欲发于外而见于行，情也。性者情之本，情者性之用，故吾曰性情一也。"③这里所说的性，非有善恶，更非善皆归于性，恶皆归于情，性善情恶。在王安石看来，所谓善恶皆是后天的行为指向："故此七者，人生而有之，接于物而后动焉。动而当于理，则圣也、贤也；不当于理，则小人也。"④善恶是情的行为的结果，但情以性为根据。意思是，只要是属于人这一生物族类，就必然有七情。但情之指向，皆后天之事。就如弓与矢，互相依持，而射之中的与否，完全是射箭之后的结果。孟、荀、扬、韩皆将后天之结果作为先天本有之存在，皆是"以习而言性"，故其性论皆有误。孟子的"养其大体为大人，养其小体为小人"意在告诫人大人小人皆后天所养的结果，扬雄的性善恶混意在警省人后天可善可恶，却是正确的。在王安石这里，所谓善恶皆就后天结果言："喜、怒、爱、恶、欲而善，然后从而命之曰仁也、义也；喜，怒、爱、恶、欲而不善，然后从而命之曰不仁也、不义也。故曰有情然后善恶形焉。然则善恶

---

① （宋）王安石：《王文公文集》，上海人民出版社 1974 年版，第 317 页。
② （宋）王安石：《王文公文集》，上海人民出版社 1974 年版，第 316 页。
③ （宋）王安石：《王文公文集》，上海人民出版社 1974 年版，第 315 页。
④ （宋）王安石：《王文公文集》，上海人民出版社 1974 年版，第 315 页。

者,情之成名而已矣。"①所以王安石多处说,善恶"皆于其卒也命之,夫非生而不可移也"。有人以孔子的"唯上智与下愚不移"为证质疑,王安石答辩说,上智下愚不移指人天生的智力水平的不同是存在且不可变的,并非说人性天生有善恶且不可变。如伏羲作《易》,孔子修《春秋》,皆非一般人所能为,皆是他们智力上的聪明特达所致。

王安石的性论,不离情而言性。性作为形式上必须有的预设,作为"有生之大本",即人之为人的根本,意在与人以外的生物族类相区别。但他所重者在后天,在人的现实的修为,不在人的本质的抽象规定。他用宇宙本体太极和起现实作用的五行来类比性情关系:

> 夫太极者,五行之所由生,而五行非太极也。性者,五常之太极也,而五常不可谓之性。此吾所以异于韩子。……孟子言人之性善,荀子言人之性恶。夫太极生五行,然后利害生焉,而太极不可以利害言也。性生乎情,有情然后善恶形焉,而性不可以善恶言也。此吾所以异于二子。扬子之言为似矣,犹未出乎以习而言性也。②

人有人之性,但人之性不能以善恶言,所以他明确反对以善恶言性的孟、荀、扬、韩。性之生情如太极之生五行,但用事者、起现实作用者,在天地为五行,在人为情。他之所以特别重视后天,就是要消除本质性的预设框限后天人为努力,在活生生的现实生活中树立起自身的价值趋向,强调人是自己行为的主宰者,人的一切后果都是自己造成的,没有一个先天的预定者。在思维方法上说,就是重视形而下的事物,本质由现象来说明,一般的、抽象的东西由个别的、具体的东西来表明、来实现。所以说,王安石的性论有很强的经验论色彩。

当然性在他这里并非完全虚设,性有导正价值意义的作用。在他反对的四种性论中,他认为孟子的性善论是说人的正性,扬雄的性善恶混警示人应把握后天为善的方向,否则会陷于恶。韩愈主张性三品,但他所谓性又指仁义礼智信五常,不过品第不同实行之分数不同,这实际上仍是性善论。而最反对的,乃是荀子的性恶论。因为荀子主张"人之性恶,其善者伪也"。而王安石将"伪"字理解为虚伪之伪,以善为虚伪,则人的恻隐之心为虚无,

---

① (宋)王安石:《王文公文集》,上海人民出版社1974年版,第317页。
② (宋)王安石:《王文公文集》,上海人民出版社1974年版,第316页。

人的道德行为皆无由而生。王安石还质问道，荀子以为陶人化土而为埴，土与埴不同，不能说土有埴之性。王安石反驳道，陶人之不会以木为埴，就表明土有埴之性。而善以恻隐之心为基础，恻隐之心并不是虚假的。王安石之反对荀子，就在于他希望人皆为善人，而善人是习于善的结果。向善、习善是人的一般向往，他称之为"常"。立论应以常为出发点，不以例外之事即"异"为依据。

以上是王安石性论的大略，而贺麟的阐发，并非完全合于王安石本义，他极力把王安石说成一个心学家，以与他表彰心学，使之成为中国传统哲学的主导力量这一意图相配合。

贺麟发挥王安石的性论而引出自己的理想唯心论，从以下几点入手：

第一，将王安石认定为性情合一论者，以与现代社会重视人的合理欲望的时代潮流相融合。王安石确为性情合一论者，这已如上述。但贺麟认为，王安石提出性情合一不可分的意图在于，"欲借以反对性善情恶说，认吾人不可离情而言性，含有重视情感，反对那枯寂冷酷，抹杀情感的禁欲主义。"①贺麟早在写于1938年的《新道德的动向》一文中就提出，中国经过西方思想文化的传入，特别是经过五四运动、妇女解放的热潮的洗礼之后，旧观念、旧道德、旧礼教发生了很大的变化，不断向新的道德观念转变，而变动的方向大体遵循由狭隘孤立向广大深厚，由枯燥迂拘、违反人性向发展人性、活泼有人生意趣，由束缚个性、因袭守旧向自由解放、发展个性，由压抑欲望、谨守礼教向开放欲望，合理满足人的生活欲求发展。所以，"解除礼俗的束缚，争取个人的自由，发展个性，扩充人格，实为今后新道德所必取的途径。"②重视人的感情，不为冷酷的道德教条所扼杀、所束缚压迫，是当时的时代最强音。男女大防之突破，妇女地位的空前提高，对旧礼教的冲决，是当时最强烈的诉求。贺麟作为新的时代潮流的鼓吹者，推波助澜者，他在许多场合都主张在学术文化水准的提高、精神生活的充沛、人格修养进步的基础上，达到此目标。在理论上反对束缚、压迫人的合理情感，他认为是最应当做、最基础的工作。

第二，由性情之合一，因情善推知性善，由情恶推知性恶，而助成扬雄性

---

① 贺麟：《文化与人生》，商务印书馆1988年版，第294页。
② 贺麟：《哲学与哲学史论文集》，商务印书馆1990年版，第357页。

善恶混学说之建立。

这一问题较为复杂。这涉及王安石是否主性善恶混,及如何理解王安石《性情论》中的文句。贺麟认为王安石是从性情合一过渡到性善恶混,再由性善恶混过渡到性善论。确如以上已经说到的,王安石主性情合一,但并非因性善而情亦善,性恶而情亦恶,而是因人之性而有人之情,人之情必然产生善恶。善恶是对情之结果的评价,而非对性之本体的呈现。王安石说:"君子之所以为君子,莫非情也;小人之所以为小人,莫非情也。彼论(按指性善情恶论)之失者,以其求性于君子,求情于小人耳。"①并且引孟子"养其大体为大人,养其小体为小人"为证。王安石论域中的孟子这句话,并非可以理解为充养性中之善为大人,充养性中之恶为小人,因此人性中原有善恶二者。这句话是说,人后天修养道德心就成为大人,只知满足感官欲望就成为小人。专在后天情之指向上着眼,非牵涉性之善恶。所以王安石非主性善恶混,反而在批评诸子性论中反复批评扬雄的性善恶混论。

至于认王安石为性善恶混论者,全由于他《性情》中的一句话:"盖君子养性之善,故情亦善;小人养性之恶,故情亦恶"。但这句话之后,王安石有"扬子曰:人之性善恶混,是知性可以恶也"②。性可以恶,即清楚表明非性中原有恶,恶皆自后天之情上起。所以这句话可以理解为,性超善恶,但由性生出的情可以为善,也可以为恶,故性也有为善、为恶之可能。小人充养性所生之情之恶者,其究为小人;君子充养性所生之情之善者,其究为君子。皆后天之事。所以"莫非情也"。其后文所举之舜"象喜亦喜"、文王之"王赫斯怒",皆情之事。其所作之性与情如弓矢互相依存而善恶如中的与否之譬喻,更清楚说明王安石非性善恶混论者。而贺麟先把王安石说出性善恶混论者,是为了较为方便地过渡到他素所信奉的性善论。

由性善恶混到性善论的过渡,贺麟是如何完成的?贺麟之认为王安石为性善论者,是由上"太极生阴阳五行"一语引发的。他认为,太极相当于性,五行相当于情。王安石虽在情上立论,但仍因主张性情合一、性体情用而承认性是基础。而太极在理学中又是个极具价值意味的概念,所以便由此过渡到性善论。贺麟说:

① (宋)王安石:《王文公文集》,上海人民出版社1974年版,第315页。
② (宋)王安石:《王文公文集》,上海人民出版社1974年版,第315页。

他们(按指孟、荀、扬、韩等)执性善、性恶、性善恶混、性三品,皆是以情以习、以已发于外者去言性,而未能以理、以太极、以未发之中而言性。如果以理、以太极、以未发之中而言性,则性将为超善恶的真纯之本,而无善恶之可言了。于是他便超出心理方面情习方面的性论,而升入从形而上学的观点以言性。使我们不能不钦佩他超迈独到的识见。但性既是理、太极或未发之中,虽不可用比较的相对的善去言性(因性是超出相对的善恶之上的),却亦自有其本身内在之善。所以在某种意义下,可以说性超善恶,在另一较高意义下,亦可说性是善的。因此他最后复归到孟子的性善论,而与扬子的性善恶混说,再作一新的调解。①

贺麟这段话表明,他是以太极一词的超越性质实现以上过渡的。超越的太极从其无规定性说,无狭义的善恶;从其无规定因而不落于具体善恶言,它又具有广义的善。就如王阳明四句教之"无善无恶心之体"可现解为"无善无恶是为至善"一样。而贺麟也确实认为,他的以上思想与王阳明四句教"真是同条共贯,可以互相发明"。②

贺麟以王安石为性善论者,还因为王安石以孟子的性善论为正性,以恶为失其正性,性善恶混是兼性之不正者而言。既以善为正性,又有理、太极的价值上的善来辅助,则贺麟之认王安石主性善论不为无据。但贺麟又对孟子和扬雄的理论做了调和,他把孟子的性善说,说成宋明理学中的天地之性,扬雄的性善恶混说成气质之性。张载曾说气质之性"君子不谓之性",所以作为人的真正的、纯真的性的,仍是纯善无恶之性。不正之性,乃是正性的丧失。所以,王安石"最后不能不归到孟子的性善说或正性本善之说了"③。

贺麟说王安石是性善论者最有力的证据是,他在王安石的《文集拾遗》中发现了《性论》一文,其中说:"古之善言性者莫如仲尼,仲尼,圣之粹者也。仲尼而下莫如子思,子思,学仲尼者也。其次莫如孟轲,孟轲,学子思者也。仲尼之言载于《语》,子思、孟轲之说著于《中庸》而明于《七篇》。然而世之学者,见一圣二贤性善之说,终不能一而信之,何也? 岂非惑于《语》所

---

① 贺麟:《文化与人生》,商务印书馆 1988 年版,第 296 页。
② 贺麟:《文化与人生》,商务印书馆 1988 年版,第 296 页。
③ 贺麟:《文化与人生》,商务印书馆 1988 年版,第 297 页。

谓'上智下愚'之说欤？噫，以一圣二贤之心而求之，则性归于善而已矣。其所谓愚智不移者，才也，非性也。性者，五常之谓也；才者，愚智昏明之品也。欲明其才品，则孔子所谓'上智与下愚不移'之说是也。欲明其性，则孔子所谓'性相近，习相远'，《中庸》所谓'率性之为道'，孟子所谓'人无有不善'之说是也。"①贺麟认为，此篇中所谓性的内容，是仁义礼智信五常。五常人皆天生而有，才之智愚不足以改变之。而且王安石明言"一圣二贤性善之说"，所以王安石是性善论者。另王安石有《答孙长倩书》，其中说："语曰：'涂之人皆可以为禹。'道人人有善性，而未必善自充也。"②贺麟据此认为，王安石此论，是"洞达性体的至论"，并且说："依我看来，他的性论，若不为前面未定的善恶混之说所误，将可与程朱的性论争光媲美。……所以我敢断定，安石是程朱以前对于人性论最有贡献，对孟子的性善说最有发挥的人。"③

从这里的引文看，王安石主性善说无疑。但学界主流观点认为《性论》作于扬州签判任上，王安石27岁之前，是王安石早年的作品。④ 而《答孙长倩书》是引古人之语导正青年人，非自己哲学观点的正面表达。我们采纳《性论》作于早年的观点，认为，王安石早年主性善论，后渐主性善恶混，最后主性超善恶论，以此从着重后天之情上立论，以教化改变气质的功夫论，归本于从道、性之本体着眼的高明卓绝境界。

但贺麟认为，王安石先主性善恶混，然后过渡到性善论。为什么如此，这是因为，在贺麟看来，性善恶混最能发挥人后天的选择和修养功夫。荀子的性恶论也意在强调后天的努力，但性恶论以人性为恶，对心的基本含蕴持废弃与否认立场，使人的后天作为失去了精神基础，显得冰冷、僵硬、严酷，与心学蓬勃向上、温情脉脉，广大深厚的格调、趣味、精神方向格格不入。而性善恶混则一方面与孔子"性相近，习相远"之说符合，另一方面则可强调后天人为努力的重要性。

在强调后天这一点上，王安石是态度鲜明的，而贺麟最看重的也在这一点，所以贺麟在引了王安石的《老子》一文后加以评断说："这篇文字可以说

---

① 《宋文选》卷十。

② （宋）王安石：《王文公文集》，上海人民出版社1974年版，第95页。

③ 贺麟：《文化与人生》，商务印书馆1988年版，第298页。

④ 参见邓广铭：《北宋政治改革家王安石》，河北教育出版社2000年版，第23—26页。

是安石代表儒家左派,提倡积极的有为政治,以反对老庄无为政治的理论宣言。他这里所谓'道',所谓'无',相当于人之自然的天性,是万物之本。礼乐刑政是人努力以尽此道此无之妙用的具体设施,也可以说是实现人的本性的工具或形器。不从事于有即不能得无之妙用。不从事于礼乐刑政的设施,即不能尽性道之妙用。原则上不放弃老子性、道、无的高明境界,然而方法上、人生态度上,一反老庄放任自然,无为而治的清静无为之教。……足见他不仅不轻视礼乐刑政,认之为粗迹,反而认为只有力行苦干,有所事事,对于礼乐刑政有所兴革设施,方足以收顺性尽道之妙用。"①此段文字给我们透露出明白的信息。贺麟既重视作为万物本体、人之本性的道,又以具体事为为尽性道之妙用的设施。他之主张性善,是从最后的、最高的层面立论;他之主性善恶混,是从设施的层面立论。他重视人的后天修为,所以张扬王安石的性善恶混说;他最后要归到自己的新心学上去,所以在理论上性善恶混要过渡到性善论。两个层面皆重要,因为它是新心学即知即行、即下即上、即工夫即本体,既能容纳客观事物的存在及其法则、规律,又能高扬精神的活泼无方及主体的能动力量,在主客合一、心物合一、心理合一、知行合一诸思想的基础上强调主体的主宰、控御地位的哲学理论的需要。

---

① 贺麟:《文化与人生》,商务印书馆 1988 年版,第 301 页。

第四章　知行问题新解

知行问题,是与现实有重大关系的理论问题,也是中国传统哲学讨论最多的问题之一。贺麟对知行问题倾注了很大的热情,抗战期中,他写了《知行合一新论》,在《当代中国哲学》中又有专章讨论知行问题。20世纪80年代应邀赴香港中文大学讲学,仍讲知行问题。他对知行问题的解释与发挥,着重围绕"知行合一"、"知难行易"这两个中国传统哲学命题及其关系进行。他的解释与发挥,是与他新心学根本哲学思想一致的。知行观是新心学重要内容之一。

一、知行问题的理论意义

贺麟曾说:"知行问题足以代表中国现代哲学中讨论得最多,对于革命和抗战建国实际影响最大的一个问题,望读者特别留意。"[1]贺麟这一看法,基于对他身处的三四十年代时代特点的认识。20世纪30年代,是中国文化历史上一个极其重要的时代。它处在五四新文化运动之后,中国文化界经过批判、扫荡旧礼教、旧道德、旧文艺之后的建设时期,和西方各种学说大规模输入之后的反省、消化时期。建设什么样的民族文化,这个问题困扰着许多对国家、民族有担当的知识分子。吸收西方文化做发展中国新文化的养分,这是有识之士的共识。但如何对西方思想加以融会贯通,怎样用新的观点加以鉴别、吸收和消化,这是当时文化战线必须回答的。贺麟对这样的

---

① 　贺麟:《五十年来的中国哲学》,辽宁教育出版社1989年版,第4页。

时代特点,有清醒的认识,他说:

> 我们处在一崭新的过渡时代,社会、政治、文化、思想均起了空前急
> 剧的变化,其遽变的程度,使许多激烈趋新的人,转瞬便变成迂腐守旧
> 的人,使许多今日之我不断与昨日之我作战的人,但犹嫌赶不上时代的
> 潮流。我们既不能墨守传统的成法,也不能一味抄袭西洋的方式,迫得
> 我们不得不自求新知,自用思想,日新不已,调整身心,以解答我们的问
> 题,应付我们的危机。①

就是说,对于中国传统哲学的调整与发扬方面,对于西洋哲学的介绍与融会
方面,如何知,如何行,这既是一个关于知行的理论问题,也是一个关于文化
建设的现实问题。

还有,自"九一八"日本侵占东北三省之后,虎视关内,中国人时时感到
敌国外患的强大压力。有数千年历史的中华文化也有被敌国改变销蚀或将
不保的危险。许多负保存民族文化之责的人,抱孤臣孽子之心,思欲拯救
之,于是也有知行问题横在面前。特别直接的是,孙中山从自己奔走革命三
十年的经验教训得出,中国人之畏难苟安、懒惰不思进取的陋习,全出于
"知易行难"的古训。他说:"吾党之士,于革命宗旨、革命方略,亦难免有信
仰不笃、奉行不力之咎。而其所以然者,非尽关乎功成利达而移心,实多以
思想错误而懈志也。此思想之错误为何? 即'知之匪艰,行之惟艰'之说
也。"②并痛切指出:"此说者,予生平之最大敌也,其威力当万倍于满清。"③
如何使孙中山痛斥的畏难偷惰之习变为奋发植立之气,如何破除"知易行
难"的旧说,为新的行动哲学奠立理论基础,知行问题是首先须辨清的理论
问题之一。从这里看,知行问题虽是一哲学问题,但它实为一改革传统思
想,渡过民族危机的实际问题。

此外,贺麟认为,知行问题是一个健全的哲学体系必须涉及的问题。他
素所服膺的黑格尔哲学是一个即知即行的体系,黑格尔虽未明言"知行"字
眼,但他的"绝对精神"的理性品格、主动品格、体用合一而据其自求发展、
自求超拔的矛盾演化法则不断向更高方向趋进的品格,正是知行合一的最
好体现。贺麟要创造一种健行的、无偷惰苟安之弊的新哲学,他从黑格尔哲

---

① 贺麟:《五十年来的中国哲学》,辽宁教育出版社 1989 年版,第 1 页。
② 孙中山:《孙文学说》,载《建国方略》,辽宁人民出版社 1994 年版,第 2 页。
③ 孙中山:《孙文学说》,载《建国方略》,辽宁人民出版社 1994 年版,第 2 页。

学中借来了知行合一并进的思想。也可以说,他认为未来的新哲学,在知行问题上必是黑格尔即知即行的哲学的继续发展。从建立新哲学出发,贺麟欲以现代西方一些流派的哲学学说、心理学学说补充中国传统哲学在知行问题上的笼统、浅薄、概念不清等弊病,他也不能不深入知行问题之中。一些哲学家根据其知行问题的哲学见解发为事功,如王阳明、曾国藩等,也是吸引他考察知行问题的诱因。特别是,在抗战建国这个需亿万人参加,需本一种哲学激励国人,鼓舞力行的勇气的伟大事业中,知行问题更显得重要。就是说,这时候时代需要哲学走出哲学家的书斋,变为普通国民调整身心、鼓舞力行的思想工具,知行问题正是首选。贺麟屡次提到费希特身处敌国占领的危城中,冒死作《告德意志国民》的讲演,为德意志的复兴奠立精神基础的壮举,认为这是哲学理论发生显著社会效应的最佳例证。他亦欲广泛讨论知行问题,借孙中山讨论知行问题的余力,为国人抗战建国奠立精神基础。所以贺麟赞扬孙中山的《孙文学说》说:"从民族文化的观点来看,则此书的目的在扫荡几千年来深印人心的畏难苟安的积习,破除知而不行的偷惰心理,同时并鼓舞力行的勇气,求知的决心,恢复民族的自信心,展开民族前途的希望,指示我们的新文化应循科学化、工业化、民主化、社会化的途径迈进。"①贺麟讨论知行问题的用意亦在此。这是一个爱国知识分子在国难当头时所表露的一种报国微衷。

二、对"知行合一"的发挥

"知行合一"是王阳明的重要命题。贺麟接过这一命题,用他长期寝馈于西方哲学所得的深厚学养,进行了多侧面、多层次的发挥。在这些发挥中,表现出他的理智主义、他的注重心的深层含蕴、注重行为背后的知识基础的心学特点。

---

① 贺麟:《五十年来的中国哲学》,辽宁教育出版社 1989 年版,第 158 页。

（一）破斥独断论，为行为寻求坚实的知识基础

知行问题，中国历代哲学家多有论述，特别在宋明理学中，知行问题得到了充分讨论。但对知行问题有透彻说明、学理发挥的，却鲜有其人。即提出"知行合一"说的王阳明，晚年也绝少提及知行合一，他的门弟子讨论较多的，是"致良知"之教和"天泉证道"四句宗旨。贺麟认为，知行问题是关系到知识论、道德实践的大问题，凡欲在知识论上有所造就，凡欲在道德实践上行而有成的人，都想究其中的精义。就是说，讨论知行问题，最主要的目的是为行为寻找学理根据，即不仅要知道一件事"必须如此"，还要知道它何以必须如此；不仅要"由之"，而且要"知之"。由之而不知之，是盲目的、独断的。盲目独断的行为，是王阳明所指斥的"冥行妄作"。一个以理智指导自己生命的人，不知道自己行为的根据，必是疑惑的、彷徨的；一个以理智评判他人行为价值的人，不知评判的知识学标准，必是武断的、浅薄的。寻求行为的知识学基础，是理智的要求，是正确行为的保证，是祛除自相矛盾、浅薄虚妄的有效途径。贺麟为行为寻求知识根据的主张，深有得于英国新黑格尔主义者格林和理性主义者斯宾诺莎。

格林是贺麟留学美国时最感兴趣的哲学家之一，并因不满芝加哥大学空谈经验的实用主义者诋毁格林学说，愤而转往哈佛大学。① 贺麟曾赞扬格林说："他是一位非常卓越的哲学家，因为他是康德的继承人，是德国唯心论在英国的先驱，是英国近代思想史上批评性很强的一位思想家。一方面，他批判英国自洛克、休谟以来的传统经验主义，另一方面他也反对当时盛行的边沁和穆勒派人的功利主义。"② 可以看出，贺麟之推崇格林，是因为格林在知行问题上是康德寻求知识的先天原则这一做法的拥护者。格林在讨论知识的形而上学时提出的第一个问题是"知识如何可能"。他的回答是，人的精神原则或进行联系的知性使知识成为可能。由于精神原则，人不仅是自然的产物，也是自然的创作者。在格林看来，自然是一种经验的宇

---

① 参见贺麟：《现代西方哲学讲演集》，上海人民出版社 1984 年版，第 161 页。

② 贺麟：《现代西方哲学讲演集》，上海人民出版社 1984 年版，第 144 页。

宙,又是一种有关系的体系,而这种关系是精神原则赋予的。所以格林认为,精神的作品是实在的,而这种实在性的一个重要因素就是我们的理智。格林提出的第二个问题是"道德如何可能"。他认为,道德的可能性完全取决于人是否具有自由意志。道德如何可能的问题实际就是"自由如何可能"的问题。格林认为,人的精神原则使自由成为可能,或者自我超拔、自我探索的意识使自由成为可能。格林的这一转换,体现了苏格拉底"知识即美德"的思想。精神原则是意志自由的根据,而精神原则的内容即自我超拔、自我探索的意识。"自我超拔"即"使我们自身从我们的连续经验分离开来的能力"。这种能力完全在于"我"有无识度,有无观想能力,把自我视为不断超越自己,从更广阔的背景看问题的能力。这种能力的获得,靠知识的培养。自我探索更是以既有知识,不断挖掘自己内蕴的宝藏,发挥自己潜在的能力,也是一个知识不断增加,自我探索的层次不断加深的过程。所以所谓精神原则,是人创造自然的能力。而人有什么样的知识,他所创造的自然就有什么样的面貌。说到底,精神原则是知识的力量,知识是意志自由成为可能的前提。

斯宾诺莎的"自由即认识必然"的思想,对贺麟影响极大。斯宾诺莎的一个根本观点就是,万物都受必然性的支配,没有所谓自由意志:"一切事物都受神的本性的必然性所决定,而以一定方式存在和动作。"①但斯宾诺莎并不认为自由和必然是无法沟通的,自由是对必然的认识和遵循。在贺麟看来,斯宾诺莎的功绩之一,是他认知识为一种精神力量,因为"最万能的莫过于天,最能增加我们的力量的,莫过于知天,与天为一"。"人生最大的精神力量,莫过于自由和永生了。什么是永生,知天理就是永生;什么是自由,行天理就是自由。"②"天"即受必然性支配的万物。人的最高生活就是服从自然,遵循万物的必然性,这样就可得到行动的自由。而服从自然,遵循其必然性,首先在于认识自然。认识自然一是认识物质的自然,即认识世界的必然性而遵循之,一是认识情感的自然。而认识了物质的必然规律,与之为一,就能由此得到一种刚健的情感,从而使自己的天然情感引退。这就是贺麟所谓"以天理为生活的指针"。这种知天理、爱天理、行天理而达

① [荷兰]斯宾诺莎:《伦理学》,贺麟译,商务印书馆1981年版,第27页。
② 贺麟:《哲学与哲学史论文集》,商务印书馆1990年版,第252页。

到的自得自慊,是最高的满足。贺麟对于斯宾诺莎,紧紧抓住其"自由就是对必然的认识",知天理是行天理的前提,知重于行这个理性主义根本原则,并把它与同样具有理性色彩的程朱理学的基本思想知先行后、知主行从结合起来,在知行合一中突出知的重要性,知的逻辑的先在性。这些都表明了他的根本意图:"因为反对道德判断、道德命令和道德学上的独断主义,所以我们要提出知行问题;因为要超出常识的浅薄与矛盾,所以我们要重新提出表面上好像与常识违反的知行合一说。"①

(二)"知行合一"新解

贺麟对知行概念有个新的界说:

"知"指一切意识的活动,"行"指一切生理的活动。任何意识的活动,如感觉、记忆、推理的活动,如学问思辨的活动,都属于知的范围。任何生理的动作,如五官四肢的运动固属于行,就是神经系统的运动,脑髓的极细微的运动,亦均属于行的范围。②

这个界说,吸收了现代心理学、生理学的一些说法,指出,一切活动都是意识活动和生理活动的结合。意识活动不是无承载体的"绝对意识",生理活动也不是毫无意识的纯粹机械运动。"知"必是物质的活动方式,"行"必是意识活动在其物质载体上的表现。这样知行都是活动。从其同为活动言,两者都是动的。因此,贺麟不同意前人所谓知静行动的说法,只能说两者都有动静。前人所谓静的知的活动,如学问思辨等,实际上都是动的,亦都是行了。

贺麟给知行立了新的界说,又用隐显两个概念,来区分知行的等级:以显著的生理活动隐蔽的意识活动如运动等为显行隐知,以显著的意识活动隐晦的生理活动如思考、想象等为显知隐行。显行隐知与显知隐行虽有知行成分多寡的不同,但并非性质的不同。就是说,任何活动不论其属哪种性质的活动,都是知行合一、即知即行的。低等动物的活动、人的下意识活动

---

① 贺麟:《五十年来的中国哲学》,辽宁教育出版社 1989 年版,第 131 页。
② 贺麟:《五十年来的中国哲学》,辽宁教育出版社 1989 年版,第 131 页。

也是即知即行的,虽然可说是极端的隐知,但不能说绝对无知。

由此,贺麟揭出他所谓知行合一的根本意旨:

> 知行合一乃指知与行同为同一心理生理活动的两面。知与行既是同一活动的两面,当然两者是合一的。若缺少一面,则那个心理生理活动,便失其为生理心理的活动。知与行永远在一起,知与行永远互相陪伴着,好像手掌与手背是整个手的两面。①

也就是说,知行合一构成整个活动,对此同一的活动,从心理方面看是知,从生理或物理方面看是行。也可以说用两个不同的方面,去规定一个活动或历程。这样的知行合一,贺麟称之为自然的知行合一,或普遍的知行合一。"自然"是说这种知行合一是自然而然,不待勉强的;任何活动,虽欲知行不合一而不可得。"普遍"是说知行的这种合一不离,是所有活动的属性,普遍如此,概莫能外。

贺麟"自然的知行合一"所谓行,实际上只是行为心理学派所理解的行,即肌肉、神经、腺体对刺激的反应;所谓知,亦不过感觉、知觉等生理学、心理学的知。而意识、观念等哲学意义上的知,以及科学、艺术、道德等实践意义上的行,则不是心理学研究的对象。贺麟明乎此,又提出了价值的或说理想的知行合一说。这可以说是他提出知行关系的第二阶段:分而为二,彼此对立的阶段。

所谓价值的或理想的知行合一,是与自然的知行合一相对的。自然的知行合一认为知行合一是本然的事实,欲不合一而不可得。而价值的知行合一认为知行本来是相分的,人们以其有价值而企求、向往、努力达到。价值的知行合一论是知行二元论,先根据常识或为方便起见,将知行分作两事,然后再用种种努力使之合一。这种合一有行(按自然的知行合一说,即显行隐知)要求与知合一,和知(显知隐行)要求与行合一两条途径。以行合知,是救治不学无术的冥行,寻求学问知识的基础,这可以说是行为学术化、知识化的途径。以知合行,是救治空疏虚玄之病,力求学术知识的实际应用,这可以说是知识社会化、效用化的途径。

贺麟认为,知行合一是知行两方面又分又合的对立统一关系。合一不是混一,混一无法辨别主从,合一则有主从关系。而主从关系就是体用关

---

① 贺麟:《五十年来的中国哲学》,辽宁教育出版社1989年版,第134页。

系,目的与手段的关系。如何确定知行两者孰主孰从？从常识看,应该以前述自然的知行合一中孰显孰隐来确定：显者为主,隐者为从。如显知隐行中知为主,行为从,显行隐知反是。但贺麟认为："要主从的关系的区别有意义的话,不能以事实上的显与隐或心理上的表象与背景定主从,而当以逻辑上的知与行的本质定两者之孰为主、孰为从。"①逻辑上的知与行孰为本质呢？贺麟认为,知为本质,行为表现。行若不以知为主宰,为本质,不能表示知的意义,则行失其所以为人的行为的本质而成为纯物理运动。这里,贺麟有一个很深刻的思想：人类行为最本质的特征是知行合一,即受知识指导的行为。没有知识指导的行为,只是机械的物理运动。人的行为以其有理性的内涵而与其他动物的活动区别开来。由此可以说,理性是人之所以为人的本质。人的行为的本质是知,行不过是知借以表达自身的工具。行的方向所以表现知的意志,行的方法所以表现知的谋略,行的效率所以表现知的程度。据此,贺麟对知行下了新的界说："行为者表现或传达知识之工具也,知识者指导行为之主宰也。"②就是说,知主行从,知体行用,知是目的,行是工具,知是内在的推动原因,行是被知推动者、主宰者。不仅科学家、艺术家、道德家是以知为主,即使许多看起来以实践为主的活动,仍是以知为主,不过是求"如何做"的知识。"无论什么人,无论在什么情形下,他的行为永远是他的知识的功能。"③

贺麟不仅正面发挥知主行从的道理,而且批评了"副象论"、"手术论"等行先知后说。副象论认为身心永远平行,但身体的活动是这身心合一体的本质,意识现象不过是生理动作产生的影子。因此身决定心,身主心从。贺麟认为,副象论者不过是把斯宾诺莎的身心平行论唯物论化。因为按斯宾诺莎的说法,思维和广延(在人身上就是思想和肉体)不能交互影响,它们是两个平行的因果系列,身体只能由身体的原因来说明,思维只能由思维的原因来说明,身心永远平行。副象论认为身心虽然平行,但身是更本质的,心只是它的影子。这就是把身(广延)放在决定心(思维)的地位上,是把斯宾诺莎唯物论化了。贺麟认为："要于知行、身心间去分主从、因果关系,只能在逻辑或价值上去分辨。但就逻辑上讲来,心为身之内在因,知为

① 贺麟：《五十年来的中国哲学》,辽宁教育出版社1989年版,第141页。
② 贺麟：《五十年来的中国哲学》,辽宁教育出版社1989年版,第141页。
③ 贺麟：《五十年来的中国哲学》,辽宁教育出版社1989年版,第142页。

行之内在因;心较身、知较行有逻辑的在先性。"①

这里,贺麟认为心较身、知较行有逻辑的在先性,是他的心学根本见解的必然结论。也就是说,他的知先行后、知主行从的理论,是与他对心的认识密切相关的,他说:"唯心论以逻辑上在先的精神或理性为本。"②精神或理性为本,即认为心是物的本质,物是心的表现。天地万物,飞潜动植,以至人类文化的结晶——哲学、科学、艺术、道德、宗教等,皆是此心的工具,是精神的表现;精神、理性是其本质的体认者,价值的赋予者。因为精神、理性的这种逻辑上的在先性,它被提高到本体的位置。在知行这一对范畴中,知处在比行更重要的位置。知为本,为行所要达到的目的。人的生活,也以纯粹求知,不计功利,唯求为行为设计理想蓝图的学者生活为最高。

认知比行高,这表明贺麟是理性主义的崇拜者。经验主义认为经验是知识的唯一来源,行动是接触事物,以获取有效知识的最好方法,而理智不过是把经验所获得的材料进行比较、分类、归纳、抽象,使之有条理有系统的工具。所以经验主义注重行,注重从外界获取第一手数据。理性主义则认为,从经验中归纳、抽象所得的知识没有普遍必然性。要保证知识的普遍必然性,必须从自明的公理,清楚明白地演绎出具体结论。在这里,起决定作用的是天赋观念和理性逻辑能力。贺麟平生用力最深,获益最多的黑格尔、斯宾诺莎哲学,皆是理性主义或说倾向理性主义的哲学。黑格尔把人类历史活生生的发展历程,归结为绝对精神的推演过程,以精神性的、内中包含全部逻辑展开的绝对理念,作为其体系的出发点和归宿,把绝对理念的逐步展开视为它自身的先验的逻辑能力。而斯宾诺莎更是理性主义的著名代表。从素所服膺的理性主义哲学中,贺麟接受了重知的根本原则,为他知行问题上的重知主义作了理论准备。另外,贺麟的重知主义,也是接受了宋明理学特别是朱熹哲学知先行后论的结果。贺麟认为,朱熹认识论的根本精神就是"从格物穷理中去求知主行从的道德,从知识学问中去求学养开明的道德"③,即道德必须以广博的知识植基,行为必须有深厚的学养指导。格物是为了明天理,明天理是为了指导道德实践。格物穷理是知行合一的

① 贺麟:《五十年来的中国哲学》,辽宁教育出版社 1989 年版,第 143 页。
② 贺麟:《哲学与哲学史论文集》,商务印书馆 1990 年版,第 129 页。
③ 贺麟:《五十年来的中国哲学》,辽宁教育出版社 1989 年版,第 154 页。

准备阶段。固然,格物穷理,无论就自然事物还是就社会事物钻研探讨,实际都是行的过程。但这个行,主要地是为了知;这个知,是为了给后面的行动以理论的指导、知识的准备。这就是朱熹所说的"万事皆在穷理后。经不正,理不明,看如何地持守,也只是空"①。

朱熹曾说过:"论先后,知为先;论轻重,行为重。"②所谓"行为重",显然是指行能产生直接的、现实的效果。但贺麟指出,朱熹这里不过是说,产生直接的现实效果的行,必然是知指导下的行,必然是知行合一的行。行无非是把早就存在于行动者心中的计划、方案、蓝图实现出来,使之变为实在的东西而已。也就是说,知是行的观念形态,行是知的现实化。由此,知先行后,知主行从。知能最好地发挥心的创造功能,最好地体现人之所以为人的本质。

实际上,朱熹的知行观也有知行合一的意思,不过没有明白标示而已。如朱熹说:"知行常相须,如目无足不行,足无目不见。"③认为知行二者必是一个统一体的两方面,失却一方,另一方便失去其存在的根据。又如朱熹说:"若讲得道理明时,自是事亲不得不孝,事兄不得不悌,交朋友不得不信。"④这就是王阳明所说的"能知必能行,不行不足谓之真知"。对比朱熹与王阳明的知行思想,贺麟认为,朱熹的根本见解,从理论上说,知先行后,知主行从;从价值上说,知行应该合一,穷理与践履应该兼备。而王阳明根本见解是知行合一,无论理论上、践履上都如此。

按贺麟的分法,朱熹的知行观是理想的、价值的知行合一观,也就是说,知行本来不合一,知是格物穷理,行是着实躬行,知行之间不仅有时间、空间上的差距,而且可以有知而不行和行而不知的可能。悬知行合一的理想于前,努力以求达到。这是其价值所在。

王阳明知行合一观可称为直觉的或率真的知行合一观。所谓率真的知行合一观,贺麟解释说:

> 就工夫言,目的即手段,理想即行为,无须悬高理想、设远目的于前,而勉强作积年累月之努力,以求达到。就时间言,知与行紧接发动,

---

① (宋)黎靖德编:《朱子语类》,中华书局1986年版,第152页。
② (宋)黎靖德编:《朱子语类》,中华书局1986年版,第148页。
③ (宋)黎靖德编:《朱子语类》,中华书局1986年版,第148页。
④ (宋)黎靖德编:《朱子语类》,中华书局1986年版,第152页。

即知即行,几不能分先后,但又非完全同时。①

这种率真的知行合一,是本良知而行;良知是即知即行、知行合一的本来体段或曰本体。比如王阳明所举"如好好色,如恶恶臭"的例子,见好色而好,闻恶臭而恶,这是率真的、不可欺的,是真情的流露,不是矫揉造作。

对比王阳明的"率真的知行合一"与贺麟的"自然的知行合一",可以看出,王阳明的知行合一的本来体段,与贺麟的"自然的知行合一"有一致的地方,可以互相发明。关于知行本来体段,王阳明有一段话说得很清楚:"行之明觉精察处便是知,知之真切笃实处便是行。"②这是说,知行本是一个行为的不可分割的两面,行为的计划、目的、方式等观念形态的东西属知,行为的运动、操作等可见的、在时空中的活动属行。一个行为既不能没有计划、目的等观念性的东西,也不能没有实在的行动。人的行为不同于动物处,最根本的就在于,人的行为是自己观念的外化、落实,而动物的行为是凭本能。知行合一,是人的行为的本质属性。王阳明有见于此,认为这是知行的本来体段,表现出他在知行问题上的深刻见解。但王阳明的"知行本来体段"仍然不是贺麟所谓"自然的知行合一"。自然的知行合一,是以现代心理学、生理学的方法为基础,以身心平行论为理论根据:"只要人有意识活动,身体的跟随无论如何也是无法取消的。"③这种身体的跟随,不是受意识影响的,或说受意识指令的,而是意识活动必然有身体的某种改变,尽管这种改变是极其细微的。贺麟认为,自然的知行合一所揭示的是,任何一种行为皆含有意识作用,也含有生理作用,知行永远合一,永远平行,永远同时发动。最低的知永远与最低的行平行,伪知与妄为,盲目与冥行永远是互相伴随、相依为命的。这是为人的行为的本质所决定的,虽欲知行不合一而不可得。

由贺麟的"自然的知行合一"来看,王阳明所谓"一念发动处便即是行了"这一命题是深刻的。"一念发动"按常识的说法,只能说是知,因为它没有外在的行为,只是观念中的发生。但根据"自然的知行合一"说,一念发动必有身体的动作与之配合,必有脑神经的活动,必有观念的物质载体的改

---

① 贺麟:《五十年来的中国哲学》,辽宁教育出版社 1989 年版,第 149 页。
② (明)王守仁:《王阳明全集》,上海古籍出版社 1992 年版,第 42 页。
③ 贺麟:《五十年来的中国哲学》,辽宁教育出版社 1989 年版,第 136 页。

变。这种改变虽是极微小的、不可见的,但并非心理学、生理学无法测定的,不过属显知隐行罢了。

另外,在知行主从问题上,王阳明认为知行无主从关系,而贺麟从其理性主义出发,认为王阳明的"知是行的主意,行是知的工夫;知是行之始,行是知之成"是"知主行从"说。其实,王阳明的"知是行的主意,行是知的工夫"和"行之明觉精察处即是知,知之真切笃实处即是行"都是知行合一、知行并重的意思,并不特别标明重知。而贺麟发挥道:"知既是行的主意,则知不是死概念,更不是被动地接受外界印象的一张白纸。反之,阳明认为知是主动的,是发出行为或支配行为的主意。"①贺麟认为,知包括理智、情感、意志等属于心灵活动的范畴,知不是机械地接受外界的刺激,而是能动地发挥人的主体性,对客观事物进行积极反应。知是赋予宇宙规律、法则的主体,知不是一张白纸:

> 一物之色相、意义、价值之所以有其客观性,即由于此认识的或评价的主体有其客观的、必然的、普遍的认识范畴或评价准则。心乃一理想的、超经验的精神原则,但为经验、行为、知识以及评价之主体。此心乃经验的统摄者,行为的主宰者,知识的组织者,价值的评判者。自然、人生之可以理解,之所以有意义、条理与价值,皆出于此"心即理也"之心。②

心,即知的本体,是知行关系中起决定作用者。这是其重知主义的根据。

贺麟的重知主义,是有深刻的历史背景的。在他思想极其活跃的 20 世纪 30 年代,正是现代科学技术飞速发展的时代。人类在科学上的巨大成就,显示出人的智慧有无比丰富的蕴藏,人的精神世界有无比深厚的潜力。人们由物质文明的发达而追溯到创造物质文明、驾驭物质文明的主体。所以贺麟说:

> 由物质文明发达,哲学家方进而追问征服自然、创造物质文明的精神基础——心;由科学知识发达,哲学家方进而追溯构成科学知识的基本条件——具有先天范畴的心。故唯心论是因科学发达、知识进步而去研究科学的前提、知识的条件,因物质文明发达而去寻求创造物质文

---

① 贺麟:《五十年来的中国哲学》,辽宁教育出版社 1989 年版,第 151 页。
② 贺麟:《哲学与哲学史论文集》,商务印书馆 1990 年版,第 131 页。

明、驾驭物质文明的心的自然产物。故物质文明与科学知识最发达的
地方或时代,往往唯心论亦愈盛。①

贺麟这段话,一方面说明了他的心学的时代背景,另一方面,也说出了他探
索心灵的更深层次的途径——意识现象学。

(三)由行为、意识到理念、理则,归于黑格尔

贺麟说:"行为现象学乃是从行为的现象中去认识行为的本质:知或意
识。进而由意识现象学或知识现象学之研究,发现意识的本质,认识借意识
或知识而表现的理念。最后由理念释理念,由理念推理念,而产生理则
学。"②从贺麟这一由知行问题到理则学(逻辑)的推出步骤,可以看出,贺
麟不仅把知看作行的本质,而且认为,知的本质是逻辑。他要从知行问题进
到理性的最深处。这一进入是循着行为—意识—理念—逻辑这样层层深入
的探讨。

贺麟的第一步是,认定行为的本质是意识,继而认定意识的本质是理
念。理念借意识表现自己。什么是理念? 理念即理想的、永恒的、精神性的
普遍范型。照贺麟所说,理念即"心即理"之理。如前所述,贺麟认为,心有
二义,一是心理经验中的事实,一是先天具有的能整理经验、组织知识、评判
价值的主体。前者是心理意义的心,后者是逻辑意义的心。在贺麟看来,被
认识的、进入意识中的物是被主体整理过的物的现象:"其色相皆是意识渲
染而成,其意义、条理与价值皆出于认识的或评价的主体。"要是没有意识
的渲染,逻辑的整理,进入意识的只是一团混沌。说意识的本质是理念,就
是指意识中有使经验材料就范的框架、模型。这些框架、模型是永恒的、普
遍的,贺麟谓之"东圣西圣,心同理同"。贺麟认为,这些理念是一个系统,
是一个由逻辑关系组成的网络,网络中的理念都是被先验逻辑的必然性所
规定的。这就是心的理则(逻辑)。心的逻辑次序可以先验地规定事物的
不同秩序、条理。事物的不同秩序、条理是心的理则的表现。理则的抽象形

---

① 贺麟:《哲学与哲学史论文集》,商务印书馆 1990 年版,第 156 页。
② 贺麟:《五十年来的中国哲学》,辽宁教育出版社 1989 年版,第 156 页。

式可以由活生生的、处处可见的事物反映出来。贺麟心的理则的说法,是对黑格尔的逻辑学的援引。他说:"黑格尔的理则学是现象学,是精神哲学,是逻辑,也是本体论或形上学。"①心的理则作为一种精神活动,它是精神哲学,作为普遍必然的先验结构,它又是逻辑;作为理念、知识的最后本质,它是本体论;作为可见事物的决定者,它又是形上学。逻辑学是主客合一的。作为人的精神矛盾进展的过程,精神的自我建立,作为人的全部精神生活内容的缩影,它是主观的;而将人的精神生活所遵循的理则提炼为、凝聚为绝对的超时空的存在,作为现实世界之前就已存在的东西,它又是客观的。绝对理念是思有合一的,它的本质是思,它的表现是有;它的发展外化所依据的逻辑规范是思,现实的发展外化为有。思想法则是绝对理念的摹本。绝对理念是逻辑行程的终点,逻辑结构是绝对理念的实在内容。所以,贺麟在"知行合一"问题上的致思过程是:他接过王阳明"知行合一"的命题,吸收现代心理学的观点,提出"自然的知行合一"说;由理性主义哲学的深厚学养和强烈企向高扬知的重要性、决定性,推出知主行从,又由黑格尔的绝对理念的逻辑范畴、逻辑结构,推出心的理念、心的理则(逻辑)。在这样的层层推进中,"行为现象学及意识现象学均可作逻辑学之引导科学或预备科学,而逻辑学因之亦不致陷于抽象与形式。此三种学问之所以可能,由于行为所以表现意识,意识所以表现理念,而理念自明自释,故可形成纯逻辑学"②。这就是贺麟由"知行合一"出发而向重知主义逐渐倾斜的思想行程。

三、对"知难行易"的发挥

"知难行易"是孙中山哲学的命题。贺麟之所以要对此命题进行广泛讨论、深入阐发,是由于他认为,"知难行易"是孙文学说的哲学基础,是心理建设的理论基石。只有这理论基石是稳固的、确然不拔的,立在它上面的

---

① 贺麟:《黑格尔哲学讲演集》,上海人民出版社1986年版,第153页。
② 贺麟:《五十年来的中国哲学》,辽宁教育出版社1989年版,第157页。

整个理论大厦才是巍然不可动摇的。所以贺麟首先提出这样一个问题：知难行易说只是一种起宣传作用的常识，还是一种有普遍必然性的学说或理论？常识只求解释表面的、局部的事实，而学说或理论要能解释本题范围以内的所有事实，要符合"据界说以思想，依原则而求知"的理论要求。贺麟认为，孙中山的知难行易说是一种理论学说，是有普遍必然性、能解释本题范围内所有事实的有一贯性的哲学理论。这个理论的目的，是要反对深印中国人心中的"知之匪艰，行之惟艰"的传统说法。从问题的提出就可以看出，贺麟欲根本摇动传统思维方式只求有效果，不求知原理的实用主义，欲根本改变中国人重行轻知，忽视思辨抽象的弱点。他对孙中山知难行易说的赞同、论证，亦意在证明它是有中西哲学史的深厚渊源，有现实行动中的事实基础的哲学学说。它不是一般常识，但又给人提供一种关于知行问题的健康常识。

（一）对"知难行易"诸批评的反驳

欲证明知难行易是一种有一贯性的哲学学说，就得驳倒认为知难行易只是一种偏执的看法，"无普遍必然的效准"这种流行的意见。国内当时颇有人否认知难行易说有颠扑不破的性质，只认其为能解释部分事实的常识。第一种意见认为，知难行易是相对的，随人而异的，不能肯定说知必难行必易。如性格偏于静的人觉知易行难，性格偏于动的人觉知难行易；实行家觉知难行易，理论家觉知易行难。由此足见知行本身无所谓难易，完全因人而异，所以知难行易说无必然性。贺麟指出，此种意见的错误，在于不知比较的标准和范围。就比较知行难易言，必须在同一范围内，就同一事之知行两方面进行比较，不能漫无边际地拿性质范围等完全不同的两件事来比较。如作战，只能就定战略战术、知敌人虚实之知和冲锋杀敌之行相比。读书，只能拿了解书中意旨和咿唔读书之动作相比，这才得相比之真意。

第二种意见主张"有些知难，有些行易"。这也是说知难行易说无普遍必然性。贺麟认为，此种批评也是不知比较的标准和范围，这样的讨论也没有哲学意义。要知行难易的比较有哲学意义，必须比较同一事的知和行两方面。

第三种意见主张"知难行亦不易"。这种意见认为知难行易说只是一种宣传，因为它可以使以行为主的后知后觉者服从、尊仰以知为主的先知先觉者。"知难行易"说有实用价值，但很难说是普遍事实和必然真理。实际上"知难行亦不易"，知难行易说太把知行截然分做两事了。对于此种批评，贺麟驳斥道，知难行易说是建立在知行合一说上的。而欲比较知行之难易，必须将知行分开来说，这并不意味着把知行截然分为二事，亦未必违反知行合一之旨。孙中山比较知行之难易，在于得其重轻而知实用力下手处。"知难行亦不易"说使人无从比较，亦不知其下手处，反失孙中山提出知难行易说的苦心。另外，这种说法认为"知难行亦不易"，就是说有时知难，有时行难，完全视事实为转移，完全以与我之实用关系为依归，知行难易本身无法判定，这不啻否认哲学上有客观真知。

第四种意见认为，知难行易说固可以解释科学技术上的知行关系，却不能解释道德上的知行关系。换句话说，科学技术上可说"知难行易"，道德上只可说"知易行难"。这种在科学技术上承认知难行易的说法，是吸取了孙中山的说法；在道德上主张"知易行难"是吸收了孟子及陆王心学的说法：人有天赋的"本心"、"良知"，故易，而实行道德修养或真正养成高尚的道德品质则非常之难。贺麟对这种意见也是反对的，他说："在道德方面说，知易行难在常识上虽甚普遍，但在理论上和修养上均站不住脚。"[1]贺麟引证了程颐和朱熹的几段话来证明道德上亦是知难行易。程颐尝说："学者固当勉强，然不致知，怎生行得？勉强行者，安能持久？除非烛理明，自然乐循理。学者须是真知，才知得，便是泰然行将去也。"[2]"如眼前诸人要特立独行，煞不难得，只是要一个知见难。人既能知见，岂有不能行？"[3]贺麟认为，这两段话明确说知难行易，此处所谓"知行"，所谓"理"，皆是道德方面的，不是一般的知行。并说，"才知得，便是泰然行将去"、"人既能知见，岂有不能行"二语，正与孙中山"能知必能行"之释理相合。贺麟复指出，朱熹虽对知行难易问题少有讨论，但他关于知与行的逻辑关系，却有许多精要的话。朱熹认为道德行为完全为真知所决定，没有真知，绝不会产生道德行为，这实际隐含着知主行从、知难行易的意思。如朱熹之"若讲得道理明

① 贺麟：《五十年来的中国哲学》，辽宁教育出版社1989年版，第165页。
② （宋）程颢、程颐：《二程集》，中华书局1981年版，第187—188页。
③ （宋）程颢、程颐：《二程集》，中华书局1981年版，第181页。

时,自是事亲不得不孝,事兄不得不悌,交友不得不信","只争个知与不知,争个知得切不切",①"人之所以懒惰,只缘见此道理不透,所以一向提掇不起;若见得道理分明,自住不得,岂容更有懒惰时节?"②并认为,朱熹这些话和王阳明"知而不行,只是未知"的说法符合。以此证明,程朱在道德上皆主知难行易、知主行从。

总之,贺麟对上引几种批评意见的反驳,是要说明,知难行易不是只能解释部分事实的常识,而是有普遍必然性的哲学理论,适用于包括道德在内的一切领域。他之要证明知难行易,不仅是为了论证孙文学说,更重要的,知难行易是他自己思想的一部分。他的思想具有突出的理性特征,他反对道德上的独断论,他重视行为的知识基础,主张一切建筑在理性基础上。他认为只有确认知难行易,才能达成知主行从、知先行后等理性主义的基本命题。当然这些都是在两者合一的基础上求其逻辑上的支配者、决定者。他之引述程颐、朱熹的说法,一是为了证明自己的论点有先哲的著作印证;同时也说明,"知难行易"是中国哲学的正宗思想,决非某人一时兴会,或撮拾西方哲学某家学说,而是其来有自,源远流长。

（二）对孙中山"知难行易"说的再论证

孙中山在《孙文学说》中曾举十事以明知行之性质及其难易关系。贺麟指出,这种方法是"由分析特殊事实,得其本质所在,因而获得普遍原则的方法"③。即由分析浅近事例,将知与行的意义确定清楚,予以明确的界说,然后根据界说以立论的方法。贺麟据此方法,认为孙中山所谓知,是指真知、科学知识、原理知识,一般所谓泛泛浅近之知,道听途说之知,空洞模糊之知,均非孙中山所谓知。而孙中山所谓行,是指不自知觉的本能行为,普通运动五官四肢的简单行为,依习惯、命令而行,为需要逼迫,受自己狭隘知识指导的行为。所谓"知难行易"是指知事物之所以然及所当然之理难,求真知难,学说的创造、科学上的发明、事业的设计难。所谓行易指不知而

① （宋）黎靖德编:《朱子语类》,中华书局 1986 年版,第 153—154 页。
② （宋）朱熹:《朱熹集》第五册,四川教育出版社 1996 年版,第 2647 页。
③ 贺麟:《五十年来的中国哲学》,辽宁教育出版社 1989 年版,第 170 页。

行易,知而后行易。其间之难易关系自不言而明。据此知行的界说,知难行易是有必然性与普遍性的说法,非仅只能解释部分事实的常识。

从孙中山所举之例和贺麟的解释可以看出,孙中山的例证已是受了近代欧美工业发达、科技进步、各种实证知识已成体系的时代影响,已非如中国旧籍中知行仅限于道德。贺麟的解释,更从方法上表现出他的理性化、学术化色彩:即真知是关于原理的知识,是学术化的知识,即他所谓"知事物之所以然之理"。这里可以看出,他欲以留学西洋所得的突出的理性精神注入中国传统哲学,使中国传统哲学理性化,有原理知识奠基,有明白的界说,有正确的推导。一句话,努力使中国固有的学术带上浓烈的理性精神。

孙中山复由人类文明进化的阶段和人类的分工来论证知难行易。孙中山将人类文明进化分为三个阶段:第一阶段,由草昧进文明,为不知而行时期;第二阶段,由文明再进文明,为行而后知时期;第三阶段,自然科学发达以后,为知而后行时期。这三个阶段,后来居上,由简趋繁,由易趋难。据以上划分,孙中山把人分为三类:(一)先知先觉者,为创造发明;(二)后知后觉者,为仿效推行;(三)不知不觉者,为竭力乐成。第一种人为发明家,第二种人为宣传家,皆为知者,第三种人为实行家,为行者。第三种人数量上远多于上两种人。贺麟对进化三阶段的发挥,在于以知为人禽之辨的根据,以学问知识为物质建设的关键。贺麟认为,在草昧进文明阶段,人与禽兽区别甚微,皆是行而不知。而第二阶段由文明再进文明,则是由行为中得知识,由生活中得学问,由经验中得教训,这乃是人类特有的功能。所以行而后知不仅是人与禽兽的根本分别所在,而且是划分先知先觉和后知后觉的界限。先知先觉是在行为中自己体会出知识学问来,后知后觉是教而后知、学而后知。到了第三阶段,自然科学发达之后,是由先知先觉的创造发明,谋划设计,领导推动,然后才有大规模的行为。这一阶段实为人类文明进步的最高时期。可以看出,贺麟是在以行为中的学问知识来规定人类行为的本质特征,是用创造发明、知识学问做人类文明最高时期的标志,以教育的普及、知识的传播推广做文明社会最主要的工作。这里表现了贺麟突出的重知主义特点。他比孙中山在重知方面走得更远。照他的论证,非至于知在逻辑上在先、在分量上为重、在关系上为主不可。这也就是他所说的:

> 唯心论是因科学发达、知识进步而去研究科学的前提、知识的条
> 件,因物质文明发达而去寻求创造物质文明、驾驭物质文明的心的自然

产物。故物质文明与科学知识最发达的地方,往往唯心论亦愈盛。①

对孙中山将人划分为先知先觉、后知后觉、不知不觉三类,贺麟重在发挥先知先觉是社会发展最重要的力量,科学的昌明,国家的组织,文化的发展,要靠先知先觉者创造发明,宣传教育。不过贺麟亦提醒人们注意,将人划分为三类,乃注重三类人的分工合作,并非以知识多寡划分社会等级。意思是说,人虽有知识的多寡,但无身份的贵贱,三类人相需为用,人类文明才能进步,当然先知先觉的人有对后知后觉的人进行组织、教化、指导、训练之责;后知后觉的人也有不断学习提高,增进整个人类素质的义务。所以贺麟认为,虽不否认有先知先觉者,但亦不能轻视后知后觉的实行家。他提倡既是设计家,又是实行家,即知即行,知行兼于一身的人物。不过究其极,应该说还是知重行轻,知主行从,知先行后,他说:“任何政治家、军事家、革命家实行方面的事功,都可以认为他们知识方面的学问与识见的表现。他们实行上的丰功伟绩,就可以说是他们知识上的先知先觉的发挥。”②因为贺麟根本认定知难行易,知主行从;知是根本,行是表现。

(三)“知难行易”说的绎理

《孙文学说》中有“能知必能行”、“不知亦能行”两命题,贺麟认为,这两个命题可以看作“知难行易”根本原则的两条绎理。所谓绎理,就是从根本原则绅绎出来或推论出来的道理。关于第一条绎理,贺麟分析了常识上“能知未必能行”的说法,认为,能知未必能行,实际上乃由于不为,不肯行,并非不能行。即孟子所谓“是不为也,非不能也”。能为而不为,大概由于:第一,分工的关系,一人不必兼知行于一身,一个以知的方面为主的人,大可不必在行上亦要求有大作为;第二,懒惰的习性,知而不行,乃由于懒惰,不去行;第三,惑于“知易行难”的谬说,以知为易,以行为难,难故惮于行。后一因实为最主要的原因,这正是孙中山提出“知难行易”说的用意所在。所以贺麟主张,应该以“能知必能行”作为一种信念(当然是建筑在知难行易

① 贺麟:《哲学与哲学史论文集》,商务印书馆 1990 年版,第 132 页。
② 贺麟:《五十年来的中国哲学》,辽宁教育出版社 1989 年版,第 179 页。

根本道理上的信念），而不单是确然可见的事实。应该相信"能知必能行"，才能够铲除畏难苟安的惰性，鼓起实行的勇气，坚定成功的信心。可见，贺麟之以"能知必能行"为知难行易的一条绎理，有着明确的目的，这个目的，同孙中山提出心理建设的目的一致。

贺麟亦用王阳明"知而不行，只是未知"来解释"能知未必能行"的常识。贺麟说："为什么知而不行，只是因为知非真知，知未透彻，知的难关尚未突破，故不能发为真切笃实之行。泛泛口耳之知，既算不得真知，故不一定能发诸行为。我们想做一事，若不能力行，或行起来发生弊病，并非知而不行，乃是由于我们的知识根本上尚有缺陷。假若有了明觉精察之知，必然会发生真切笃实之行。"①贺麟并且说，这一点正可证明孙中山"能知必能行"的绎理，包含了王阳明知行合一之旨。不过孙中山很少从"能知必能行"正面发挥，而多从反面说"不能行由于不知"的道理。这里贺麟认为孙中山的知难行易说与王阳明的知行合一之旨暗合。实际上，孙中山对王阳明的知行合一是批评的。他的"知难行易"说，一者反对"知易行难"说，二者反对"知行合一"说。孙中山说："总而论之，有此十证（案：即证明知难行易十事）以为行易知难之铁案，则'知之匪艰，行之惟艰'之古说，与王阳明'知行合一'之格言，皆可从根本上而推翻之矣。"②并说："若夫阳明知行合一之说，即所以勉人为善者也。推其意，彼亦以为知之匪艰而行之惟艰也。此阳明之说虽为学者传诵一时，而究无补于世道人心也。"③孙中山还力驳"日本明治维新全得阳明学说之功，故应在现时中国大力提倡阳明学说"之非。则孙中山拒斥"知行合一"之说甚明。而贺麟以为王阳明"知行合一"与孙中山"能知必能行"之旨吻合，实际上是为了以王阳明补足孙中山。细察贺麟之意，似认为孙中山"知难行易"在学理上太偏于知，则有畸重知、割裂知行之弊。贺麟同意孙中山之重知，但他是知行合一基础上的重知，在知行合一范围内论知先行后，知主行从。就是说，他是在斯宾诺莎基础上进于黑格尔，以黑格尔知行合一基础上的知为主、为先、为重做蓝本来立论。故赞成孙中山之"知难行易"，又补以王阳明之"知行合一"。

第二条绎理"不知亦能行"，贺麟重在指出其所蕴含的深刻意义方面。

① 贺麟：《五十年来的中国哲学》，辽宁教育出版社1989年版，第182页。
② 孙中山：《孙文学说》，载《建国方略》，辽宁人民出版社1994年版，第51页。
③ 孙中山：《孙文学说》，载《建国方略》，辽宁人民出版社1994年版，第51—52页。

贺麟认为,不能绝对地说"不知亦能行",只能说"不知亦能动",因为"行"和"动"是有很大区别的两个字眼。有知识指导的行为才能叫"行",无知之行只能叫作"动"。一些在常识上被认为不知而行的,严格说来亦不能谓绝对不受知指导,如生物有机体适应环境的本能行为,亦是受原始的本能的知行合一体指导,严格地说也可谓为行。又如下意识的行为,常识上虽可认为不知而行,但严格说来亦不能说毫无知觉,也是受知指导的行为。不过此知为下意识之知。而"不知亦能行"若加同情的了解,亦可发现,首先,"不知亦能行"即"不全知亦能行",并非谓绝对不知,或毫无所知亦能行。此意在指示人在没有充分的、完全的知识时,也应据现有知识大胆去行。许多环节须在动态中方能呈露出来,必恃随机应变之知力,方能收其全功。而静待知得了全了再行,则绝不会有成功之日。而且此种"不全知亦能行",还可锻炼矢志以赴、成败利钝非所逆睹的忠贞精神。其次,"不知亦能行"亦即"本假设以实验探索"之意。此义略同于第一义,亦本不完全、不充分之知而实验力行,以求达到完全之知。不过此义重在科学上实验探索之义。贺麟似乎特别看重这一点,因为他认为按孙中山人类文明发展三阶段的说法,西方工业发达国家已达科学昌明之后知而后行的第三阶段,而 20 世纪 30 年代的中国还处在由文明再进文明的行而后知的第二阶段。所以应特别提倡"本假设以实验探索"的科学精神。可以说贺麟欲培养国民的理性精神、科学精神的苦心是时时见于言表的。再次,"不知亦能行"即"秉信仰而力行冒险"之意。贺麟为力矫中国人信仰淡漠甚且无信仰之习,多次谈到建立信仰的必要。在《文化与人生》一书中,有《信仰与生活》一篇,专谈信仰的性质、功用、种类、人应否有信仰等问题。贺麟在"信仰与生活"中给信仰下的定义是:"信仰是知识的形态,同时也是行为的动力。也可以说信仰是足以推动行为的知识形态,并且可以说信仰是使个性坚强、行为持久、态度真诚、意志集中的一种知识形态。"[1]并且明确表示:"我们所倡导的是浸透了理智的活动和理性的指导的信仰,与知识进展相依相随的信仰。"[2]所以,秉信仰而力行冒险也就是本知识指导而艰卓力行、百折不回之意。亦即贺麟所谓"豪杰的冒险精神与宗教家的坚贞信仰相结合"。

---

[1] 贺麟:《文化与人生》,商务印书馆 1988 年版,第 89 页。
[2] 贺麟:《文化与人生》,商务印书馆 1988 年版,第 92 页。

总之,贺麟认为:"不知亦能行"这一绎理义蕴无穷:"举凡不计成败利钝的忠贞精神,试验探索的科学精神,注重信仰的宗教精神与冒险精神,革命家、政治家的发愤图强、虚心谨慎行以求知的精神,均可由'不知亦能行'一语以总括之,以鼓励之。"①并特别指出,"不知亦能行"较之希腊人和宋儒之偏重玄思冥想、支离烦琐、缺乏力行冒险的勇气,更为健康无弊,更有近代精神。

从贺麟对"知难行易"的两条绎理的分析,可以看出,贺麟不仅在学理上,而且在人心上发挥孙文学说。即不但在哲学上指出真知必能行,要人们努力突破知的难关,而且在心理建设方面指出,知难行易说更包含不计成败利钝、试验探索、信仰、冒险种种精神,要人们切实去行。贺麟在用孙文学说的材料发挥自己的心学思想。他的发挥,突出的是理性、力行,仍是知行合一。并处处表现出融合中西哲学的长处,在知行方面创设出一种新的理论学说的努力。

四、"知难行易"说与"知行合一"说的关系

贺麟论知行问题,是从斯宾诺莎的身心平行论和王阳明的知行并重出发,而强调黑格尔的知行合一基础上的知为主、为重、为先。即从知行合一出发,突出知难行易、知先行后、知主行从,再以知行合一告终。在"知行合一"和"知难行易"二说中,知行合一是基础,也是知难行易说的归宿,贺麟说:"知难行易说应以知行合一说为基础,不然则理论不坚实;知难行易说应以知行合一说为归宿,不然则理论不透彻。"这是他对两说关系的根本看法。

根据这一根本观点,贺麟指出,知难行易说与知行合一说并非根本不相容,而是可以融通的。譬如孙中山之反对知行合一,贺麟解释说,孙中山反对的是知行同时入手,知行同等强调,并非主张知行二者可以脱节,可以知

---

① 贺麟:《五十年来的中国哲学》,辽宁教育出版社 1989 年版,第 187 页。

而不行或行而不知。孙中山曾明确说,他初以阳明知行合一之说鼓励同仁,可是久而久之,终觉奋勉之气不胜畏难之心,乃废然而返,专从事于知难行易之教。可见,知难行易是为行而不知故行亦难持久之病补偏救弊,是专为消除中国人心中的"知易行难"的旧说而提出的。知难行易是知行合一基础上的知难行易,是不废"知易行难"旧说中的"行"而高揭"知难"一面的。就如王阳明之觉到知行合一之不合用而高揭"致良知"之教一样。但"致良知"三字宗旨是包括知行合一的,因为致良知之"良知"即"知","致"字即是"行"字。提致良知则强调从"行"字入手。因"知"字是人的天赋本能,不用强调自有强固地位。"知行合一"无从下手,而"致良知"则当下即有着力处。此即黄宗羲说的"自从姚江指点出良知人人现在,一反观而自得,便人人有个作圣之路"①。故孙中山之知难行易,是包括知行合一,在知行合一基础上的知难行易。孙中山之知难行易实为在王阳明之知行合一上再下一转语,非根本反对知行合一。如果丢开孙中山高揭"知难行易"的特定目的、良苦用心,从知行本身之难易说,贺麟主张二者殊难分高下。他说:

> 依知行合一的说法,知行应同其难易。盖知与行既然合一而不可分,则知难行亦难,知易行亦易。知仁政难,致仁之良知,推不忍之心于天下,亦难。有科学知识难,作科学实验之行,亦难。好好色、恶恶臭之行易,知好色知恶臭之知,亦易。②

况且知与行的绝对界线亦甚难划定。故知难行易说须以知行合一说为基础,否则理论不坚实。如欲认知逻辑上的在先性,也须是知行合一基础上的为主、为重、为先。此贺麟在知行问题上的根本见解并屡屡昭示我们的。

贺麟并认为,孙中山本近代科学分工专职的原则反对知行合于一人之身是有道理的。因为在现代科学时代,知者不必自行,行者不必自知,人司一职犹恐不能尽善,故不能兼及其他。中国传统有所谓立德、立功、立言"三不朽"之说,而且中国历史上确有一身兼三不朽之人,如诸葛亮等。但在现代社会中,一身兼三不朽之人甚为难得,而且也不必要。分工合作,各司其职是现代职业特点。所以知行合一于一人之身不合乎现代社会分工原则。不过贺麟也指出,以知行兼于一身来理解知行合一的人虽相当多,但王

---

① (明)黄宗羲编著:《明儒学案》,中华书局1985年版,第179页。
② 贺麟:《五十年来的中国哲学》,辽宁教育出版社1989年版,第191页。

阳明的知行合一却不是教人知行合于一身,而是教人知行合于一时。他的本意是提倡即知即行,纠正知而不行的"悬空思索"和行而不知的"冥行妄作"两种弊病,非欲集理论家与实行家于一身。贺麟认为,王阳明知行合一的要旨在一个"诚"字。不诚无物,无论知或行,均不可不有诚意。如一个理论家本"修辞立其诚"之意提出学说,自己深信不疑并身体力行,这就是"诚"。而"诚"字若按宋明理学家的形上发挥,"诚"字即是知行合一。所谓"本心即知,不欺本心即行","本心"、"不欺",皆诚。可见贺麟的本意在强调"知难行易说与知行合一说不惟不冲突,而且互相发明"①。

此外,贺麟认为,"知难行易"的绎理"能知必能行"亦即知行必能合一之意:真知必能见诸实行,反之,不能行由于未知,正反两面皆归于知行合一。能知与能行合一,不能知与不能行合一,便是斯宾诺莎知识方面陷于愚昧,则行为方面沦为奴隶;知的方面只是些糊涂的经验、混淆的观念,行的方面便是情欲的奴隶;所知不出臆想与意见,所行便矛盾无常;若知的方面知人知物,则行的方面便自主自由之意。而"不知亦能行",若加以善意的了解,不以辞害义,则亦在鼓励冒险力行,亦即"以行而求知,因知以进行"之意。最后归宿亦在知行合一。所以贺麟认为,孙中山的学说实本王阳明"知行合一"之说而发挥为"知难行易",两说并非矛盾不可融通。

贺麟力辩"知行合一"与"知难行易"理论上的一致性,但他也指出二者所谓"知"、"行"在实际内容上的不同。这是由于王阳明和孙中山所处时代不同,同一个概念的真实内容便不同。贺麟说:"阳明之讲知行合一,着重在讲个人正心诚意,道德修养的成分居多。中山先生之知行合一说,则扩大来通论一切学术文化、革命事业上之知行合一。"②阳明之"知"在知"天理",之"行"在行"天理";而所谓天理即道德原则。此道德原则既表现为心中之理,也表现为宇宙之理,此阳明所谓"良知即天理"、"心即天"。孙中山先生所谓知,主要是知自然事物的规律,现代科学知识,如他所举十事中"化学结构"、"生理学"、"经济学、银行学、货币学"、"物理学"、"工程设计",等等。行即获得这些知识、运用这些知识。这个不同是中西的不同,也是古今的不同。贺麟着重提出这一点,就是要警醒人们注意中西哲学的

---

① 贺麟:《五十年来中国哲学》,辽宁教育出版社1989年版,第193页。
② 贺麟:《五十年来的中国哲学》,辽宁教育出版社1989年版,第195页。

不同点,道德与科学的悬隔处,使国人自用理智,注重工程实业、银行货币等新知识,勿以道德修养、文明礼仪自炫自限,努力赶上世界最新趋向。这是孙中山的苦心所在,也是贺麟的苦心所在。

由于注重新的科学知识的社会性,贺麟把孙中山的分工合作之意发挥为"社会的知行合一"说。孙中山尝说,王阳明知行合一之说"若于科学既发明之世,指一时代一事业而言,则甚为适当。然阳明乃合知行于一人之身,则殊不通于今日矣"①。意即知行合一不宜言一人,而宜于言一时代、一事业。贺麟解释"社会的知行合一"说:"就一社会言,就一时代言,就一事业言,知行二者亦永远合一,自然合一,必然合一。任何事业、任何时代、任何社会,其知行双方皆是合一的。"②意为,在现代社会中,有人做知的工作,有人做行的工作,而自社会角度言,自一事业角度言,则知行同时有人在做。仅有做知或仅有做行的工作,社会则不成为社会,事业不成为事业。另一个意思是,就每一时代、每一社会之知识水准与行为水准言,亦永远谐和一致。当然贺麟在"社会的知行合一"中,依然不忘知难行易之旨:"在此社会的知行合一中,知属领导指挥方面,行属附从工作方面。知优良,则行亦随之优良;知简陋,则行亦随之不竞。依此种知行合一体而观,则知的方面为主,行的方面为从,知难行易乃显而易见。"③此仍是知行合一基础上的知难行易、知主行从。而且依贺麟的意思,越是社会分工发达,科学进步,政治良好的时代,知的方面越重要。

值得提出的是,贺麟前期对毛泽东《实践论》的知行观未深研。20 世纪50 年代中期以后,他接受了《实践论》的基本立场,并对自己前期的某些观点做了反省,他说:

> 由于受了《实践论》的启示,使我试用实践作为检验真理的标准,因而明白发现了朱熹、王阳明的知行学说的缺陷,而指出他们的学说在社会实践中业已发生或可能发生的不良影响。使我敢于初步地否定并批判我素所服膺并受过影响的程朱陆王的学说。④

对于《实践论》的知行观,贺麟赞扬其不把知行割裂为二,不抽象地比较其

---

① 孙中山:《孙文学说》,载《建国方略》,辽宁人民出版社 1994 年版,第 52 页。
② 贺麟:《五十年来的中国哲学》,辽宁教育出版社 1989 年版,第 199 页。
③ 贺麟:《五十年来的中国哲学》,辽宁教育出版社 1989 年版,第 199 页。
④ 贺麟:《五十年来的中国哲学》,辽宁教育出版社 1989 年版,第 207 页。

难易,而是在实践中求理论与实践的统一;赞扬其扬弃古今一切知行学说,吸收中外一切优秀哲学遗产的方法论;赞扬其主观和客观、理论和实践、知和行的具体统一的观点。① 并认为知行问题由朱熹、王阳明、王船山、孙中山再到实践观,是一个曲折发展的过程,是一个总结。

如果对贺麟前后期讨论知行问题的文字作一对比的话,可以发现,真正代表他在知行问题上的根本意旨,代表他理论创发能力的,还是他前期的文字。前期对程朱陆王、孙中山的知行观都具同情了解的态度和自由的发挥,并有甚多新意。他对《知行合一新论》一文自己总结说:

> 此文实本书中最关重要的一篇文字,望读者特别留意,因为我觉得这篇文字似乎对于关系中国现代哲学思想和时代思潮很大的知行问题,提出了一些新的看法:第一,明白指出知难行易说与知行合一说不但不冲突,而且互相发明;第二,指出从知难行易推绎出来的"能知必能行"、"不知亦能行"两原则,较之知难行易说的本身尤为重要,尤为根本且较深于学理基础,较便于指导生活,较能表现近代精神;第三,指出由知难行易说到知行合一说的逻辑发展:知难行易说应以知行合一说为基础,不然则理论不坚实;知难行易说应以知行合一说为归宿,不然则理论不透彻。②

他的后期文字中虽然也说"无论程朱陆王、王船山、孙中山都对知行合一问题有过重要贡献",但对程朱陆王的贡献究竟在何处,不如前期文字说得显豁透彻,且顺从时代潮流,对之有言过其实的批判性文字。对王船山,他改变了前期言其为知行合一的观点,而专言其"天下惟器"和重行的方面。对孙中山和《实践论》的知行学说也未展开发挥,理论上较前期论知行的文字薄弱。所以我们有理由说,前期论知行的文字更能代表他的根本意旨和理论水平。他在知行问题上的根本观点与他的心学思想是一致的,是他整个理论的重要组成部分。

---

① 参见贺麟:《五十年来的中国哲学》,辽宁教育出版社1989年版,第208页。
② 贺麟:《五十年来的中国哲学》,辽宁教育出版社1989年版,第5页。

第五章　现代新儒家的代表

　　谁是现代新儒家的代表人物？在关于这个问题的讨论中，港台学者多举熊十力、梁漱溟、张君劢、唐君毅、牟宗三、徐复观、钱穆、方东美等，大陆学者注意的热点在熊十力、梁漱溟、冯友兰等。对于贺麟，虽有多人曾经提到，但大多认为他主要是一个西方哲学史家、黑格尔研究专家，相当多的人则主要把他看作哲学著作翻译家。本书则认为，贺麟是中国现代研究、传播西方哲学的少数大家之一，也是有自己独立的哲学思想的哲学家。而作为哲学家的贺麟比作为哲学史家、翻译家的贺麟在历史上的影响更大。贺麟的代表作《近代唯心论简释》、《文化与人生》与熊十力的《新唯识论》，梁漱溟的《东西文化及其哲学》，冯友兰的《新理学》、《新原人》同为现代新儒家的开山之作。贺麟是当之无愧的现代新儒家代表人物。

　　若把贺麟与熊十力、梁漱溟、冯友兰比较，便可发现，梁漱溟主要是一个文化学家，熊十力主要是哲学家，冯友兰与贺麟既是哲学家又是哲学史家。熊十力一生未出国门一步，他建构哲学体系的材料主要取自中国典籍：佛学、周易、王阳明、王船山；冯友兰和贺麟都在西洋留学有年，精研西方古典、现代哲学，得过学位，且有极好的中学修养。他们建构哲学体系的主要材料是东西方诸大哲的思想。熊十力的思想充满中国古典哲学的浑融、博大精深，但缺少冯、贺经过严格学院派训练所得的高度思辨和精密分析。熊十力的《新唯识论》文言文本比冯的《新理学》、贺的《近代唯心论简释》早写十六七年，但读之使人感到或早几个世纪。熊十力的哲学方法还是旧的，概念、范畴还是旧的；而冯、贺从方法到范畴都经过西方哲学陶镕，具有全新的面貌。熊十力早年奔走革命，倾全力于学术较晚，后又避寇四方，颠沛流离，又不通洋文，没有或说很少接触当时国内流行的西方哲学；冯、贺则是西方哲学专家。就冯、贺的不同而论，冯友兰主要接受了美国的新实在论，以之

融会宋明道学中的程朱理学,创建了"新理学"的哲学体系;贺麟主要接受
了黑格尔哲学、英美新黑格尔主义,以之融会宋明道学中的陆王心学,形成
"新心学"的哲学思想。从思维特点上说,冯长于逻辑推理,其著作皆精密
谨严;贺长于直觉体验,其著作皆创颖活泼。从思想渊源上说,冯专主一家,
其所得深而积之厚;贺则师从多门,其所得宽而聚之广。冯专主一家,写出
了系统的专门著作,创立了特色鲜明的"新理学"体系;贺堂庑太广,没有写
出系统的、建立体系的专著,只有思想脉络一贯、充满创发力量、但尚不足以
建构体系的多篇论文。但若不是重形式上的体系,而是重思想内容的创造
性,则贺的论文并不比冯的专著价值低多少。若把冯、贺与同是学院中人的
港台新儒家相比,则后者受政治风云影响小,其思想皆前后一贯。即有改变
也是学理上的、内发的。而前者则受政治风云影响甚大,前后思想有较大变
化。无论如何,上述诸人皆是儒家的孤臣孽子,皆是"在辛亥、五四以来的
20 世纪的中国现实和学术土壤上,强调继承发扬孔孟、程朱陆王,以之为中
国哲学或中国思想的根本精神,并以它为主体来吸收、接受和改造西方思想
和西方哲学(按熊十力在这方面较弱),以寻求当代中国社会、政治、文化等
方面现实出路"①的思想家。

一、贺麟对他所处时代的认识

　　贺麟的重要著作都发表于 20 世纪 30 年代前期至 40 年代后期这十多
年间。如何认识这一时代的特点,是他学术生活的出发点。贺麟在自述翻
译黑格尔的目的时说:"我们所处的时代,与黑格尔的时代,都是政治方面,
正当强邻压境,国内四分五裂、人心涣散颓丧的时代。学术方面,正当启蒙
运动之后。文艺方面,正当浪漫文艺运动之后,因此很有些相同。"②
　　30 年代中期,抗日战争爆发,在强敌压境、民族危亡在即时,国人需要
一种全民族认同的观念、学术,把涣散的民心凝聚起来,把必胜的信念树立

---

　　① 李泽厚:《中国现代思想史论》,东方出版社 1987 年版,第 266 页。
　　② [美]鲁一士:《黑格尔学述》,贺麟译,世纪出版集团、上海人民出版社 2012 年版,第
304 页。

起来,这就需要在中华民族的优秀文化传统中寻求维系人心的精神力量。当时的著名哲学家金岳霖把他在抗日战争中所写的重要哲学著作取名《论道》,就是为了"使这部书有中国味"。冯友兰也把他此时写的《新理学》等六部书总称为"贞元之际所著书",以志写于"贞下起元"之际。贺麟也认为,抗战时期是革故鼎新的时期,是建设民族新文化的一个极好时期,他说:"八年抗战期间不容否认地是中华民族历史上独特的一个伟大神圣的时代。在这期间内,不但高度发扬了民族的优点,而且也孕育了建国和复兴的种子。不单是革旧,而且也徙新。不单是抵抗外侮,也复启发了内藏的潜力。"①他认为,中国当时军备不如日本,国力不如日本,但中国的抗战是正义的,除了军事上的抗战以外,还有精神的抗战、道德的抗战、文化学术的抗战。这些方面,中国是胜过日本的。就道德方面言,日本失道寡助,成了正义人道的公敌,国际公法的罪人。就精神言,日本的军心、士气、民意皆不振奋。就文化学术言,日本除了崇奉武力及与武力相关的科学技术外,并无深厚的文化渊源和精神力量。日本以文化学术第三等国,而在军事上一跃而为第一等国,实是先天不足,终将酿成根本危机,自至败亡。历史上以武力横行一时而学术文化缺乏根基的民族,终不能灭亡一个有悠久历史文化的大国。贺麟指出,中国抗战建国之终将取得胜利,根本原因之一就在于中华民族有优秀的文化传统。他说:"中国之所以能复兴建国,亦因中华民族是有文化敏感、学术陶养的民族。以数千年深厚的文化基础,与外来文化接触,反可引起新生机,逐渐繁荣滋长。近数十年来,虚心努力,学习西洋新学术,接受近代化的结果,我们整个民族已再生了、觉悟了,有精神自由的要求了,已绝非任何机械的武力、外来的武力所能屈服了。所以我们现在的抗战建国运动,乃是有深厚的精神背景和普遍的学术文化的基础的抗战建国运动,不是不学无术的抗战建国。由此看来,我们抗战的最后胜利,必是文化学术的胜利;我们完成的建国,必是建筑在对于新文化新学术各方面、各部门的研究、把握、创造、发展、应用上。换言之,必将是学术的建国。必定要在世界文化学术上取得一等国的地位,我们在政治上建立一自由平等独立的一等国的企图,才算是有坚实永恒的基础。"②这里,贺麟表现了一个哲学

---

① 贺麟:《文化与人生》,商务印书馆 1988 年版,第 2 页。
② 贺麟:《文化与人生》,商务印书馆 1988 年版,第 21 页。

家的恢弘识度:抵抗外来的侵略,武力固然重要,但必须有精神、文化、道德为之植基;武力的胜利不是最后的胜利,精神、文化、道德的胜利才是最后的胜利、真正的胜利。抗战胜利后的建国,必是政治经济建设和学术文化建设齐头并进的建国。从这里,我们可以看到儒家"王道"思想对贺麟的影响,看到儒家大师王船山等在国家将亡于异族之时,以文化传统的延续者自许,以系国魂、续国命、继道统的"贞士"的自我担当精神对贺麟的影响。他根本主张,新哲学的宗旨是一切建基于理性之上、精神之上。没有精神,什么都没有;只有精神才是最稳固的基础。所以他主张,抗战建国与文化学术互相激发,共同生长,"抗战不忘学术,庶不仅是五分钟热血的抗战,而是理智支持情感、学术锻炼意志的长期抗战;学术不忘抗战,庶不致是死气沉沉的学术,而是担负民族使命,洋溢着精神力量的学术"①。

贺麟对他所处时代的另一认识是,20世纪三四十年代不应是消极破坏的时代,而应是积极建设的时代。五四时代,是一个学术上的狂飙时代。那个时代的主要任务,是在辛亥革命推翻了清王朝以后,在意识形态上扫除封建文化的遗留,以与时代的发展相适应。荡涤旧文化的洪流,自然是波涛汹涌,泥沙俱下。在这股大潮渐趋平缓之后,自不免对前此鱼龙不分的状况进行反省。所以许多五四时期十分激进的人物后来有悔艾之言。贺麟认为,五四新文化运动,是为新的文化、新的哲学的诞生扫清道路的运动,是促进新的文化建设的一大转机。后来的学者的工作,就是在这块扫清了的基地上建立起新的文化、新的哲学。他自己正处在这样一个新的建设时期。因此,他的使命不是消极的破坏,而是积极的建设。他说:"就时间言,我认为在五四运动的时候,作东西文化异同优劣之论颇合潮流需要,现在已成过去。我们现在对于文化问题的要求,已由文化迹象异同的观察辨别,进而要求建立一深彻系统的文化哲学。无文化哲学的指针,而漫作无穷的异同之辨,殊属劳而无功。"②新的文化建设,不是将传统文化弃置不顾,而要从中找寻出不可毁坏的永恒基石,在这基石上,重新建立起新的文化、新的哲学。新的文化、新的哲学是在批判地吸取中国传统文化的基础上,是在吸取世界文化宝藏的基础上进行的,它应有世界规模、世界眼光,应是世界普遍接受

---

① 贺麟:《文化与人生》,商务印书馆1988年版,第22页。
② 贺麟:《哲学及哲学史论文集》,商务印书馆1990年版,第419页。

的哲学和文化。也就是说,它既是民族的,也是世界的;而越是民族的,它就越是世界的。所以,他对胡适等人打倒孔家店的运动,一方面高度评价其扫荡旧文化的残余,为新文化奠立基石的功绩,一方面又批评它没有积极的建设。而如果只有毁坏,没有建设,外国的各种思想便会乘机涌入,失掉了中国自己的文化学术的学术界,只能是外国思想的倾销场,中国人只能稗贩外来文化,做外国文化的奴隶。所以,文化建设至关重要。贺麟还认为,中国是个有五千年文明的古国,文化传统源远流长。国运昌隆时有文化辅国命,国势衰弱时有孤臣孽子救文化,绝不会有学绝道丧之一日。他对于新的文化建设提出这样的方针:

> 我们不能墨守传统的成法,也不能一味抄袭西洋的方式,必须自求新知,自用思想,日新不已地调整身心,以解答我们的问题,应付我们的危机。哲学知识或思想,不是空虚玄远的幻想,不是太平盛世的点缀,不是博取科第的工具,不是个人智巧的卖弄,而是应付并调整个人以及民族生活上、文化上、精神上的危机和矛盾的利器。哲学的知识和思想因此便是一种实际力量,一种改革生活、思想和文化的实际力量。①

如果说,五四运动对于国人是新文化的启蒙时期的话,30 年代中期以后,可以说已到了思想文化建设的后启蒙期了。启蒙时期的扫荡必须有后启蒙时期的创造来补充;启蒙时期播下的种子后启蒙时期必须开花结果。而这些都必须通过对中国传统文化的发展、改造,对西洋文化的选择和吸收来达到。

二、儒家思想的新开展

台湾著名学者韦政通说:"必须从单一传统的文化约束中跳出来,以世界文化为背景,了解中国文化的当前处境。具备这样的胸襟和眼光,才可能为中国文化寻找出路;只有认识到这一点,才能知道当代中国文化的问题,不只是复兴儒家的问题,而是中国人自觉地要求文化有创造性的转变。在

---

① 贺麟:《五十年来的中国哲学》,辽宁教育出版社 1989 年版,第 1 页。

创新的过程中,要从旧的社会结构发展出新的社会结构,要使旧的价值体系经由知识的考验重新做适当的调整。从事文化思想的工作者努力的目标,应该殚心竭力,俾有助于这一创新过程的完成。"①这是他对儒家的现实出路指出的方向,也是为担当中国文化传统的学者提出的要求。在他指出这一点之前三十多年,贺麟就在 1941 年发表的重要论文《儒家思想的新开展》里,提出了发展儒家思想的一整套主张及实现这套主张的具体途径。

(一)民族文化的复兴就是儒家文化的复兴

贺麟认为,中国的抗战,是民族复兴的契机。民族复兴,不仅是抵抗外族侵略,争民族独立、自由,民族复兴本质上应该是民族文化的复兴。民族文化的复兴,其主要潮流、根本成分就是儒家思想、儒家文化的复兴。假如儒家思想没有新的前途、新的发展,则中华民族、民族文化就不会有新的前途、新的发展。也就是说,儒家思想的命运,是与民族的前途、命运、盛衰消长同一而不可分的。在贺麟看来,儒家文化是中国传统文化的代名词。先秦时代百家争鸣的各家,在长期的历史变迁中,都慢慢地被儒家吸收了。儒家是最能代表中华文化、最少弊病、统合能力最强、最适合工业社会的思想流派。儒家思想最古老,但它可以在发展、转化中适应新的精神需要和文化环境,成为历史最久而面貌最新的思想。在贺麟眼里,儒家文化与现代文化之间绝非不可融通,绝非只有剑拔弩张的对垒。古老的儒家文化,可以经过创造性转化,成为最新的思想。儒家文化不是一具该放进博物馆徒供人凭吊的僵尸,而是活跃于人们的思想言论、立身行事的现实活动之中的有生命的东西。他说:

> 我确切看到,无论政治、社会、学术、文化各个方面,大家都在那里争取建设新儒家思想,争取发挥新儒家思想。在生活方面,为人处世的态度,立身行己的准则,大家也莫不在那里争取完成一个新儒家的人格。大多数的人,具有儒家思想而不自知,不能自觉地发挥出来。有许多人,表面上好像在反对儒家思想,而骨子里正代表了儒家思想,实际

---

① 韦政通:《儒家与现代中国》,上海人民出版社 1990 年版,第 197 页。

上反促进了儒家思想。①

他是在以一个学者的敏锐眼光,透过表面现象,观察渗透在中国人思想习惯、行为规范、礼仪风俗等之中的儒家思想。他不像全盘西化论者那样,把中国近百年来落后挨打的账都算在儒家身上;也不像保存国粹论者那样,认为儒家思想不经过创造性转换就能继续做中国人思想意志的指导。他是以一个冷静的学者,通过文化的深层含蕴,去体验黑格尔"凡是现实的都是合理的"这句名言。在他看来,在思想和文化范围里,现代绝不可以和古代脱节。文化历史尽管有外部的侵入和内部的崩解,但绝不会失去其连续性。任何一个现代新思想,如果与过去的文化完全没有关系,便有如无源之水、无本之木,绝不能源远流长,根深蒂固。所以他不是浮华叫嚣打倒传统,而是护持、养育、发展传统,从传统中挖掘好的、对现代有用的东西,用从西方学来的先进的东西去调和、补充它。他根据对现代中国的文化动向和思想趋势的观察,预言"儒家思想的新开展,就是中国现代思潮的主潮","自觉地、正式地发挥新儒家思想,蔚成新儒家运动,只是时间早迟、学力充分不充分的问题"。②

贺麟对于政治、经济、军事和文化的关系,有一个根深蒂固的观念:思想文化为体,政治、经济、军事为用。中国自鸦片战争以来政治上、军事上的国耻,都可以说是文化上的国耻;中国近百年来的危机,可以说是文化的危机。中国只要文化赶上了西方发达国家,政治、经济、军事也就自然地赶上了西方发达国家。中国文化和西方文化不是地域上的不同,而是时间上的不同。只要假以时日,中国文化经过创造性的转换,是能够赶上和超过西方文化的。五四新文化运动就提供了这样一个创造性转换的契机。表面上,五四新文化运动是一个打倒孔家店、推翻儒家思想的运动,但它对于儒家思想的新开展实大有功,这个功绩超过洋务运动时曾国藩、张之洞对儒家思想的提倡。曾、张的提倡是在清朝后期,还没有经过辛亥革命,那时儒家思想还是与封建皇权、与宗法制度相适应的。五四新文化运动是在皇权推翻之后、社会制度和社会生活发生了根本改变之后对旧思想旧观念的扫荡、新思想新观念的启蒙。曾国藩等对儒家思想的倡导只是旧的儒家思想的回光返照,

---

① 贺麟:《文化与人生》,商务印书馆 1988 年版,第 4 页。
② 贺麟:《文化与人生》,商务印书馆 1988 年版,第 4 页。

是其最后的表现与挣扎。这正是五四新文化运动所要批判打倒的对象。所以，"五四新文化运动打倒的是儒家思想中僵化的躯壳、形式末节，它并没有打倒孔孟的真精神、真意思、真学术，反而因其洗刷扫除的工夫，使得孔孟程朱的真面目更加显露出来"①。

（二）新道德的动向

贺麟同意胡适打倒孔家店的两点战略：第一，解除传统道德的束缚；第二，提倡一切非儒家的思想，亦即提倡诸子之学。贺麟对此，又补充了"西洋文化的输入与把握"一点。前两点，是中国旧文化的翻新，后一点，是外来文化的吸收与融会。

中国旧文化的翻新首先是旧礼教、旧道德的翻新，因为道德是中国文化的主体。贺麟不承认有万古不变的道德教条，在他看来，道德是变动的，是更新的；它不是死的，而是活的；不是沉滞的，而是进展的；不是因循偷惰、率由旧章，而是冲突挣扎，日新不已的。他认为，对于新道德变动的方向，可以从理势两个方面来看。从理上看，是就其本身发展的逻辑，由其本性决定不得不如此的趋势看，也就是穷道德之理，通道德之变。从势上看，是从道德发展的现实趋势，从各种社会条件对理的表现方式的影响，从现实形成的各种社会思潮的综合力量来看。把这两方面合起来，就是看新道德的"理有固然，势所必至"的动向。这不是主观的猜测，不是关起门来发一通议论，而是通过仔细研究，用观察现实所得的事实材料来讲话。对于新道德的发展方向，贺麟提出了一个总括的看法：

> 道德变动的方向，大约由孤立狭隘，而趋于广博深厚。由枯燥迂拘，违反人性，而趋于发展人性，活泼有生趣。由因袭传统，束缚个性，而趋于自由解放，发展个性。由洁身自好的消极的独善，而趋于积极的社会化平民化的共善。②

这是从儒家道德对中国几千年的世教人心的影响，从五四新文化运动对旧

---

① 贺麟：《文化与人生》，商务印书馆 1988 年版，第 5 页。
② 贺麟：《哲学与哲学史论文集》，商务印书馆 1990 年版，第 355 页。

道德的抨击,从工业社会对新道德的要求几方面来考虑道德的变动方向。

贺麟斥责旧道德说:

> 那过去抱狭隘道德观念的人,太把道德当作孤立自足了。他们认为道德与知识是冲突的,知识进步,道德反而退步。他们认为道德与艺术是冲突的,欣赏自然,寄意文艺,都是玩物丧志。他们认为道德与经济是冲突的,经济繁荣的都市就是罪恶的渊薮,士愈穷困,则道德愈高尚。此外道德与法律,道德与宗教,举莫不是冲突的。中国重德治,故反对法治;中国有礼教,故反对宗教。简言之,只要有了道德,则其他文化部门皆在排斥反对之列。[1]

贺麟认为,这种观念,是理学末流抛弃了孔孟真精神,把一切知识学问、人生意趣皆看作道德修养的障碍的褊狭看法。这种看法与整个西方文化、西方近代物质文明,与希腊的科学的求知精神,与希伯来的宗教精神,与罗马的法治精神,皆是根本不相容的。这种旧观念必须变更,变更的方向是往博大深厚去,具体说来,即是:

> 从学术知识中去求开明的道德,从艺术陶养中去求具体美化的道德,从经济富裕的物质建设中去求征服自然、利用厚生的道德,从法治中去为德治建立健全的组织和机构,从道德中去为法治培植人格的、精神的基础,从宗教的精诚信仰去充实道德实践的勇气与力量,从道德的知人工夫进而为宗教阶段的知天工夫,由道德的"希贤"进而为宗教的"希天"。如是,庶道德不惟不排斥其他各文化部门,而自陷于孤立单薄,且可分工互助,各得其所,取精用宏,充实自身。[2]

就是说,道德必须学术化、艺术化,并且与经济、法治、宗教相配合。这是贺麟设想的新道德的总趋向、总纲领。

贺麟还具体地究诘旧道德之偏于枯燥迂拘违反人性的原因。他认为,旧道德一则未经过艺术的美化,亦即礼教未经过诗教的陶养,道德教条不是在具体的生动的生活中感化人于无形,不是顺适人的性灵,启迪人的良知,而是以森严的道德律令苛责人,以冷酷的是非判断教训人。这样的道德是无意趣的、说教的。不能令人积极主动地遵循,只能使人消极地规避。二则

---

① 贺麟:《哲学与哲学史论文集》,商务印书馆1990年版,第355页。
② 贺麟:《哲学与哲学史论文集》,商务印书馆1990年版,第356页。

旧道德"严于男女之大防"，男女间的交往未得新观念的调剂，往往失去天真活泼的情趣。贺麟斥责这种情况说：

> 旧道德家往往视女子为畏途。他一生的道德修养，好像可以败坏于女子的一笑。女子对于男子的道德生活，不惟不能有所促进裨益，反成为一种累赘或障碍。异性的接触、男女的恋爱所可产生的种种德性，种种美化的生活，均与道德生活不发生关系。生人的本性真情，横遭板起面孔的道德家的压抑摧残。像这样迂拘枯燥的道德，哪会有活泼的生趣！①

贺麟提出，今后新道德的趋势，首先须确证女子不是败坏道德、倾人城倾人国的妖魔，而是道德的鼓舞者，品格强弱的试金石。新时代的男子对于女子在道德上的地位，必须有一种新认识。新时代的女性，亦应该自觉其促进道德生活的使命。

贺麟还指出，中国长期的封建社会以家庭为本位的宗法制度，是旧道德的温床。处在宗法制度下的个人，受着种种陋规恶习的压迫。这种压迫，比得上西洋教会对进步人士的残害。经过新文化运动，虽然旧的家族制度日渐解体，旧礼教的束缚日渐减轻，发展个性的机会日渐增多，但由于未得新道德的熏陶，许多侈谈自由解放的人，走向狂放自私。狂放者只求自己欲望的快适与满足，而置他人于不顾。自私者只知争自己的小利，而不惜侵害他人利益。这两种人都无道德理性的内制，都借挣脱旧道德之名自遂己私。同旧礼教一样，这种狂放自私亦须得经过新道德的熏陶感化，而导入正轨。贺麟特别指出："欲达此目的，必须基于积渐的学术文化水平的提高，理性规范的有效，精神生活的充实，内心修养的深笃。"②贺麟这里反复致意的，是整个社会文化水平的提高，使有道德感、有内心裁制能力、行为受理性指导的人逐渐增多，大家都以有益的志业去追求人格的完善、精神的充实。一句话，新道德的建立并有效，必须是在国民文化水平普遍提高的基础上，舍此别无他由。

贺麟还指出，旧道德的一大缺点，就是太偏于消极的独善而忽视了积极的共善，太偏于个人的潜修而缺乏团体生活的共鸣，只知从伦常酬酢、亲友

---

① 贺麟：《哲学与哲学史论文集》，商务印书馆1990年版，第356页。
② 贺麟：《哲学与哲学史论文集》，商务印书馆1990年版，第357页。

应接上求道德实践,而不知到民间去切实服务,投入大团体,忘怀于共同生活中,养成一种勇敢无私的人格。因此,贺麟不赞同道家"往山林去"的清高的隐士生活,也不赞同传统儒家"往朝廷去"执掌政权、得志行道的仕宦生活。他赞同墨家"到民间去"的服务精神,认为这富于当下直接的实践性、富贵贫贱的一致性、群体生活的共同性。在他看来,社会的进步已经把道德修养从士君子扩展到全体国民,修养方式也不再是个人潜修、"慎独",而是在群体生活中感化于无形,在集体事业、公益事业中积渐陶养。

贺麟对于新道德的设想,完全以现代工业社会的需要为基准,以社会化平民化为特色。他所提出的改造旧道德的途径,可以概括为"从学术中去求开明的道德,从艺术中去求具体美化的道德,从群体生活中求共善的道德"。他认为经由此途径改造的道德,是新道德,也是真道德。说它新,是由于它比旧道德获得了更多的时代内容;说它真,是因为它并非仅是时间上的新,而同时是内容上的真,是合人性、合天理,是与新的社会制度、新的生活方式相适应的道德。这个新是逻辑上的新,犹如黑格尔的"正反合"之"合"。合相对于正来说,是对它的复归,但是吸收了"反"的丰富内容的复归。它相对于"正"来说,是新。但同时也是"正"所趋赴的目的、所达到的理想,故这个新也即是真。贺麟的新道德不同于五四新文化运动时的新道德。五四时的新道德是反儒家的,而贺麟的新道德不惟反对儒家旧道德,而且吸收孔孟真道德,是新与真的统一。

(三)五伦观念的新检讨

以上是贺麟改造旧道德的总体设想,下面我们考察他对五伦观念的分析,看他如何具体地改造旧道德,如何"从旧道德的破瓦颓垣中寻找不可毁坏的永恒的基石"。

五伦观念是支配中国人的道德生活最有力量的传统观念之一,是传统礼教的核心。一般人认为它是儒家学说中最可诟病的部分,其中绝无现代人所能继承的东西。贺麟以其深厚的中西学术素养,用逻辑分析方法,对它进行了颇有新意的检讨。贺麟首先从方法论上对自己的检讨作了界定,这就是第一,只根据其本质,不从表面或枝节处立论;第二,不从实用的观点,讨论五伦观念在历史上的功过；第三，不能因为历史上对五伦观念的实行有误，便说五伦观念本身是错的；第四，不能以经济状况、生产方式的变迁，作为推翻五伦说的证据，因为五伦观念包含有各种经济状况社会方式共同适用的成分。就是说，贺麟对五伦观念的分析，是纯"本体论"的，是纯就五伦观念本身，绅绎出它的逻辑含蕴，它的自然结果。

贺麟分析五伦观念的本质，认为它包含四层要义：其一，五伦是五种人伦或五种人与人之间的关系。对五伦观念的注重，表明对人和人关系的注重。人和人的关系是伦理关系，中国传统文化特别注重伦理价值。在世界几大文化类型中，希腊人注重自然，故希腊人注重科学价值和审美价值。希伯来人注重神，故注重宗教价值。中国儒家注重人伦，故注重道德价值。中国人应保持注重道德的特点，但不要忽略科学价值和宗教价值。

其二，五伦即五常伦，即君臣、父子、夫妇、兄弟、朋友间的关系。君臣是政治关系，父子、夫妇、兄弟是家庭关系，朋友是社会关系。这几种关系是人在任何时候都不能逃避也无法逃避的。儒家注重五伦，就是反对人脱离政治生活、社会生活、家庭生活。杨朱"为我"，反对人尽政治的、社会的、家庭的责任，故遭到儒家的排拒。儒家注重家庭、朋友、上下级间的正常关系，是有其道德上、政治上的根据的，不可厚非。但不能把这些关系教条化，也不能看得太机械、太呆板，以至于损害非人伦的、超社会的种种文化价值。办法是减少五常伦的权威性、褊狭性，力求其开明。

其三，五伦包含等差之爱，即君臣、父子、夫妇、兄弟、朋友之间各有其维系相互关系的准则，就其对主体的关系言，这些准则的价值有差等。如儒家"亲亲，仁民，爱物"就有等差之爱的意思在内。贺麟对于等差之爱给了心理学的解释："爱有差等，乃是普遍的心理事实，也是自然的正常的情绪，用不着用道德的理论、礼教的权威加以提倡。"①就是说，它是本然的事实，不是教育的产物，也即王阳明所说"良知上自然的条理"。人应该顺着这个心理本然。所有"爱无差等"的说法，都是矫情安排。从等差之爱出发，自然反对非等差之爱。非等差之爱约有三种：(一)兼爱：不分贵贱亲疏，一律平等地爱；(二)专爱：专爱自己和心爱之物，不及其他；(三)躐等之爱：不由自己爱亲之心推及他人。贺麟认为，儒家的等差之爱是平正无偏的，基督教的

---

① 贺麟：《哲学与哲学史论文集》，商务印书馆1990年版，第364页。

普爱则无心理基础。"万物一体"并非不讲差等,而是等差之爱善推的结果,是儒家道德修养达到极致所有的精神境界,与等差之爱并不矛盾。而执着于等差之爱,不理解孟子善推之意,也不能养成近代社会的宽容态度。

其四,五伦观念必发展为"三纲"说。贺麟指出:

> 站在自由解放的思想运动的立场去攻击三纲,说三纲如何束缚个性、阻碍进步,如何不合理、不合时代需要等等,都是很自然的事。但是要用哲学观点,站在客观的文化史、思想史的立场去说明三纲发生的必然性及其真意义所在,就比较难了。①

他认为,如果站在哲学立场,就可以发现五伦说发展到三纲说的逻辑必然性。第一,由五伦说的相对关系必进到三纲说的绝对关系。五伦说是相对的,如君臣关系,君不君则臣可以不臣;君视臣如草芥,臣视君如寇仇,臣以君待己的态度决定己待君的态度。就是说,君不尽君道,则臣可以不尽臣道;父不尽父道,子便可以不尽子道。这种关系是相对的、无常的,容易陷入循环报复的圈子。这样的人伦关系还是不稳定的,还是利益关系。三纲说是要补救相对关系的不稳定,进而要求一方绝对遵守其位分,履行自己的义务,不以对方的态度为转移。如父子关系,不管父是不是慈,子皆应该孝,这是绝对的、无条件的。第二,由五伦进展为三纲,包含有由五常伦(父子有亲、君臣有义等)进展为五常德(仁、义、礼、智、信)之意。五常伦是现实的关系,而五常德是理想的关系;五常伦是就双方说,五常德是由单方面说:不管对方如何,自己总按五常德要求的去做。五常德即行为所止的界限,即柏拉图所谓理念,康德所谓不顾一切经验中的偶然情况而必须遵守的无上命令、绝对命令。这种常德观也就是"正其谊不谋其利,明其道不计其功"。不论对方如何,我总是绝对守自己的位分,履行自己的常德,尽自己的义务,不随环境变易,不为对方转移。这就由人对人的关系,转变为人对理、人对位分、人对常德的片面的绝对的关系。如忠君,完全是对名分、对理念尽忠,不是做暴君个人的奴隶。又如政治家之忠于信念,身受迫害而不改初志;学问家忠于真理,举世非之而持守不渝;革命志士忠于人民,身首异处而不丧气节等。这都是尽自己之忠,践自己之德,绝不以利益为转移。

以上贺麟对五伦观念的检讨,表现出他对传统观念的掘发能力和思想

---

① 贺麟:《哲学与哲学史论文集》,商务印书馆1990年版,第368页。

方法的某些特点。他善于从一般人以为僵死的东西中发现有生命力的、活的东西。他的视野是广阔的,不限于一时一地,而注意其中有普遍性的、必然性的东西。他对事物的分析,遵循"有我、有渊源、吸收西洋思想"的原则,这在前期著作中尤其突出。在思想方法上,它喜欢由事及理,把经验的东西安放在理性的基石上,由理念解释经验,由理一及于分殊;既有直觉方法的敏锐、宏阔,又有理性方法的细密和深邃。他对五伦观念的分析,充分表现了这一点。

三、以诸子之长补充儒家

对传统观念作新解,是在新旧之间作结合性思考;以诸子之长补充儒家,是在不同的思想间作结合性思考。贺麟同意胡适"提倡一切非儒家思想"的观点,但他不是以诸子代替儒家,而是以诸子之长来补充儒家,以使新的儒家思想容纳尽可能多的传统文化中有价值的成分,使它能适合现代社会对多种价值的需求。他主张"提倡诸子哲学,正是改造儒家哲学的先驱。用诸子来发挥孔孟,发挥孔孟以吸取诸子的长处,因而形成新的儒家思想"①。这是他察识了儒家思想的弊病,特别在抗战期间受异族入侵,民生多艰的刺激,痛感中国文化传统失坠的危机之后发出的由衷之言。

(一) 墨　家

墨家最突出的是它汲汲救世的精神和功利主义,贺麟把这两点作为新的儒家思想向墨家吸取的最主要之点。

儒家的最大贡献就是提出了人之所以为人的本质,提出了人对宇宙和社会应负的责任,提出了人格理想和达到此人格理想的途径。但儒家这些对人类有益的贡献,主要是从学者的立场,从士君子个人道德修养的角度提

---

① 贺麟:《文化与人生》,商务印书馆 1988 年版,第 6 页。

出的。虽然儒家注重入世,注重"不离日用常行内,直造先天未画前"(王阳明语)的日常修养,但仍带有很浓的个体性和孤高的特点。贺麟所指斥的旧道德的孤立狭隘、枯燥迂拘诸缺点,皆是由此生出的。要克服这些弱点,必须吸收墨家的长处。墨家为推行其兼爱交利的主张,栖栖遑遑,上说下教,时人谓"孔席不暇暖,墨突不暇黔"。墨家的创始人、第一位"巨子"墨翟曾为止楚攻宋,兼程十日夜至前线。《庄子·天下》篇说墨家"其生也勤,其死也薄,其道大觳",但对其汲汲救世的精神大加褒扬。贺麟认为,个人潜修不如教化大众,个人独善不如全民共善。为了全民族道德水平的提高,必须有一批人到民间去服务。在现代工业社会中,平民化、社会化是其特点,大量的工作在民间。儒家欲在现代社会中得到发展,必须改变个人潜修,投入平民教育中去。他说:

> 要确实见得置身贫民窟、工厂、农村中去服务,比安处所谓高人山林的幽居,更富有可歌可泣的诗意;比出入阔佬们的朱门大厦,更可顾盼自雄。要确实见得扶助救治肮脏的褴褛的痛苦呻吟的贫民,远比那玩花赏月、吟诗酌酒,更来得清高风雅;远比那与军人要员周旋,与外国贵宾应接,更来得尊荣华贵。简言之,要确实见得穷而在野,可以比做官显达更能做服务社会兼善天下的工作,则道德生活庶可渐渐走上近代的社会化、平民化的路向。①

这里贺麟显然是把社会的进步、人民生活的改善,寄托在平民的道德水平、文化水平的提高上,寄托在社会福利、社会救济等机构的改善上。他把出入高门投机钻营的政客,吟风弄月孤芳自赏的隐君子,统统看作封建社会的遗老遗少的作风,与现代平民化大众化的社会格格不入。

贺麟并且指出,先秦儒家并不像宋明儒那样做潜修工夫。孔子以"老安少怀"为理想,一生大部分时间为推行其政治理想而奔走,同时教授生徒以实现自己的抱负,四处碰壁而不稍退却。只是在道不行言不用的情况下,晚年才退回书斋,删《诗》、《书》,定《礼》、《乐》。这种生活较之宋明儒要健康活泼有生趣得多。这完全与墨家同一精神。吸收墨家汲汲救世到民间去的精神,实际上是恢复先秦儒家健康有生趣的生活。

贺麟复认为,墨子摩顶放踵以利天下,有突出的功利主义特点。儒家太

---

① 贺麟:《哲学与哲学史论文集》,商务印书馆1990年版,第358页。

偏于身心性命之学以至士君子以空谈性理相尚相高,轻视实际功利。久而久之,形成以功利为末务,以兵农刑谷微不足道,以工商为贱业的风气。这样的认识,是病态的认识;这样的社会,是病态的社会。必须要纠正中国传统排斥功利的不健康的价值观,回到健康的、精神修养和事功并重的道路上去。

对于一些流行的观点,贺麟也作了分析。有人认为西方文化是功利主义文化,西方人的人生观是功利主义人生观,而东方文化是反功利的、道德性的文化。东西方文化就是功利主义和非功利主义的差别。贺麟认为,对于东西文化,要作具体分析;对于功利主义,也要作具体分析,不能一概而论。他给功利主义下了一个定义:"什么是功利主义? 概括讲来,功利主义是把在实际上可感到、可得到的事物认作有价值,并认其为生活目的的学说。"[1]贺麟把功利主义分为两种,一是旧式的功利主义,或个人的功利主义,所求者为个人的幸福、财富、名誉、权利。如好大喜功的君主,以封侯拜相为目的的才智之士等,均归于旧式的功利主义。二是边沁、穆勒的社会功利主义,所求为"最大多数人的最大幸福"。有人批评旧式功利主义终日向外驰逐,无有在自己身上做工夫的时候,他们的欲望永远得不到满足;而非功利主义者当下即得满足,可以无入而不自得。贺麟对于这种批评然否参半,认为,功利主义者并非贪得无厌,永无满足时,也并非没有心灵的愉悦。非功利主义者标榜的当下满足,容易陷入名士风流式的当下满足,如魏晋清谈家然。魏晋时此种人生态度最盛,而国势亦最弱。当急功近利、好大喜功式的功利主义盛行时,则正是个性伸展、国力强盛时,如战国、汉唐。这是与肯定人的自然欲望,肯定人的功利追求的健康态度大有关系的。对旧式功利主义的这种批评,是把功利主义和非功利主义机械地对立起来,不知两者是可以互相调和,相反相成的。不过,贺麟认为,旧式的功利主义必须过渡到社会功利主义。因为近代工业社会的突出特点是平民化和社会化,就是"求最大多数人的最大幸福"。这和墨家的社会理想相近。社会功利主义以满足个人的功利愿望始,以满足全社会的功利愿望终。用中国的话说,就是以杨朱的"为我"为出发点,以墨子的兼爱为归宿。这正是贺麟所主张的。他认为最健全的人生态度,就是功利和非功利的结合,他所要力倡革除

---

[1]　贺麟:《文化与人生》,商务印书馆 1988 年版,第 206 页。

的,是宋儒"无事袖手谈心性,临危一死报君恩"的态度。他所倡导的,是先秦儒家道德和功利并重,既有至大至刚的精神境界,又有博施济众的功业的人物。他希望用墨家的复兴来改造宋儒鄙视功利的倾向。他曾惋惜说:"可惜墨家一系在中国断绝了几千年,今后时代潮流的需要,西洋基督教宗教精神和富于社会理想的功利主义的介绍和输入,当可促进墨家一派的复兴。"①

贺麟大声疾呼提倡功利主义,实际上是对宋儒鄙视功利积重难返的局面的痛惜。从根本上说,他主张道德和功利的主从关系、体用关系。即道德为体,功利为用;道德为主,功利为从。功利不是人生的目的,而是行为合乎正义的结果、副产,或达到某种道德目的的工具或手段。社会功利主义也不外乎此。

从这里可以看出,贺麟仍未脱儒家道德主体论的窠臼,他还是把道德修养放在比外在功业更高的位置上,把功利看作道德行为的结果和副产。实际上他还有王阳明道德修养好了,知识才力就在其中了,道德自能生发出功业的思想。这是陆王心学以内圣开外王的基本精神。这一点对贺麟是有影响的。

从哲学上说,贺麟素不喜二元论,对一切哲学问题,他都非追至一元论不能止,非放在一元论的基地上不算安稳。在身心关系上,他继承了斯宾诺莎的身心平行论,但又以康德改造之,最终得出心为体,身为用的结论。在知行关系上,他主张知行合一,但最终得出知为体、行为用,知为主、行为从,以知统行的结论。在道德修养和功业的关系上,他也最终走到以道德统功业的老路上去。这正是他改造儒家又不损害儒家的基本精神,补充儒家又不掩蔽儒家的思想特点的鲜明体现。

(二) 道　家

贺麟在论及中西哲学的主要派别时说到,中国哲学主要是儒、道、墨三家,其他各家不过是这三家的分支、附庸、混合。道家的特点,突出的是宇宙

---

① 贺麟:《哲学与哲学史论文集》,商务印书馆 1990 年版,第 128 页。

观上的自然论，人生观上的无为论，生活态度上的超脱、高洁。贺麟认为，道家的这些特点，正好可以从另一个侧面补儒家之不足。儒家思想欲得发展，必须吸收、融合道家的这些方面。

儒家要吸取道家的首要之处在道家不以生死介怀，不以荣辱得失丧其心，而以精神生活的高洁、生命元气的洋溢为终生追求的目标这一点。道家重自然，这个自然既是自然界，又是"自然而然"，这两者其实是一回事。道家对于中国文化的贡献，就在于对人类生活于其中的大自然，有超出其他各家的觉解。人是自然的一部分，人要了解自己的本质，就非得认识自然不可。但人整天在人的圈子里活动，反而不能对人生有真正的认识。席勒有一句诗说："人生反而把人生掩蔽住了"，正是要人超出人的圈子，到一个更广阔的背景下，用一种更通脱的眼光观认人生。道家教人回到自然，就是提供了这样一种更广阔的看人生的方法。道家对文明社会的种种弊病的批评，对人执着于人生，居高不下，因而斫丧了自己的本性的批评，眼光高出墨、法各家之上。儒家的路向是到朝廷做官，得志行道，治国平天下。如果执着于此，不知反观自己的自然本性，则易陷入"不知为己"的境地。道家以山林为归宿，故多诗人、艺术家、隐君子。这些人大多看透了人世的虚伪险诈，官场的污浊贪墨，对政治厌恶，对人生失望，而思返回纯朴的自然，过无拘无束、清淡闲适的山林生活。不受政令的纷扰，不受礼教的束缚。这虽有些消极，但实是对当时污浊不合理的社会的一种反抗。贺麟说："这种古典的高人隐君子式的有巢由余风的利己主义者，的确可以多少救治一些社会上的政治上的贪污、奔竞、无耻的风气，可以多少使得那些损人利己的恶人，感得自惭形秽。"①道家接近山林，可以使人的精神保持朴茂的元气，时时新鲜活泼，使人的体格，时时健旺强壮。接近自然可以医治文明社会的好些病态，如疯狂、虚伪、狡诈等，松弛在激烈竞争场中高度紧张的神经。酌酒吟诗，莳花弄草，无炙手可热的气焰，无心劳日拙的病瘵。当然山林生活不是道家的专利，但道家无疑非常侧重这个方面，致使儒家学者兴"天下好山林几被僧道占尽"之叹。

贺麟认为，自然是本体，也是全体，人必须返本归真，人的精神与大自然合一，是人最后的安顿，否则就如孤萍飘零，永无归期。贺麟把这种与自然

---

① 贺麟：《文化与人生》，商务印书馆 1988 年版，第 203 页。

的合一,叫作"率自然"。"率自然"实际是儒家所谓"率性之谓道"和道家所谓"道法自然"的合一。照儒家说,道是宇宙根本法则,也是宇宙大化流行,道的内容便是"天行健"、"生生"、"日新"。人、物皆按天命之性生长发育,此之谓"率性"。而道家的道便是"自然无为"。贺麟这里取儒家的形式:"率性",取道家的内容:无为。他说:"这一种对自然的看法,似乎比较有深远的哲学意义,可以增加我们对宇宙的识度,使我们归真返朴,胸怀洒落开朗。一方面不执着于小我,一方面又能实现真我。"①

贺麟也提出了与自然合一的精神步骤。他把人与自然的关系分成三个阶段:第一阶段是主客不分的阶段,这个阶段中的人无自我意识,也无在人之外与人相对的自然的意识,人与自然没有区别,人在自然中不识不知地凭本能生活。第二阶段,自然与人生互不相干,互相分离,自然是外在的,人生是内在的;自然是冥顽的、物质的,人生是灵明的、精神的。人不能从自然中求教训,自然也无补人的精神生活的提高。不过在某种意义下,人生与自然的对立,是人类一大进步,因为人有了一个努力征服、自求发展的对象。在设置对象、征服对象的过程中发展,是人作为精神主体的一大特点。第三阶段,人与自然合一,自我在解除自然与人生的对立中得到发展,自然成为精神化的自然,人生成为自然化的人生;自然建筑在人生上,人生包蕴在自然里。这种合一,是人类对于自然的精神征服,也可以说是人类将自然提高、升华后达到的境界。这种境界,是美学境界。在这种境界中,自然是人类精神的象征,自然是人类内心宝藏外在的记号,人的精神生活在自然中找到了知音,如清高的人爱莲,孤介的人爱菊,智者爱水,仁者爱山。自然事物成了人寄意咏怀的对象。这样的自然物,是具体的、有机的、美化的、神圣的,可以发人兴会,欣人耳目,启人心智,慰人灵魂。

贺麟这里论人与自然合一的三个阶段,是援用了黑格尔逻辑学中绝对精神的自觉所经过的三个阶段。他的根本目的,是要合儒道两家之长,而纠两家之偏。他虽然对道家全性保真,返归自然这个方面有许多赞扬的话,对道家诗人、艺术家的高洁生活表示向往,但终嫌其太消极、山林气太重。道家若无儒家的调和,则是谦退的、懦弱的、自私的;道家若无儒家积极入世的、主体性的生活补充,则陷于知内不知外、知天不知人、知山林不知庙堂的

① 贺麟:《文化与人生》,商务印书馆1988年版,第121页。

一偏。贺麟理想的,是有为和无为、进取和退守、自然和人为、损与益,理与欲的调和。这就是现代新儒家的理想。这种调和并不是儒道两家平分秋色,而是以儒家为主体,以道家为补充。所以他既赞扬道家超脱尘世,忘怀物外,又批评它"离开人生而相忘于自然,一往而不知返"。实际上他心目中的理想人格,是孔子的既有"浴沂风雩"的意趣,又有博施济众的切实作为;既"胸次悠然,直与天地万物上下同流",又席不暇暖,汲汲行道。他认为孔子的态度和所取的途径最平正无偏。

这里应该提到贺麟对杨朱的看法。他指出,道家杨朱一派放纵人的自然欲望,不加抑制的主张,可以矫治儒家末流压抑人的自然欲望,戕害人的物质本性的做法。因此,对历来遭人诟病的杨朱应进行新的评价。历来多指斥杨朱"拔一毛而利天下不为"是极端利己主义,如果加以同情的理解,杨朱的"为我"实际上是"利己无损于人"。严格说来,利己无损于人不能算作利己主义,只有损人利己,才是真正的利己主义,才是应大加挞伐的。他说:"依我们用现代的眼光看来,对于'为我'的杨朱,我们似乎应予以相当的谅解和嘉许,而团结起来,集中力量,以对损人利己的恶人发起总攻击。"①就是说,只要不是损人的利己,就是合理的利己、正当的利己。贺麟认为,近代伦理思想有了一个大的转变,早已超出了古代僧侣式的灭人欲,存天理,而趋于一方面求人欲与天理的调和、公与私的共济,另一方面进一步设法借人欲以行天理,借自私以行大公。近代的伦理思想似乎有为合理的利己主义立法律保障,求其公开化、合法化的趋势。这里,贺麟所理解的杨朱,已经是近代资本主义精神浸染过的杨朱;"拔一毛而利天下不为"的杨朱,已经是个人私有财产、合法权益不受侵犯的杨朱。贺麟对道家杨朱加以新的解释,新的评价,就是要使新儒家思想中,容纳合理利己主义的内容,使古代士君子"不欺暗室"、"慎独"的修身工夫,变为现代人宽容自己,亦宽容别人;重视道德,更重视法律的风气。使工业社会的知识分子,脱离个人潜修,满足合理的欲望,在宽松的社会氛围中达到个人利益和社会利益、道德和法律的调谐。这与他对社会功利主义的赞扬同一精神。

儒道是中国传统文化中最大的两家。墨家在战国时虽为显学,但在秦以后中绝了。道家成为中国文化的主干之一,历来起着补充儒家文化、中和

---

① 贺麟:《文化与人生》,商务印书馆1988年版,第202页。

儒家文化的作用。经过贺麟解释的道家,已经摒弃了其中的迷信、妖妄成分,着重在其高洁的艺术化的生活对官场的贪污奔竞之风的矫治方面,在自然的宏大精纯对世俗的卑琐萎靡的纠正方面,在山林的洁净清新对都市的污浊喧闹的调节方面。这可以看作现代的人在病态社会压抑下对自然这块清新质朴的"净土"的向往。

(三) 法　家

法家是诸子中重要的一家。法家的特点在于以严刑峻法、信赏必罚为治国的根本,斥仁义道德、政教礼乐为不急之务,主张以武力统一全国。

总的说,贺麟对法家持否定态度,他说:"法家主张由政府或统治者颁布苛虐的法令,厉行严刑峻法,以满足霸王武力征服的野心。它是刻薄寡恩、急功近利、无情无义的。现代法西斯主义的独裁,即是基于申韩式的法治。这只能满足霸王一时的武力征服,绝不足以谋国家的长治久安和人民的真正幸福。"①贺麟所指斥的,是申韩式的法治以人民为霸王武力征服的工具,以法律为惩治百姓防止犯上作乱的手段,以及其专制独裁、武力扩张等反人民、反道德的方面。对法家信赏必罚的方面,他则有所肯定,他说:"此类型的法治的长处,在于赏罚信实,纪律严明,把握着任何法律所不可缺少的要素。"②贺麟认为,法家这方面的优点,也为诸葛亮式的法治或基于德治的法治所具有。诸葛式的法治与申韩式的法治,其同者在一个"严"字。诸葛式的"严"不是苛虐残酷,而是严立法度,严整纲纪。严表示执法者对于遵法者的关切,关切所以要对它施以严格的教育与训练,治之严正表示爱之切。这与申韩式的法治的"严"不同。诸葛式的儒家法治的严是爱民的,是德政教化与刑法绳墨相辅而行的。申韩式法家的严是残民以逞的,是以人民为工具、专任刑罚的,两者出发点是完全相反的。贺麟特别赞赏诸葛亮《出师表》中的几句话,认为是诸葛式法治全部内容最精要的概括:"陟罚臧否,不宜异同。若有作奸犯科,及为忠善者,宜付有司,论其刑赏,以昭

---

① 贺麟:《文化与人生》,商务印书馆 1988 年版,第 13 页。
② 贺麟:《文化与人生》,商务印书馆 1988 年版,第 46 页。

平明之治。不宜偏私，使内外异法也。"这也就是在法律面前人人平等，法不阿贵，法不异用之意。另外，贺麟也盛称诸葛亮爱抚百姓，约束官吏，开诚布公，毫无偏私苟且的精神。他认为诸葛亮充满了仁德之术，与申韩之术，根本不同。

当时有人认为诸葛亮有严刑峻法的一面，又据史称诸葛亮治蜀以严，又据《三国志》记载《诸葛亮集》中有《阴符经注》，以及行军作战踏罡步斗、推步掐算种种方术，说诸葛亮是道家，并说宋儒拉诸葛亮入孔庙是认错了人。贺麟则力辩诸葛亮是儒家。他承认诸葛亮有道家、法家的学养，但不承认其为道家、法家。如宋明大儒朱熹、王阳明都曾出入佛老，朱熹还曾注解道教经典《周易参同契》，道家学养不可谓不深，但朱熹、王阳明都不是道家，而是世所公认的儒家。对诸葛亮，即令他有道家、法家的学养，也不能否认他是代表儒家精神的政治家。贺麟指出："因为具有法家的学养，也许更足以充实他儒家的学养，增加他学术思想里的新成分，使他超出狭隘迂拘的旧传统，而蔚然成为一个新儒家。"①从这段话我们可以看出，第一，他的人格理想，绝不是只知修身养性，无涉功烈业绩或只知皓首穷经，不知经邦治国的腐儒。他理想的儒家，是既有深厚的修养，又有赫赫事功，内有诗书饱腹，外有王佐之才的人物。也就是说，有内圣外王品格的人物。他心目中的理想人格，古有诸葛亮，近有孙中山。他们都是有多方面的学养多方面的才能而最后归本儒家的人物。对于诸葛亮，贺麟极赞扬他"澹泊明志，宁静致远"的箴言，说这句话"不惟道出了儒道两家的共同之点，而且道出了千古学人应有的态度。"诸葛亮平淡的生活和高远的理想"实中外学人应有之风致"②，极力否认他有"深藏不露、存心险诈"的"机心"。

孙中山是贺麟最推崇的现代人物。他在讲到中国古典哲学的未来展望时曾说："任何哲学都有一个理想的政治人物为其哲学思想所欲培养的人品准绳。我们的新哲学当然亦有理想人物作为向往的目标，这无疑地便是积四十年之革命，百折不回，创造民国的孙中山先生了。"③他认为，孙中山之所以能做新哲学的人格理想，之所以应该受到推崇，就在于他是有儒者气象而又具有法家品格的先行者。就是说，孙中山真正体现了儒家内圣外王

① 贺麟:《文化与人生》，商务印书馆1988年版，第168页。
② 贺麟:《文化与人生》，商务印书馆1988年版，第168页。
③ 贺麟:《五十年来的中国哲学》，辽宁教育出版社1989年版，第76页。

的品格,是有崇高的理想和为实现理想百折不回地行动两者合一的人格,是"以合理性、合人情、合时代为标准,处处皆代表典型的中国人的精神,符合儒家的规范"①的人格。

第二,贺麟理想的儒家,是合多种学养,使自己本有的思想更充实、更丰厚、更适应现代社会的儒家。在法律思想方面,新的儒家应该是主张法治与德治相辅而行、兼顾共通的。他指出,礼治是儒家思想中最突出的部分,礼治即王道之治。王道之治对百姓主要是教化,使之皆知向善,皆有忠孝之心,廉洁之行;如有违法犯罪,三宥而后行刑。对远僻蛮貊之邦,则以怀柔安抚为主,征伐是不得已。贺麟认为,礼治虽然在中国历史上发生了相当大的影响,但它绝不适应现代社会,必进到近代民主式的法治。申韩式法治不本于人性,不根于道德、文化、学术之正,徒持威迫利诱以作强制推行的手段。这种法治虽有时可收富强的速效,但上养成专制的霸主,中养成残忍的酷吏,下容易激起揭竿而起的反抗。故必进于合多种学养,而以儒家为主的诸葛亮式的法治。但此种法治也不过是在民众知识程度尚低,不能实现普遍民主,社会组织尚未进到高度社会化、高度文明时期的法政。虽高于申韩式法治,但绝不适应现代工业社会。必须更高一步,进于近代民主式的法治。

关于近代民主制的法治,贺麟大量着墨,进行了详细描述,他说:

此类型的法治之产生,可以说是由于文化学术的提高,政治教育的普及,自由思想的发达,人民个性的伸展。亦可以说是前一类型诸葛式的法治之自上而下,教导民德、启迪民智之应有的发展和必然的产物。而此一类型的法治,乃是自下而上,以"人民自己立法,自己遵守"为原则。政府非教育人民的导师,而是执行人民意志的公仆。人民既是政府训练出来的健全公民,故政府亦自愿限制其权限,归还政权给人民。政府既是人民公选出来的代理者,人民相信政府,亦自愿赋予政府充分权利,使内政外交许多兴革的事业,有效率地进行。在此类型的法治之下,一件重要法案的成立,都是经过学者专家的精密的研究,然后提出于人民代议机关,质问解释,反复辩争,正式通过后方可有效。有时一件法令的取消,或新法令的建立,每每经过政治家或改革家多年的奔走呼号,国内舆论的鼓吹相应,和许多公民的一再联合请愿,甚或流血之

---

① 贺麟:《文化与人生》,商务印书馆 1988 年版,第 16 页。

争,方告成功。像这种经过审慎的学术的研讨,道德的奋斗,方艰难缔
造的法律,乃是人民的自由和权利所托命的契约,公共幸福的神圣保
障。得之难,失之不易。这样的法律,人民当然自愿竭尽忠诚以服从
之,牺牲一切以爱护之。因为服从法律就是尊重自己的自由,爱护法律
就是维持自己的权利。①

这就是贺麟所理想的法治。这种法治的突出特点即其学术化。故贺麟称之
为"基于学术的法治"。这种法治的法律须由专家制定,须经反复质问辩
争,求其学理上有坚实基础。须由有较高文化程度,较高学术素养的公民履
行、护持。这种法治是民主的,是民众在自觉的基础上自愿遵守的。

可以看出,贺麟是在力倡近代民主式的法治。违种法治是法家申韩式
的法治、儒家诸葛亮式的法治的必然结果,是融合了法家、儒家法治的合理
因素,抛弃了法家的专制独裁,也抛弃了儒家法治不适应现代社会的方面,
经过现代民主社会的学术化改造的法治。从这里可以看出贺麟用法家补充
儒家,用诸子学的统贯兼综来发展中国新学术、新法治的努力。

（四）工　商

法家的突出特点是法治,其次便是耕战,即物质建设,富国强兵。这在
现代经济生活中,便是工商化和武化。在贺麟看来,儒家的突出特点是"文
化"。儒家一定要武化、工商化,以成立一种文武工商并重的全新文化。他
认为,孔子便是这种文明原始的代表。他说:

孔子是中国第一个文化人,然而他能射、能御,并且常佩剑,可见他
是兼有武化的精神。他的弟子中有子路,子路非常勇敢而强壮,是典型
的军人;有子贡,子贡善于作生意,可说是典型的商人;孔子博学而无所
不知,可说是文化的总体象征。我现在说文化、武化、工商化三者要合
一,这也可说是孔子精神的新发挥。②

贺麟认为,本来的儒家文化是文、武、工商三者合一的文化,这种传统后来失

① 贺麟:《文化与人生》,商务印书馆 1988 年版,第 48 页。
② 贺麟:《文化与人生》,商务印书馆 1988 年版,第 283 页。

落了。现代新儒家所要倡导恢复的,就是这种文化。在贺麟这里,文化指精神文明,工商化指物质文明,武化主要不是指军事化,而是军人、武力所体现的刚勇、强健、好胜等精神气质。

中国几千年的传统观念,特别是宋明之后,有重文轻武之弊。一说到"武"字,便有"霸道"、"争于气力"、"匹夫之勇"之嫌。人皆欲出科举一途,似乎文人就应该是白面书生,风流儒雅,后世甚且以文弱为美。一说到工,就会有人想到贱役、百工、苦力;一说到商,就会有人想到大富贾、投机、市侩、为富不仁。在这些人眼里,汉唐雄健、热烈、富有生气的文化被视为道统失坠,宋明以后以读书穷理、修身养性为主的文化逐渐占了上风,理学家专以假想的三代文化为标榜,斥汉唐为霸道,以功业为不足取,使中国文化越来越萎靡、孱弱。清初颜元便看到儒家文化的偏弊,倡导"习行",试图恢复孔子刚健的、元气醇厚的精神气质。特别鸦片战争后,中国屡屡败于异族,愈显出国势积弱,民气衰颓,文化偏枯之病。有识之士大声疾呼要再造民族文化,重塑中华之魂。许多人从传统文化中找复兴民族的兴奋剂,更多的人主张以西方文化之长补中国文化之短,形成健康的、集中外优秀文化为一身的新文化。贺麟身处五四新文化运动之后,正值东西文化讨论甚为壮阔,西化浪潮风靡全国,同时梁漱溟、熊十力、张君劢等现代新儒家大力鼓吹复兴儒家文化之时,他以深厚的中西文化学养及留学欧美观察所得,在新儒家诸大师之后提倡发展儒家文化。

关于文化与武化、工商化的关系,贺麟提出了三点主张:第一,文化不能是纯粹文化,必以武化、工商化等物质性的东西为其基础,文化失去这两者,就成了空中楼阁。在中国,文化最发达的时代,必是文化与武化、工商化同时发达的时代;国势暗弱、民气不振之时,定是文化和武化、工商化分离之时。贺麟说:"三者不可分。一个真正文化的总体,是包括武力和工商业、技术等等在内的。"①

第二,武化和工商化并不低于文化,社会生活各领域皆有伟大之处,绝不能在其间分高下尊卑。中国传统以读书出仕为第一等事,此种风气入人已深,一直影响到现代中国的行业选择。这是中国工商业不发达的一个重要原因。此种思想观念对现代中国的行业建设十分不利,亟须加以改变。

---

① 贺麟:《文化与人生》,商务印书馆1988年版,第279页。

要确见得"各界出圣人"的道理。

第三，文化和武化、工商化是互相影响、互相辅助、互相补充的。贺麟所希望的工商业人材是他所谓"儒工"、"儒商"。他说："在此趋向于工业化的社会中，最需要者尤为具有儒者气象的儒工、儒商和有儒者风度的技术人员。""在工业化的社会中，须有多数的儒商、儒工以做柱石。希望今后新社会中的工人、商人，皆成为品学兼优之士，亦希望品学兼优之士，参加工商业建设。使商人和工人的道德水平和知识水平皆大加提高，庶可进而造成现代化的新文明社会。"①他所谓儒者，就是既有学问技能，又有道德修养的人。这种人既保持了儒家的内圣之学又以外王补充之。不过这个"外王"已不是封建时代的文治武功，而是现代社会中普通劳动者的知识技能了。

贺麟在社会各部门的建设上，主张文化、武化、工商化并重，但在立国根本上，还是主张以道德为基础。他说："道德为立国的大本。国家的基础不是建筑在武力上，也不是建筑在经济上，而道德才是维系国家的基础的命脉。"②贺麟的这一主张虽与儒家的"为政以德"、"恃德者昌"等无甚大异，但在论证方式上，却是全新的。他不同意管子"仓廪实而知礼节，衣食足而知荣辱"的观点，认为由经济决定的道德不是真道德。比如，因经济困窘而作奸犯科是不道德，因经济富裕而敛迹息手，也是不道德。只有像康德那样，完全出于理性的自决定，完全尊重自身的道德律的无上命令，不为外界种种情形所动，也就是孔子所谓"贫而无谄，富而无骄"，孟子所谓"富贵不能淫，贫贱不能移，威武不能屈"的"大丈夫"，方为真道德。贺麟进而认为，国家的强弱存亡，最终也由道德决定，他说："决定一个国家的存亡，不在于那些林林总总随经济状况的变迁而转移的人，而在于那些不随经济状况而转移，且能支配经济、利用经济、创造经济的真正有道德的人或真正不道德的人。一个国家强弱盛衰，即以此两种人斗争的胜败消长为准。"③林林总总的人，盲目地跟着社会潮流、经济变化与时迁移。这些人只是被动地随波逐流，他们对于国家经济生活的参与不过是创造财富，消费财富。实际上决定国家盛衰存亡的，是另一些人。这些人能先一般人预见到社会发展的方向，根据他们的善恶标准来决定对社会经济走向的态度。不同的善恶标准

---

① 贺麟：《文化与人生》，商务印书馆 1988 年版，第 12 页。

② 贺麟：《文化与人生》，商务印书馆 1988 年版，第 25 页。

③ 贺麟：《文化与人生》，商务印书馆 1988 年版，第 28 页。

有不同的主张,有不同的支配经济、利用经济的办法。所以,实际上由道德支配着经济,由道德的人和不道德的人即善和恶决定着经济发展方向。贺麟曾说:"天地间没有纯粹的经济,没有与别的东西绝不发生关系,脱离一切而独立的'经济自身'。这就是说,经济不能自来(不能自天而降),不能自去(不能无故自己衰落),不能自己发达,不能自己活动,惟有理智的、有善恶观念的人方能使之来,使之去,使之活动,使之发展。简言之,经济是人造的,经济不是自然的产物,而是人力征服自然的收获。"①他的意思是,就经济的性质和意义说,它是为人力所决定的东西,是由人类的理智和道德的努力创造的东西,一切经济生活背后,均有道德观念和意识作用在支配它。经济的动向能代表产生此经济的主人公的意志、思想、道德观念。

贺麟关于道德与经济的关系的论述,充分表明了他的儒家思想:决定经济进而决定社会发展的,是人的思想、道德意识;道德观念的斗争,是世间一切斗争的根源。由此社会经济的发展,基于正确的道德观念。物质文明、生产力、科学技术本身是无道德意义的,而物质文明背后的精神文明,生产力之上的生产方式,运用科学技术的方向等等则是与道德密切相关的,是有善恶的评价的。这些才是儒家所注重的地方。贺麟这里所论述的,也是这些地方。这正是贺麟的新儒家之处。

另外,贺麟这里据以立论的现实经济运行方式,主要是资本主义经济方式,所以他特别重视"能支配经济、利用经济、创造经济"的人。这些人是怀特海所谓"能发挥想象力以控制现实的经济的企业家"。贺麟对经济问题的看法,主要依据他留学期间对美国和欧洲一些发达资本主义国家的观察,所以他特别注重资本主义国家掌握经济命脉的少数大资本家的作用,认为他们的道德,即资本运用方向是国家盛衰存亡的决定因素。用资本的运用方向来看中国 20 世纪三四十年代的经济性质,贺麟对中国的官僚买办阶级极度痛恨,认为他们的经济行为是蠹国贼民的,是不道德的。他说:

中国近几十年来,因剥削、贪污、投机而致富的官僚、军阀、奸商,人数当然不少,但因将财产存在外国银行,反为外人利用以剥削国人。所以这类资财,不仅没有经济价值,反而有害于国计民生。其故无他,即

① 贺麟:《文化与人生》,商务印书馆 1988 年版,第 28 页。

由于这是无道德背景,非为道德所决定的经济。①

并且认为:

> 资本制度积渐而僵化,而机械化,可容受人类意志自由发挥和自觉的道德努力的成份愈趋愈少,流弊愈益暴露,而内在的矛盾亦愈益尖锐,极少数的资本家凭借不平的制度可坐享百万,而大多数艰苦努力的劳动人民反被剥夺、被榨取,愈趋于贫困。所以依我们看来,若果劳动人民能够推翻资产阶级而代之的话,那必是前者的道德努力的分量远胜过后者有以使然。总之,经济的大权终归会落在道德努力者手里的铁则,决不会变的。②

贺麟这里明确地表示了他的道德史观:有德者昌,无德者亡;国家政权的归属,经济大权的掌握,必在“道德努力者”手里。这是历史的教训,也是生活的铁则。无德者虽能得逞于一时,但从长远看,从整个人类历史的发展看,无德者最终必将为有德者所替代。贺麟就是用这一“铁则”预言了资本主义生产方被取代的历史命运。

贺麟的道德史观,是对儒家“恃德者昌”、“得人心者得天下”、“义利之辨”思想的继承,但从哲学根源上,从论证方式上说,他更多地接受了黑格尔的理论。前述黑格尔的“理性的机巧”,认为最后得胜利的,是天理公道,是绝对精神。历史人物、历史事件终不过是体现天理公道的工具,是理性的灵魂升进而留下的残骸。天理、理性是道德的化身,是最高的善。一部历史,就是个别的善与个别的恶战斗的历史,最终的结果,必是永恒的善、至善的胜利。世界历史昭示我们的,就是这一法则。贺麟以“道德努力”作为至善,作为决定社会经济生活的根本因素,这是有取于黑格尔的。也正是在这个意义上,贺麟把黑格尔算为西方的“儒家”。③

此外,贺麟据德国哲学家孟斯特贝格(Munsterberg)的价值哲学,把法治和德治,精神文明和物质文明的冲突调和起来。孟氏认为,基于道德努力而产生的价值有三种:属于物质形态的为实业,属于契约形态的为法律,属于内心形态的为道德。贺麟同意这种分法,即同意法律、经济皆是道德努力

---

① 贺麟:《文化与人生》,商务印书馆1988年版,第29页。
② 贺麟:《文化与人生》,商务印书馆1988年版,第30页。
③ 参见贺麟:《哲学与哲学史论文集》,商务印书馆1990年版,第130页。

的收获,即"伦理的收获"。孟氏所谓"伦理",比现在通常意义上的"伦理",内容宽泛得多。凡有人自觉的努力参与其中并发生效果、有善恶评价的,都可谓之"伦理的"。所以贺麟说:"征服自然,利用厚生,乃是人类利用理智的努力和道德的努力所收的效果。"①即凡人化或曰人文化的过程,都是理智的过程、道德的过程。从这个意义上说,人的所有活动都是道德和现实利益合一的。道德是动机方面,现实利益是效果方面。本质上是精神文明(道德)和物质文明(现实利益)的统一。据此,"中国一般人所谓精神文明、物质文明之争,亦得一调解的途径"②。从这里可以看出,贺麟所谓"伦理的",实际上是一广义的哲学概念,也就是贺麟哲学中的心、意志等。他的"道德努力的收获",是他的新心学在经济生活方面的表现。

贺麟以心、意志等精神的东西为根本,所以在物质建设和"心理建设"两方面,他更强调心理建设。他不喜欢用"工业化"这个名词来概括当时的各项建设,他认为,用"工业化"这个名词,就觉得好像工业化为至上目的,除了工业化之外几无余事;又"工业化"似有以工业为主动力量去转化一切、改变一切、决定一切的意思。而实际上工业化背后,有更为重要的精神基础。他指出:"我们的职责不仅是片面地鼓吹工业化,而更重要的是为物质建设奠定良好的心理基础。""不注重民族文化的背景,没有心理建设的精神基础而提倡工业化,那就会使将来中国工业化的新都市充满了市侩流氓、粗鄙丑俗及城市文明之罪恶,而丝毫寻不出中国文化的美德。"③并且援引德国社会学家韦伯(Max Weber)的理论来证明他的这一观点。

韦伯的学说,是以宗教思想为体,经济实业为用。认为近代资本主义乃建筑在"职业伦理"上面。这些职业伦理发源于路德、加尔文的新教。近代资本主义的精神,就是新教及其行为规则和实际的伦理精神。近代资本主义发生之前,这种精神已在新教中孕育着。具体说,新教把人类生活大规模地转变为合理的生活;新教给各种职业以伦理价值;新教崇拜劳动;新教提倡个人应对于自己的职业忠实、热忱,应把它当作神圣的职责;新教使人放弃遁世思想,注重人间生活;等等。韦伯并且用统计数字证明自宗教改革以后,经济上居领先地位的国家都是新教国家,天主教或非新教的国家都落

① 贺麟:《文化与人生》,商务印书馆 1988 年版,第 28 页。
② 贺麟:《文化与人生》,商务印书馆 1988 年版,第 30 页。
③ 贺麟:《文化与人生》,商务印书馆 1988 年版,第 32—33 页。

后了。

贺麟虽不同意韦伯把近代资本主义的出现和发展全部归功于少数宗教家，抹杀了许多大发明家、科学家、实业家、政治家、思想家的贡献这一偏颇处，但对韦伯认为近代资本主义的出现并非由于物质的自动、经济的自觉，乃凭借许多精神的、道德的、宗教的条件而成这个基本点，是承认并且相当赞许的。他说：

> 从我们现在看来，韦伯立说也许太偏，他所举的统计事实也许不尽可靠。但他却至少指明了实业经济的思想与道德背景，他并且昭示我们近代资本主义乃是宗教精神和经济企业合流的产物。根据韦伯这种说法，要想产生现代化的经济实业，不仅须先有现代化的思想和伦理，而且须先有现代化的宗教为前提。①

贺麟这里对韦伯"思想道德为体，经济实业为用"的赞许，明显地表现了他的心学思想，他的儒家立场。

四、以西方学术充实发展儒家思想

（一）精神理性为体，古今中外文化为用

贺麟在现代新儒家诸人中，以翻译、介绍西方文化学术为特点。面对中国当时的文化局面，他认为："西洋文化学术大规模地无选择地输入，是使儒家思想得到新发展的一大动力。"②他提倡大规模地无选择地输入西方文化，是基于这样一个看法：西方文化传到中国为时太晚，亟须大量地、全面地、广泛地介绍。"无选择"即包容各学科、各门类、各流派之意。贺麟把把握、融合、转化西方学术文化，放在关乎中国固有文化的生死存亡这样的高度来认识，他说：

---

① 贺麟：《文化与人生》，商务印书馆 1988 年版，第 42 页。
② 贺麟：《文化与人生》，商务印书馆 1988 年版，第 6 页。

　　西洋文化的输入，给了儒家思想一个考验，一个生死存亡的大考验、大关头。假如儒家思想能够把握、吸收、融合、转化西洋文化，以充实自身、发展自身，儒家思想则生存、复活而有新的发展。如不能经过此考验，渡过此关头，它就会消亡、沉沦而永不能翻身。①
他之以翻译、介绍、融合西方学术为自己的终身职志，就是基于这一看法。

　　吸收西方学术文化，发展本民族的文化，有个以谁为主的问题，即，是以西方文化为主，以之改铸或者掩蔽中国固有文化呢，还是以中国固有文化为主，吸收、融会外来文化，贺麟的回答很明确：以中国固有文化为主体，去儒化、华化西方学术文化。他说，就个人言，如果一个人能自由自主，有理性、有精神，他便能以自己的人格为主体，以古今中外的文化为用具，以发挥其本性、扩展其人格；就一个民族言，如果它能自由自主，有理性、有精神，它便能以本民族的学术文化为主体，吸收外来文化以充实、丰富、发展自身。中华民族是自由自主、有理性、有精神的民族，他是能够继承本民族文化的优良传统，以此为主体，去消化、融会外来文化的。中华民族如果放弃了自己的优秀文化，失掉了自主权，任各种思想学术不分国别、不分民族地倾入、占领、代替固有文化，那中国就不仅是外国政治上、经济上的殖民地，而且也是文化上的殖民地。政治上经济上的殖民地还有恢复主权之一日，一旦文化上做了殖民地，便永远沉沦，永世不得翻身。他的文化方针很明确，这就是，以中国固有文化为体，具体地说，就是以儒家思想为体，以西方学术文化为用。即"归本于儒家思想，面对各种外来思想，加以陶熔统贯"②。华化、儒化西方文化首先要真正彻底地、原原本本地了解并把握西方文化。了解了它就是征服了它，把握了它就能超越它。真正认识了西方文化，自然就能够吸收、转化、利用、陶熔。贺麟相信，中国历史上曾吸收、转化了印度佛教，使之成为中国文化的一部分，并由此刺激、丰富了儒家学说，形成了合儒、释、道三教为一的新思潮——宋明道学。西洋文化的输入，无疑也将会大大促进儒家思想的新开展，形成适应现代社会需要，集古今中外优秀文化于一身的现代新儒学。

　　贺麟的"以儒家思想为体，以西洋文化为用"的主张，与张之洞的"中学

---

　　①　贺麟：《文化与人生》，商务印书馆 1988 年版，第 6 页。
　　②　贺麟：《文化与人生》，商务印书馆 1988 年版，第 7 页。

为体,西学为用"是不同的。在20世纪40年代初期发表的重要论文《文化的体与用》中,他谈到中西体用问题。他认为,"体用"二字是意义欠明晰而有点玄学意味的名词。体用有常识意义上的体用和哲学意义上的体用。常识上所谓体与用大都是主与辅的意思,如"中学为体,西学为用",按常识的了解,即中学为主西学为辅。这种常识上的体用或说主辅可以因人而异,不管谁,不管哪个方面,都可以有主辅轻重的不同。这种体用关系是相对的,是根据个人的不同价值观念、不同实际需要设定的,无普遍必然性。哲学上的体用观分两种:一为绝对的体用观。体指形而上的本质,用指形而下的现象。体为形上之理则,用为形下之事物。体一用多,体静用动,体用的关系是绝对的。这种意义的体用观约略相当于柏拉图的理念世界与现象世界的区别,亦可称为柏拉图式的体用观。另一为相对的体用观。各种事物因其价值上的不同而呈宝塔式层级,其中价值高者为价值低者之体,价值低者为价值高者之用。这相当于亚里士多德之形式和质料的关系,所以又称为亚里士多德式的体用观。这种体用观不是以理念与对象分体用,而是以事物表现理念之多寡,距理念距离之远近分体用。张之洞"中学为体,西学为用"之"体用"不同于贺麟所论的任何一种。张之洞"中学为体,西学为用"似是说,中学,即中国传统的伦理纲常,为立国之根本;西学,即西方船坚炮利、声光电化的实用技术为实际效用。这里体用似无主辅之别,伦理纲常和实用技术之间亦不能分主辅、轻重、本末。中国哲学中,体是用之体,用是体之用,体用不可分。而张之洞的"中学为体,西学为用",体不是用之体,用也不是体之用,因为中国的纲常名教不能发生船坚炮利的作用,船坚炮利也不是纲常名教自然发生的作用。所以张之洞的"体用"不是中国哲学"体用一源,显微无间"的"体用",也不是柏拉图、亚里士多德式的"体用"。

贺麟据中国哲学的体用观斥张之洞"中学为体,西学为用"的说法"不通"。在他看来,中学西学各自成一整套,各自有其体用,不可生吞活剥,割裂零售。中学并非仅是"道"学,西学亦非纯是"器"学。西洋的科学或器学,自有西洋的形而上学或道学以为主干;西洋的物质文明,亦自有西洋的精神文明为之体。中国的旧思想、旧道德、旧哲学,绝不能为西洋近代科学及物质文明之体,亦不能以近代科学及物质文明为用。他提出,如果一定要用体用的套子表示中外文化各自的地位的话,他赞成"以精神或理性为体,以古今中外的文化为用"的提法。这个提法的实质是:"以自由自主的精神或理性为主体,去吸收、融化、超出、扬弃那外来的文化和以往的文化,尽量取精用弘,含英咀华。不仅要承受中国文化的遗产,且须承受西洋文化的遗产,使之内在化,变成自己的活动产业。"①

如果将这一提法和"儒家思想为体,西洋文化为用"的提法加以比较就可以看出,前者是他的文化吸收方针,是讲如何吸收中外文化遗产;后者是讲儒家思想和西洋文化在未来新儒家思想中各自所占的地位。前者实际上完全可以不用"体用"二字。它是"新心学"的文化方针:"以自由自主的精神或理性为体"就是"先立其大",就是"收拾精神,自作主宰";"吸收融化超出扬弃外来文化和以往文化"就是"六经注我"。这是贺麟的哲学思想在他的文化吸收方针上的贯彻。此外,前者的"体",并未以某一家思想自限,而是以自由自主的精神、理性为体;"用"也并非限于西洋文化,而是包括古今中外一切文化。这就比后者容量大多了,气魄大多了。后者是对前人中西体用的提法的套用,前者则是贺麟自己的创造。这个创造,参酌了中国的陆王心学和西方的康德、黑格尔。这一不同,反映了贺麟思想的一些变化。他不满意中西体用的争论,认为不仅"体用"二字意指含混,争辩不出有价值的结果,徒费口舌,而且易激起全盘西化派和国粹派的偏激和对立。贺麟痛切指出:

> 那入主出奴的东西文化优劣论已成过去,因为持中国文化优于西洋文化的人,每有拒绝西洋文化以满足自己的夸大狂的趋势。持西洋文化优于中国文化的人,也大都是有提倡西学,厉行西化的偏激作用的人。我们不必去算这些谁优谁劣的无意义的烂账,我们只需虚怀接受两方的遗产,以充实我们精神的食粮,而深彻地去理会其体用之全,以成就自己有体有用之学。②

贺麟所谓"体",就是民族的精神和理性;"用",就是古今中外一切文化。他的文化方针,就是用古今中外的一切优秀文化遗产,充实民族的精神,锻炼、陶铸民族的理性。他在"吸收、融化、超出、扬弃外来文化和以往文化"上做的具体工作,就是对诸子的重新解释和吸收西方哲学、艺术、宗教诸方面的精华去发展儒家思想。

---

① 贺麟:《哲学与哲学史论文集》,商务印书馆 1990 年版,第 353 页。
② 贺麟:《哲学与哲学史论文集》,商务印书馆 1990 年版,第 353 页。

（二）以西方哲学发展儒家理学

贺麟说：

> 儒家的理学为中国的正宗哲学，亦应以西洋的正宗哲学发挥中国的正宗哲学。因东圣西圣，心同理同。苏格拉底、柏拉图、亚里士多德、康德、黑格尔的哲学与中国的孔孟、老庄、程朱、陆王的哲学会合融贯，而能产生发扬民族精神的新哲学，解除民族文化的新危机，是即新儒家思想发展所必循的途径。①

中国哲学和西方哲学有许多不同，这些不同自东西方文化碰撞以来，特别是五四新文化运动中，学者论列甚多。但若抛去表面上的异同，而对中西哲学皆加以深彻了解的话，即可看出，中西哲学没有不可逾越的鸿沟。贺麟指出，中西哲学可以融会贯通的学理基础在于，哲学只有一个，只有不同的表现，没有不同的哲学。东哲西哲，心同理同。他说：

> 我们要认识哲学只有一个，无论中国哲学、西洋哲学都同是人性的最高表现，人类理性发挥其光辉以理解宇宙人生、提高人类精神生活的努力。无论中国哲学，甚或印度哲学，都是整个哲学的一支，代表整个哲学的一方面，我们都应该把它们视为人类的公共精神产业，我们都应该以同样虚心客观的态度去承受，去理会，去撷英咀华，去融会贯通，去发扬光大。②

贺麟这里提出了他的哲学观：哲学是人性的最高表现，是人类理性发挥其光辉以理解宇宙人生、提高人类精神生活的努力。这是对于黑格尔哲学观的继承。黑格尔论哲学的性质说：

> 概括讲来，哲学可以定义为对于事物的思维着的考察。如果说，"人之所以异于禽兽在于他能思维"这话是对的（这话当然是对的），则人之所以为人，全凭他的思维在起作用。不过哲学乃是一种特殊的思维方式，——在这种方式中，思维成为认识，成为把握对象的概念式的

---

① 贺麟：《文化与人生》，商务印书馆1988年版，第8页。
② 贺麟：《哲学与哲学史论文集》，商务印书馆1990年版，第127页。

认识。①

黑格尔和贺麟都把理性、精神作为人的本质特征,作为人之所以异于禽兽者。不过黑格尔着重在理性的概念式的认识方法上,贺麟则着重在理性认识宇宙人生,提高人类精神生活这个最终目的上。这说明他又带有强烈的意志色彩,这是他受了新黑格尔主义及陆王心学影响的表现。他是把认识宇宙人生和提高人的精神生活,看作一而二,二而一的,是同一件事的两个方面。在贺麟看来,人的精神生活所追求的价值,最高的为真善美。人对于真善美,不只是享受它的外在利益方面,两且也享受它的内在精神方面。真善美既给人之欲,又慰人之心。在这一点上,中西印哲学并无本质的区别。也许会有人反驳说,西方哲学的特点和主要成就在于对自然的认识,其精神实质是向外的,它的主要目的在"给人之欲";中国文化的主要成就在于对心灵的认识,其精神实质是向内的,其主要目的在"慰人之心",所以中国哲学所得主要是伦理学。这种看法在五四前后一些比较东西文化的学者中甚为流行。但贺麟所谓哲学,主要是德国理想唯心论,特别是经过新黑格尔主义向主体方向推进了的黑格尔哲学。其特点是,向外认识自然,同时就是向内认识心灵;认识具体事物的规律与认识体现在事物上的绝对精神是同一的。用中国哲学的话说,就是向外格物穷理即向内明心见性。用贺麟的哲学观说,就是认识宇宙人生,即所以提高人的精神生活。所谓西哲东哲心同理同,就同在这一点上。从这个方面说,哲学只有一个,哲学是一般哲学、普遍哲学,是人类共同享受的公共产业。中国、西方、印度的哲学都是这个一般哲学、普遍哲学的不同表现形式。形式虽不同,但精神实质是相同的。这样,中西印哲学就不是水火不相容的、根本排斥的,而是同一哲学的分支,是可以互相吸收、融会贯通的。

这里,贺麟重在说世界不同哲学形态的共同点,他并不是不承认中西印哲学的特点和差异。"同"是互相吸收、融会贯通的基础。吸收了西方哲学、印度哲学的优点的中国哲学,既是民族的,也是全人类的;既是中国的,也是世界的。这样的哲学,才能解救民族文化的危机,才能适应现代社会生活。

---

① [德]黑格尔:《小逻辑》,贺麟译,商务印书馆1981年版,第38页。

贺麟在这一点上是卓越的,他承认从根本上说,哲学只有一个,中西印哲学都是这普遍哲学的一支。世界上许多哲学家和哲学史家都没有这样弘阔的眼光,都以西方哲学为正宗哲学,排斥其他形态的哲学。如黑格尔就以西方哲学为唯一完备的哲学,而鄙视、排斥东方哲学。在他的《哲学史讲演录》中,只有一章讲"东方哲学"。贺麟指出,黑格尔对东方思想有一个总的偏见,即认为东方哲学中缺乏他奉之为哲学灵魂的"思辨的理念",也就是缺乏有具体内容的、有辩证统一的普遍概念。如黑格尔认为印度哲学的主要缺点,是一方面沉溺在客观性或实体性中,而另一方面谈起理论来又陷入抽象死板的推理形式。而中国哲学,"是停留在抽象里面的。当他们过渡到具体者时,他们所谓具体者在理论方面乃是感性对象的外在联结;那是没有逻辑的、必然的秩序的,也没有根本的直观在内的"①。这些说法都是夸大了东方哲学的缺点,是片面的。又如文德尔班的《哲学史教程》,是西方现代流传最广、最受学院中人推崇的哲学史教本,但这本世界哲学通史性质的教科书,轻蔑地排斥中国哲学和印度哲学,认为东方哲学离欧洲哲学相差太远,而欧洲哲学本身是个完整的统一体,是完备意义上的哲学。美国人梯利的《哲学史》也说东方各民族印度人、埃及人、中国人的哲学,大体上只是些神话和道德教义,不是彻底的思想体系;它们是为信仰和诗歌所浸透。贺麟认为,黑格尔、文德尔班、梯利的哲学史中排斥和轻蔑中国哲学和印度哲学是出于民族的偏见,是狭隘的欧洲中心论,也是他们对东方哲学无知的表现。他大声疾呼:"当此东方各民族站起来了的新时代,我们有责任恢复中国哲学和东方哲学在世界智慧宝库中应有的历史地位。"②贺麟认为哲学只有一个,各民族的哲学都是整个哲学的一支,代表整个哲学的一方面的见解,正是这种努力的表现。

"东哲西哲,心同理同",是贺麟以西方哲学发展儒家思想的根据,其所欲达到的具体目标是:"使儒家的哲学内容更为丰富,体系更为严整,条理更为清楚,不仅可作道德可能的理论基础,且可奠定科学可能的理论基础。"③一句话,使儒家哲学更多地达到西方哲学的思辨性、纯粹性。在贺麟

①　[德]黑格尔:《哲学史讲演录》第一卷,贺麟、王太庆译,商务印书馆 1959 年版,第132 页。

②　贺麟:《现代西方哲学讲演集》,上海人民出版社 1984 年版,第 208 页。

③　贺麟:《文化与人生》,商务印书馆 1988 年版,第 8 页。

看来,中国哲学与西方哲学同为"人性的最高表现,人类理性发挥其光辉以理解宇宙人生,提高人类精神生活的努力",但在形态上说,东西哲学仍有重大的不同,有各自内容上的侧重面和形式上的不同点。这是显而易见、不容抹杀的。中国哲学虽然不像黑格尔、梯利所指斥的那样严重,但其侧重于伦理方面,自然哲学和形上思辨不发达则是东西方哲学比较研究者的共识。中国哲学家的著作多由讲学语录和单篇论文汇集而成。许多哲学家的哲学思想包含在大量有关政治、经济、军事、历史文化等等论述中,缺乏系统性;中国哲学著作几无首尾一贯、互相联系、纯为一中心思想的合逻辑发挥之作。所以贺麟特别提出,欲达到西方近代那样的哲学著作,必须向"内容更丰富,体系更严整,条理更清楚"的目标努力。但可惜的是,贺麟虽然提出了这一目标,他自己却急于将西方各种哲学思想介绍给国人,同时对国事的各个方面发表主张,始终没有专力建立起自己的哲学体系,没有完成有系统的哲学著作。与他同时代的几位著名哲学家,如冯友兰、金岳霖,年辈与他相若,都在 20 世纪 30 年代后期成名;经历与他相同,都是留学欧美并得到学位,回国后在国内一流学府任教,共同经历了日本侵华后颠沛流离的困顿生活。冯友兰有"贞元六书",建立了"新理学"的思想体系;金岳霖有《论道》和《知识论》,建立了新实在论的独特体系。贺麟的主要精力,在西方哲学特别是黑格尔哲学的翻译和介绍上,这使得他无意也无暇构造自己的哲学体系。贺麟虽然没有足以建立体系的哲学著作,但有自己首尾一贯的哲学思想。据他自己说,他的思想"如从学派的分野看,似乎比较接近中国的儒家思想,和西洋康德、费希特、黑格尔所代表的理想主义"①。他的前期思想的代表作是《近代唯心论简释》、《文化与人生》。他所提出的"使儒家的哲学内容更丰富,体系更严整,条理更清楚"的努力,主要体现于这两部书中。比如贺麟论时空问题,认为西洋人注重时空,东方人注重超时空;古代人注重超时空,近代人注重时空;宗教、艺术、哲学注重超时空,科学、政治、经济实业注重时空。时空重要,超时空亦重要;对于时空问题的研究不可忽视,对于超时空问题的研究,对于超时空襟怀的养成,亦不可忽视。研究时空以与超时空预留地步,研究超时空以为时空奠立基础。继而论到时空的主观还是客观、确定的还是不确定的、无限还是有限诸方面,最后得出"时

---

① 贺麟:《文化与人生》,商务印书馆 1988 年版,第 1 页。

空是自然知识和自然行为所以可能的心中之理或标准"的结论,归本康德,复发挥儒家"礼时为大"的精义。层层顾到,文理密察。中国哲学特别是宋明理学的一些命题如"有物有则"、"性者理也"、"心者理也"、"宇宙即是吾心,吾心即是宇宙"、"心者具众理而应万事"、"天地我立、万化我出",等等,他都据德国理想主义给予系统发挥。真正表现了中西学养兼备的学者的思维特点。又如论宋儒的思想方法,他合理智与直觉为一,提出程朱学派为"后理智的直觉",陆王学派为"先理智的直觉"。论知行问题,既根据行为派心理学和斯宾诺莎的学说,提出"自然的知行合一"或"普遍的知行合一",又根据朱熹和王阳明的观点,提出"价值的知行合一";最后据黑格尔哲学,得出从理论讲知先行后、知主行从,从价值讲知行应合一、穷理与践履应兼备的结论。其他如王船山的历史哲学、王安石的心性理论都有出色发挥。经过他的分析,中国哲学的许多命题得到多层次、多侧面的讨论,其中蕴含的精义得到充分发露,更清楚了与现代哲学的承接关系。贺麟对中国哲学特别是宋明理学的阐释发挥,是他丰富中国哲学的内容,严整中国哲学的体系的努力。他的工作表明,中国哲学的研究,必须吸收西方哲学的长处,吸收西方学者的方法。中国哲学的研究者,必须兼备中西哲学的学养,否则必免不了狭隘固陋之病。

（三）以西洋宗教发展儒家礼教

宗教是西方文化极重要的一个方面。贺麟欲以西方文化改造中国文化,宗教是他阐发的重点。他认为,基督教是西方文化的骨干,支配西方人的精神生活深刻而周至,西方近代文化是宗教精神与科学精神的产物,中国如不能接受基督教的精华,就不能产生完备的现代思想。这里我们须得注意的是,贺麟欲接受的基督教,是经过宗教改革,特别是经过黑格尔、鲁一士发挥、改铸了的重理性、重自由、重文化学养和内心生活的宗教。这样的宗教,主要是理智的而不是信仰的,或说是经过理智把握以后的信仰。他曾说:

> 我们所倡导的浸透了理智的活动和理性的指导的信仰,与知识进展相依相随的信仰,正是为启蒙时期的狭义的理智主义,和此种理智主

义的自然反动——反理性主义间的矛盾,谋正当的出路。①

贺麟主张有信仰,他反对的,是狭义的理智主义和反理性主义。狭义的理智主义只注重消极的外在的怀疑、支离的分析、琐屑的考证,而不注重坚贞的信仰、价值的保存,精神的力量和文化的体验,陷入实证的、实用的、破坏性的偏颇的一面去。贺麟主张把理智和信仰结合起来,使信仰成为有理智的,受理性指导、支配的信仰,不是盲目的、迷狂的信仰。这样的信仰不是知识的缺陷,而是伴随知识活动、理智活动而起的一种心理现象。他说:

> 信仰是知识的形态,同时也是行为的动力,也可以说信仰是足以推动行为的知识形态。并且可以说,信仰是使个性坚强、行为持久、态度真诚、意志集中的一种知识形态。②

宗教是一种信仰,有了这种信仰,就有了自己的安身立命之所,不会在人生的道路上歧路徘徊,莫知所适。精神有了安顿,有了寄托,灵魂有了慰安,做事有坚定的意志,有牺牲的勇气,有百折不回的信心,这是贺麟所认为的宗教最主要的方面。所以他说:"宗教则为道德之注以热情、鼓以勇气者。宗教有精诚信仰、坚贞不二的精神;宗教有博爱慈悲、服务人类的精神;宗教有襟怀广大、超脱尘世的精神。基督教文明实为西方文明的骨干。"③这种宗教是与道德不可分的,是行道的勇气、殉道的精神力量。贺麟同意法国社会学家涂尔干(Durkheim)的说法:"有宗教信仰者不独能看见不信仰者所看不见的新真理,还可做一个较强悍的人,他觉得自己内部有较大的力量,能经得起生存的试验,可以战胜种种困难。"④在贺麟这里,宗教主要是一种精神,一种精诚行道、坚贞不二的精神,是一种类似于道德又超出道德的精神。所以他多次指出:宗教为道德之体,道德为宗教之用。宗教和道德是体和用的关系,体用不可分。宗教的目的,是为了追求一种永恒的精神价值,这种价值不是与创造世界,又在冥冥中支配世间万物的神为一,不是与有人格的上帝为一,而是与自己所追求的精神价值为一,与自己理性建立的终极目标为一。同时,这种精神价值又是鼓舞人实现这种理想的现实力量。人生的最高境界,就在达到这种精诚精神,就在于与自己的理想价值为一。道德是

---

① 贺麟:《文化与人生》,商务印书馆 1988 年版,第 92 页。
② 贺麟:《文化与人生》,商务印书馆 1988 年版,第 89 页。
③ 贺麟:《文化与人生》,商务印书馆 1988 年版,第 8 页。
④ 贺麟:《文化与人生》,商务印书馆 1988 年版,第 90 页。

实现这种精神价值的手段、途径。人的精神享受是最高的享受,实现自己的理想是最终的目的。这是贺麟从德国正统哲学所得到的,也是贺麟从中国古典儒家包括孔孟和宋明诸大儒中所得到的。这是与中国现代新儒家梁漱溟的"伦理的直觉"、冯友兰的"天地境界"一致的。

关于宗教,贺麟有个很清楚的定义:"如果认为有一种神圣的、有价值的东西值得我们去追求,这就是宗教。或者从内心说,人有一种崇拜的情绪,或追求价值的愿望,就是宗教。"①这里表达了贺麟关于宗教的一个重要见解,即他认为,宗教的要素实际上是两个:一个是主体方面的,这就是崇拜某种价值的情绪,追求某种价值的愿望。无此种情绪和愿望,宗教无由而起。人的这种情绪和愿望的产生,是文化发展的产物。人在长期的进化过程中,发现了自己在宇宙中的位置,人自觉地把自己纳入天、人、物三界中,自觉到欲认识自己,不可以不知其生活的环境,不可以不知自己所由生的本源。西方哲学家柏拉图早有此意,他认为欲知人不可以不知人之范本、人之理念。中国的《中庸》也说:"欲知人,不可以不知天"。柏拉图的理念,中国人的"天",都是理想的、神圣的。人从自觉到自己的不完满,自觉到应追求无限完满的理想之时起,人就有了崇拜价值、追求价值的愿望。这标志着人从不识不知的混沌状态进到自觉其不完满、自愿追求完满的阶段。因此人的宗教情绪是文化进步的产物。

另一个要素是客观的,即追求的对象。这就是永恒的、超越的价值。人的物质需求、精神需求都是价值,但物质需求是低层次的、人与动物同具的,只有精神价值才是永久的、高层次的,才是人之所以为人的本质。基督教的产生,就是把人追求精神价值的愿望,以更加神圣的、更加成为内心信念的方式固定下来。基督教后来对于教义、教仪、教规等等的附加,恰是离开了基督教的本质。就是说,基督教的产生与发展应该是一个返朴归真的过程。真正的基督教应该是精神的基督教。所以贺麟说:

> 精神的耶教便是健动的创造力,去追求一种神圣的、无限的、超越现实的价值。②

> 耶教的精神可以说是一种热烈的、不妥协的对于无限上帝或者超

---

① 贺麟:《文化与人生》,商务印书馆1988年版,第307页。
② 贺麟:《文化与人生》,商务印书馆1988年版,第129页。

越事物的追求,借自我的根本改造以达到之。真正信仰耶教的人具有一种浪漫的仰慕的态度,以追求宇宙原始之大力,而企求与上帝为一。①

宗教的真精神既是对超现实的价值的追求,那么,代表宗教的真精神的,即不必为教会中人。贺麟指出,自16世纪迄17、18世纪以来,代表耶教真精神的人物,已不是寺院的僧侣,教会的牧师、神父,而是文艺复兴后有浮士德精神的新人。宗教改革后具有信仰自由的个人,不服从君主,亦不服从教主,个人内心的理性、自然之光,才是各人所应当服从的。昔日牺牲自我,死在十字架上的耶教烈士,到此时已转变为具有战斗思想和信仰自由的科学烈士、哲学烈士。昔日在上帝面前人人平等的信仰,已转变为天赋人权、人人自由平等的新思想。昔日老死在寺院里的僧侣,已转变成具有冒险精神、牺牲性命于异域的传教士。昔日追求无限,企仰缥缈虚无的天国的精诚信徒,现已转变成冒险牺牲,远涉重洋,攫取金宝奇珍的探险家。这就是贺麟眼里的宗教。这里的上帝实际上是无限的超越的价值。一切无限的超越的价值都是上帝,一切对此种价值的追求都是宗教。这样的宗教已是服从自己心中的理性光辉,而不是服从超自然的人格神的宗教了。这样的宗教是理性宗教,是传统的权威宗教的对立面,是经院哲学的对立面。

贺麟的理性宗教,是有得于黑格尔的。在黑格尔,上帝即天理,上帝即绝对理念;理念之所在,即是上帝之所在,理念的表现,就是上帝的工作。所以许多黑格尔评论家将黑格尔的绝对理念比作宗教的上帝原则上并不错。但黑格尔的"上帝"不是盲目信仰的对象,而是慎思明辨地用理性、用哲学去认识的对象。贺麟认为,黑格尔的"上帝即天理"的理性宗教,与中国儒家"天者理者"的思想最为契合。黑格尔的上帝即儒家所谓天。两者的内容皆是世界历史所昭示人类的宇宙大经大法,知天即知宇宙大经大法。知天的过程即格物穷理。

贺麟认为中国的"天者理也"虽与黑格尔的理性宗教契合,但西方基督教在演变过程中由敬事上帝而转变来的追求永恒无限的超越价值的精神却是中国人缺乏的。中国人讲"天者理也"一开始就是理性的,没有西方宗教否弃人自身,热烈追求超越价值的精神。所以宗教观念淡薄、理性占了绝对

① 贺麟:《文化与人生》,商务印书馆1988年版,第132页。

统治地位的中国人,所缺的正是这种精神。中国人的坚贞精诚是道德,西方人的坚贞精诚是宗教。中国人是以道德代宗教。但道德缺乏宗教那种绝对性、无条件性、超个人性。宗教中的信仰成分可以免除道德修养中的天理与人欲的激烈搏战,宗教的普及性可以把少数士君子的修身变为大多数平民的自愿行为。同时贺麟认为,西洋文化有两大来源:一是希腊的哲学、科学、艺术;一是希伯来的宗教。在贺麟的思想中,希腊的哲学、科学、艺术即他的理性宗教的内容部分,希伯来的宗教是他的理性宗教的形式部分。如上说,宗教在他看来是对无限的永恒的超越价值的追求,那么,这无限的永恒的超越价值即哲学、科学、艺术,追求这种价值的心态、精诚不二的精神即希伯来宗教精神。贺麟的理性宗教反复申说的就是这两样东西。哲学、科学、艺术是他反复强调必须为新的儒家思想所推进、所大力加强的方面。以儒家的理学来融会西洋哲学,以儒家礼教来融会西洋宗教,以儒家诗教来融会西洋艺术,是新儒家的复兴所必须做的工作。

贺麟认为中国人最需要向西方的理性宗教学习的有两个面:一个方面是献身精神、殉道精神。中国人的实用理性的思维特点,缺乏为科学而科学,为艺术而艺术的精神。中国很少有人以宗教的热情和殉道精神去研究科学。中国纯理论的科学不发达,其中的一个原因是中国缺乏科学的殉道者。中国人研究某种学问,着眼于其实用价值,而西方人多着眼于其内在价值和宗教意义。中国传统的对待科学的态度是伦理的,而西洋是宗教的。必须把伦理的态度变为宗教的态度,把自愿去做的变为无上命令。这是中国传统的实用理性非功利化的一个途径。

另一个方面,即基督教传教士到民间去服务的精神。中国哲学特别是宋明理学提倡"慎独",重"一念发动处",道德修养多走独立潜修一途,缺乏西方传教士到民间去服务的宗教热忱。中国传统文化的主干儒道两家,儒家走的是得志行道,达则兼济天下、穷则独善其身的道路;达则在朝廷,穷则在山林,都没有到民间去。道家多吟风弄月、垂钓酌酒之士,只是自己清高,亦不愿到民间去。墨家虽有服务平民的精神,但秦以后中绝了。而基督教传教士到平民中去宣传,虽是为了传布福音,以教化俗,但其到民间去的精神,是和近代平民化、社会化的路向一致的。所以,儒家必须吸收基督教这方面的长处。在现代社会中,政治已不是封建社会宫廷中明君贤臣之事,而是民众普遍参与、人人置身其中的事业。社会化生产已经把农业经济分散的、隔绝的局面打破;文化教育的普遍化、群众化已把文人雅士和布衣平民的界限打破;以官僚阶层为中心的社会已为以集体为中心、以平民为中心的格局取代。儒家的新发展,欲求道德内容的广博深厚,必须走平民化、社会化的道路。这是与前述吸收墨家精神一致的。

总之,贺麟认为,儒家的新开展,必须从宗教的精诚信仰中去充实道德实践的勇气与力量。贺麟的宗教,是黑格尔的理性宗教与宋明理学"天者理也"精神的结合,是准道德又超道德的,完全排除了人格神,没有盲目和迷狂。这是他为革除中国传统文化的某些弊端,为适应现代社会生活而设想的一种宗教。

这里须得提到的是,贺麟对西方的理性宗教一直抱有强烈兴趣。他早在清华求学时,就已经发表了《论研究宗教是反对外来宗教传播的正当方法》,提出对宗教"须用科学眼光重新估定价值,精研而慎择之,不可墨守,亦不可盲从"。在他中年时期关于文化、人生的论说中,也大量提到宗教,如写于 20 世纪 40 年代的重要论文《儒家思想的新开展》、《信仰与生活》、《基督教与政治》、《基督教和中国的民族主义运动》、《认识西洋文化的新努力》等,以在中国宣传和造就理性主义宗教为职志。即使到晚年,他还不忘把国内译述极少的黑格尔早期宗教著作介绍给国人。在"文革"险恶的政治环境中,他翻译了《黑格尔早期神学著作》。在这部译作的译者序言中,贺麟指出,黑格尔所写的《耶稣传》"是黑格尔在康德的伦理思想基础上改造耶稣,人道化、人本化耶稣,把耶稣看成是'实践理性'的化身,与马丁路德开创新教的道路相一致"①。并将自己学习、接受黑格尔宗教思想的路程作了交代:他是在先读了新黑格尔主义者狄尔泰的《青年黑格尔的历史》一书后,对黑格尔的宗教思想有了初步了解。后来读了黑格尔的《耶稣传》之后,对黑格尔的理性宗教思想豁然开朗。他明确说:"由于读到了黑格尔的《耶稣传》及狄尔泰关于耶稣宗教思想的论述,我才明确理解黑格尔的思想是反对犹太教、天主教和中世纪哲学的,他认为宗教与道德不可分,理性宗教是根本与传统的权威宗教相对立的,倾向于神秘的泛神论的宗教。换言之,他的宗教思想是近代的启蒙的进步的资产阶级的思想。"②从贺麟晚年

---

① [德]黑格尔:《黑格尔早期神学著作》,贺麟译,商务印书馆 1988 年版,第 2 页。
② [德]黑格尔:《黑格尔早期神学著作》,贺麟译,商务印书馆 1988 年版,第 2 页。

的这些追述可以看出,他对黑格尔的理性宗教是完全赞成、终生服膺的。从康德到黑格尔的德国古典哲学对中世纪以来的传统宗教所作的改造,既保存了传统宗教的精诚信仰、救济大众的基本思想,又加入了慎思明辨的理性精神。这就是贺麟心目中的理想的宗教。他所希望的,就是用这样的宗教,来融会中国的理学,造就中国新的哲学、新的宗教。这是他一生学术工作的一个重要方面,终生坚持,矢志不渝地为之奋斗。

（四）以西洋艺术发展儒家诗教

儒家诗教即"温柔敦厚"。"温柔敦厚"不仅是儒家作诗、论诗的标准和轨则,也是其他艺术门类的标准与轨则。贺麟认为,儒家思想的新开展,必须以西方的艺术补充儒家诗教。在中国历史上,唯有诗与乐最受重视,《诗经》与《乐经》并为儒家经典,诗歌的创作成就也最高。新诗教的兴起,必须发挥旧诗教的长处。旧诗教是儒家中心思想"仁"的体现。"仁"最根本的意思,即深厚的爱心,人我一体之心。这种爱心天真纯朴,是人真性情的流露。"温柔敦厚"的诗教,从内容方面说即爱心,从形式方面说即自然率真。这是儒家诗教最根本的内容,在现代社会中仍然适用。就是说,新儒家的诗教要求诗和一切艺术以爱心为第一生命,讴歌人间真情,抒发人的蓬勃生命力、创造力,摹写大自然的美的意蕴。就是鞭挞黑暗,讽刺种种消极落后现象,也是为了积极的建设,也是爱心的表现。所以内容上的邪僻淫亵,形式上的矫揉虚伪,都非诗之旨,亦非仁之德。同时,儒家诗教也是"诚"的表现。"诚"的本意是真实无妄,健行不息。真实无妄、健行不息主要指本体界的存在与流行,在艺术方面,诚即儒家"思无邪"。"思无邪"即爱心这个本体的真实无妄和流行不息。

贺麟也认为,儒家诗教中一些不适应现代社会的东西,须得改变与补充。如儒家诗教把民间艺术中许多洋溢着原始的质朴和生动的意趣的东西丢掉了。又如,后来的儒家仅仅把诗作为道德教化的工具,"文以载道"的训条使人忽视文学艺术形式方面的创造与发展等等。他提出,必须以西洋艺术各门类来补充儒家诗教的褊狭,使艺术成为儒家学养的有机成分,恢复其抒写人生、表达情感、净化志意、美化生活的全面功能。

贺麟本其心学根本观点,对艺术有一明确定义:"凡各艺术,皆所以表现本体界的意蕴,皆精神生活洋溢的具体表现,不过微有等差而已。"①本体界即精神生活的洋溢。这个本体界不是无人之境,不是无有主体参与的死寂状态,也不是无有精神投射其中、贯注其中的自然本身。本体界是人与自然、主体与客体、自我与非我的统一。具体的艺术形式,即此本体界的表现。贺麟的这一看法,吸收了谢林和黑格尔的艺术观。谢林认为艺术就是以有限的形式表现无限,黑格尔认为艺术就是通过感性形式表现绝对理念。而谢林的"无限"、黑格尔的绝对理念,都是主体与客体的统一,都是本体。贺麟又说:"建筑、雕刻、绘画、小说、戏剧,皆所以发扬无尽藏的美的价值,与诗歌、音乐皆同一民族精神及时代精神的表现,似无需轩轾于其间。"②诸艺术形式皆本体之表现,应无轻重厚薄。这是欲纠正儒家仅看重诗教和乐教的偏颇。但贺麟认为,诸艺术形式表现本体的能力有差等。这一点是得自黑格尔。黑格尔据精神和物质的相关程度,把艺术形式分为客观艺术和主观艺术。客观艺术包括建筑、雕塑等,它们鲜明地显现了美的理念,是感觉最强烈、物质性较多的艺术形式;主观艺术如绘画、音乐、诗歌等,则有更多的精神性。而在主观艺术中,最能表现美的理念的是诗歌。贺麟说:

> 诗是最丰富的无穷无尽的艺术。在诗里,美的想象得到最高发展;诗同时又是综合性的艺术,诗有建筑的结构,有雕刻的刻划,又能歌唱,有音乐性,诗中又有画意。诗不仅是综合性的艺术,而且还超出建筑、雕刻、绘画、音乐,成为个独立的形式。③

贺麟认诗为最高的艺术形式,既是对黑格尔思想的借鉴,又与中国文化重视诗歌的传统吻合。

贺麟认为儒家诗教的改造,必引起其他艺术形式的改造。因为其他艺术形式都受到儒家诗教的影响。如建筑艺术主要体现在皇家宫殿、苑林的建筑上,表现出皇权思想特点。园林则充满士大夫情趣。雕刻艺术主要体现在佛像、佛龛上。小说、戏剧历来被斥为稗官野史、淫词滥调,不予重视,甚且认为可以浸淫风俗人心。唯绘画有长足发展,但也有很重的宫廷气和山林气,不与民间贴近。今后随儒家诗教的改造,包括诗歌在内的各艺术形

---

① 贺麟:《文化与人生》,商务印书馆 1988 年版,第 9 页。
② 贺麟:《文化与人生》,商务印书馆 1988 年版,第 9 页。
③ 见《哲学评论》卷七,第二期。

式必能由偏弊而博厚，必能由少数人的垄断品变为民众的享受，必能由宫廷、山林而进入现代社会的平民阶层，且必是各艺术门类的联合并进。

此外，贺麟指出，要吸收中国艺术精神和西方近代文明的优点，使未来中国人的生活富于诗礼之意。他说：

> 就生活修养而言，则新儒家思想的目的在于使每个中国人都具有典型的中国人气味，都能代表一点纯粹的中国文化，也就是希望每个人都有一点儒者气象。①

他所谓儒者气象，就是生活方式、气质形象、仪表风度上的诗礼意味。他尝说："凡趣味低下，志在名利肉欲，不知美的欣赏，即是缺乏诗意。凡粗暴鲁莽、扰乱秩序，内无和悦的心情，外无整齐的品节，即是缺乏礼意。无诗意是丑俗，无礼意是暴乱。"②由此推广开来，近代工商业社会的民主政治和人民生活方式也可以说是有诗礼意味的：选举、辩论、政治家的出入进退皆莫不有礼；数百万居民聚居的大都市，交通集会莫不有序；其工人、商人大都有音乐、歌剧可以欣赏，有公园可以休息，有展览会、博物馆可以游览。每逢假期，可游山林以接近自然；工余之暇，可以唱歌跳舞自得其乐，其生活未尝不可谓相当美化而富有诗意。这就是贺麟理想的现代社会生活中的诗礼意味，这就是他所谓受艺术陶养的具体美化的生活。从这里我们可以看出他给儒家传统诗礼注入新鲜血液，注入西方近代文明带来的精神成就的切实努力。

贺麟所谓儒家的艺术化，强调从艺术的陶养中去求具体美化的道德。他认为儒家旧道德之所以偏于枯燥迂拘，首要原因是未经过艺术的美化。也就是礼教未得诗教陶熔。他特别欣赏孔子"兴于诗、游于艺、立于礼、成于乐"的艺术陶养途径。兴于诗即得到诗的意境的激发，从而感奋兴起；游于艺即优游于棋琴书画、射御书数诸艺能中，性情得到陶冶，志意得到净化，淡化物质欲望的追求，提高艺术欣赏的兴会。立于礼，成于乐即在礼乐中提高道德修养。这样的人生是新鲜活泼的，不拘执于道德培养而自会进于高明之域，不刻意于儒者气象而自具儒者气象。这一点，可以说贺麟亦有得于歌德。贺麟所表彰的德国三大哲人，歌德的特点在于"使抽象的真理具体

---

① 贺麟：《文化与人生》，商务印书馆 1988 年版，第 12 页。
② 贺麟：《文化与人生》，商务印书馆 1988 年版，第 12 页。

化,使严肃的道德艺术化"①。歌德是伟大的诗人、伟大的艺术家。歌德的文艺是德国古典哲学的艺术化。歌德这一点对黑格尔影响很大。德国新黑格尔主义哲学家克洛纳曾说:"黑格尔只需把歌德为人的经历,用哲学的方式写出来"②。黑格尔的整套哲学,可说是歌德的"浮士德"的理论化、抽象化。而反过来浮士德即是黑格尔全副哲学的具体化、形象化。歌德影响了黑格尔,也影响了贺麟。贺麟之"具体的美化的道德"就是得自歌德。贺麟写《德国三大哲人处国难时的态度》,开首即歌德。他说歌德的人品是诗式的,生活是诗式的生活、美的生活。其道德修养融化在艺术式的生活中,处处皆见其美,而处处皆显其德。其处国难时的态度,在贺麟的笔下便是以一文豪,于敌兵炮火正浓时,在军营中作光学试验,或驰马弹雨中,体验战争生活;便是夜间被敌兵搜察住宅,幸得恋人相救,遂结百年之好的趣事;便是以其文名受敌军官礼遇,被敌军中的艺术家制作铜像的美谈;便是拿破仑以一军主帅崇敬敌国艺术家,与歌德大谈其《少年维特之烦恼》的趣闻。从贺麟的描述看,他是把歌德作为道德与艺术结合、把严肃的道德艺术化的楷模来谈的。这可见他的意趣和倾向了。

贺麟论述艺术的文字不多,对于儒家艺术化的主张也未有系统的发挥。但从他已有的论述,从他淡泊的生活情调,重视真善美的价值体验,轻视功利目的、世俗追求来说,他是一个散文式的平实、诗式的高洁,在平实里显高洁、在高洁中见平实的学者。这可以说是"极高明而道中庸"的儒家修养特色。

---

① 贺麟:《德国三大哲人歌德、黑格尔、费希特的爱国主义》,商务印书馆 1989 年版,第 6 页。

② 贺麟:《德国三大哲人歌德、黑格尔、费希特的爱国主义》,商务印书馆 1989 年版,第 11 页。

第六章　贺麟的翻译

　　贺麟是中国当代著名哲学家,也是著名翻译家。由于他翻译方面的功绩太显豁,哲学创作方面的功绩反为所掩。人多以贺麟为西方哲学翻译专家、西方哲学史家,而不以他为哲学家,可见他的译作影响之深。远在大学时代,他就在吴宓的鼓励下翻译了一些英文诗和散文,并对照原文阅读严复的译作。从此时起,他就想步吴宓介绍西方古典文学的后尘,以介绍和传播西方古典哲学为自己终身的志业。从留学美国起,在长达半个多世纪的时间里,他翻译了许多关于黑格尔、斯宾诺莎的著作。他的译著计有:

原著作者	贺麟之译著	备　注
鲁一士	《黑格尔学述》	商务印书馆 1936 年出版
E.开尔德	《黑格尔》	商务印书馆 1936 年出版
斯宾诺莎	《致知篇》	商务印书馆 1943 年出版
	《伦理学》	商务印书馆 1958 年出版
	《知性改进论》	商务印书馆 I960 年出版,为《致知篇》的修订本
黑格尔	《小逻辑》	三联书店 1950 年出版
	《精神现象学》	与王玖兴合译,三联书店 1962 年出版上卷,商务印书馆 1979 年出版下卷
	《康德哲学论述》	商务印书馆 1962 年出版
	《哲学史讲演录》	与王太庆、方书春等合译,1956 年后由三联书店、商务印书馆陆续出版四册
	《黑格尔早期神学著作》	商务印书馆 1988 年出版
马克思	《黑格尔辩证法和哲学一般的批判》	人民出版社 1955 年出版
	《博士论文》	人民出版社 1961 年出版

还有许多单篇论文及集体署名的译作。贺麟这些译作,为在中国传播黑格尔、斯宾诺莎哲学,由此带动整个西方哲学史的翻译和研究,起了很大作用。其中《黑格尔学述》和《黑格尔》,是了解黑格尔生平及学说的必读书,文字活泼有趣,记载事迹详略得当,生动传神,述其学说要言不繁。同时这两本书也是了解英美新黑格尔主义的好材料,从对黑格尔述评的倾向,可见其思想路向之大凡。《小逻辑》、《伦理学》是哲学译作的范本,为研究者所珍爱,并为各种西方哲学原著选本所采用。《哲学史讲演录》被许多高等院校选作西方哲学史教科书或参考书。《精神现象学》的翻译曾获得中国社会科学院科研一等奖。《黑格尔早期神学著作》为国内少有人问津的黑格尔神学思想,提供了完备的第一手资料。这些都说明,贺麟的翻译为推动我国西方哲学的译介、教学和研究,作出了巨大贡献。

贺麟的译著,有其独特的翻译思想贯彻其中。他的翻译思想,以自己的哲学观点和翻译实践所得的理论为主,并吸收了严复以来中国的翻译理论,形成了鲜明的特点。

一、翻译为文化交融第一步

贺麟的文化方针是,以精神或理性为体,以古今中外的文化为用。他认为,必须以自由自主的精神或理性,即他所谓"具众理而应万事"的心为主体,去吸收、融化、超出、扬弃外来文化和以往的文化,尽量取精用宏。所以,"不仅要承受中国文化的遗产,且须承受西洋文化的遗产,使之内在化,变成自己的活动的产业。特别对于西洋文化,不要视之为外来的异族的文化,而须视之为发挥自己的精神,扩充自己的理性的材料"①,而承受西洋文化,翻译是第一步。没有翻译,西方文化的宝藏只能由极少数通西文的人消受,不能变成国人的公共财富。而通西文的人,又大多数留学欧美,容易养成偏见。如五四新文化运动,在某种意义上可以看作国粹派和西化派两大阵营的论争。只有如实地从翻译做起,把外来文化变为国人可以吸收消化的东

---

① 贺麟:《哲学与哲学史论文集》,商务印书馆 1990 年版,第 353 页。

西,才能发生真正的中西文化交融。所以贺麟提出:"那入主出奴的东西文化优劣论已成过去。因为那持中国文化优于西洋文化的人,每有拒绝西洋文化以满足自己的夸大狂的趋势;那持西洋文化优于中国文化的人,也大都是有提倡西学,厉行西化的偏激作用的人。我们不必去算这些谁优谁劣的无意义的烂账。我们只需虚怀接受西方的遗产,以充实我们的精神食粮,而深彻地去理会其体用之全,以成就自己有体有用之学。"①贺麟把翻译事业看作时代的需要,看作建设现代中国新文化的必要条件。他不同意新文化运动时所谓东西文化"一为自然的,一为人为的;一为消极的,一为积极的;一为因袭的,一为创进的……"等截然相分、简单粗率的比较,而主张"得西洋文化体用之全",把西方文化原原本本地介绍过来,使国人可以窥全豹,更全面公允地选择、吸收、消化其中的优秀部分。而得西洋文化之全,无翻译这第一步,犹如沙上筑室,终无稳固之基。所以贺麟从华化西洋、建设中国新文化新学术的高度,指出:"离开认真负责、坚实严密的翻译事业,而侈谈移植西洋文化学术,恐怕我们永远不会有自己的新学术,西洋的真正文化也永远不会在中国生根。"②就是说,贺麟主张,建设自主的、有体有用的新文化新学术,翻译为第一步。此与梁启超认为"当今中国欲富强,第一策,当以译书为第一事"相一致。

贺麟检讨了中国当时的翻译界,认为,新文化运动之后二三十年的中国翻译界,可以说芜滥、沉寂到了极点。所谓"沉寂",指其译籍少;所谓"芜滥",指其虽有少数译本,但质量低劣,粗率简陋。不仅无望其如清末严复译品之精,即通顺易读,也不可得。对于所以如此的原因,贺麟指出三点:其一,有的人认为,自著才是真正的创造,才能展示作者的学识才华,才能藏之名山,传之后世,为永久之业绩。而翻译则徒为字次句比的转译,为别人思想的机械的传声筒,无甚创造性,故不屑于翻译。这是造成译界沉寂的主要原因。其二,有的人中西双方学问、语言之基础不够,而视翻译为易事,认为稍通西文者皆可为之。率尔操觚,结果所译粗滥低劣。其三,缺乏严正的、同情的翻译批评。贺麟认为翻译批评是翻译事业不可缺少的部分。翻译批评也应如文艺批评一样,鼓励、奖饬好的,纠正、针砭坏的。一部译作出来,

①　贺麟:《哲学与哲学史论文集》,商务印书馆1990年版,第353页。
②　贺麟:《文化与人生》,商务印书馆1947年版,第38页。

如果石沉大海,无人问津,不惟无助于译者本人翻译技巧的进步,而且极不利于中国整个翻译水平的提高。特别现代译书多为个人事业,不似古代译场为集体工作,更需要社会的反响和批评,使译本趋向完善,译事臻于成熟。以上诸病,都是因为对翻译的性质和意义认识不足所致。贺麟为了医治此病,专门著文讨论翻译的意义与性质诸问题。

贺麟认为,某些人以为翻译只是他人思想的传声筒,没有创造性,所以轻视翻译工作,这是阻碍学术发展的浅妄之见。他认为,能做个准确的传声筒,也是可贵的。因为当时国人对于中国以外的文化知识不能说知得多,需要大量翻译外国学术思想文化著作,以扩充新知。忠实地宣传、介绍,实为普遍的需要,不可一日或缺。特别重要的是,翻译是华化西学的第一步。贺麟说:

> 翻译的意义与价值,乃在于华化西学,使西洋学问中国化,灌输文化上的新血液,使西学成为国学之一部分。吸收外来学术思想,移译并融化外来学术思想,使外来学术思想成为自己的一部分,这乃是扩充自我,发展个性的努力,而决不是埋没个性的奴役。这样看来,翻译外籍在某种意义下,正是争取思想自由,增加精神财富,解除外在桎梏,内在化外来学术的努力。①

贺麟对于翻译的意义的认识,是同他现代新儒家的思想一致的。即,他是站在中国本土文化的保存者、发扬者的立场来讲话的。他是把吸收外来文化作为激发自己固有文化内蕴的生命力的手段。因此,他不是西化中学,而是主张"华化西学",将外来文化消融在民族文化中,作为中华新的学术文化的有机成分。所以,贺麟认为,经过西方文化的渗透与融合,中国文化不是失掉了自主权,而是得到扩充,得到发展,使个性更鲜明,更具时代性。必须给中国固有文化注入新鲜血液,才能使其中的优秀成分得以发扬。

对于翻译和创造的关系,贺麟反对把两者机械地割裂开来。他的一个基本思想是,译述他人的思想,即所以发挥或启发自己的思想。翻译为创造之始,创造为翻译之成;翻译中有创造,创造中有翻译。片面地提倡自己创造,而蔑弃古典思想的注释发挥、外来思想的译述介绍,必走入浅薄空疏之途。就是说,通过翻译外来思想,自己的思路可以更宽阔,概念可以更明确,

---

① 贺麟:《文化与人生》,商务印书馆 1947 年版,第 42 页。

逻辑可以更清晰,文字可以更严谨。翻译可以说是受西方思维训练的好途径。中国当代诸大哲思想之深湛、精密,行文之严谨、准确,无不受益于翻译。这是贺麟的经验之谈。终其一生,他都是把翻译、研究、教学紧密结合起来。他的思想的清晰、概念的准确、文字的晓畅,颇得力于翻译。他把翻译作为第一步,一边翻译一边研究,再把研究心得教给学生。他真正做到了"翻译是创造之始,创造是翻译之成"。他对于《小逻辑》的翻译与研究,最好地体现了这一主张。1935 年至 1936 年,贺麟曾在北京大学讲授黑格尔《精神现象学》课程。此后十余年,他一直从事译述《小逻辑》的工作。边研究、边翻译、边讲课。愈研究,他对黑格尔哲学愈感兴趣。这一时期他翻译的成果便是《小逻辑》中译本,研究的成果是《黑格尔理则学简述》①。研究因有翻译做基础而真切、深入,译作因有深入研究而准确传神,讲课因有研究、翻译而有系统、有内容。三者交养互发,相得益彰。鄙薄翻译工作以为无创造的人,只是把翻译作为字次句比的传声筒,译名不矜审,译文欠推敲,当然就觉得无创造性或创造性甚小。而当时学术界一些自矜创造的著作,类多空疏浅薄夸大虚骄之弊。对此贺麟曾指出,创造是不能欲速助长的,创造的发生,每每是出于不自知觉的,是不能自命的。对于有些人来说,与其做那无甚价值的"创造",不如老老实实地翻译,"做那第二等的工作"。侈言创造,不如养成孔子"述而不作"、朱子"注而不作"、玄奘"译而不作"的笃厚朴实的风气,或许可自然有创造的发生。其实孔子之创造,就在其对先王礼乐的"述"中。朱子之创造,就在其《四书集注》对四书思想的解释发挥、文字的考订是正上。玄奘的创造,就在其对佛经的翻译中。名为"不作",其实皆能厚积而发,不期创造而自能创造。

二、翻译的哲学基础

贺麟对翻译的性质的认识,基于其对翻译的哲学根据即他所谓"翻译之理"的认识。这里首先碰到的一个问题是,翻译在理论上是否可能? 有

---

① "逻辑"贺麟最初译作"理则",《逻辑学》译作《理则学》。

神秘意味或直觉主义的哲学家多认为真正的完备的翻译在理论上不可能。因为他们认为,活泼的、丰富的、变化无方的精神活动,不能为枯燥、呆板、机械的概念符号、语言文字所表达。如柏格森就认为,自己的精神生活的内容自己尚不能完满表达出来,遑论他人。又如中国禅宗,认为佛教之第一义,及自己当下触机之解悟,皆不能用语言表达,一落言诠,即乖本旨,宣诸口者,皆为粪壤。因此他们主张对于佛理的解悟,只能是"如人饮水,冷暖自知"。通过棒喝、机锋,促人自省。魏晋玄学中的荀粲主"言不尽意",说:"理之微者,非物象之所举也。今称立象以尽意,此非通于意外者也;系辞焉以尽言,此非言乎系表者也。斯则象外之意、系表之言,固蕴而不出矣。"①这都是说"言不尽意",言诠已是下乘,翻译是言诠之言诠,更是下乘。即是说,真实的、尽意的翻译为不可能。贺麟在这方面的主张是:"意与言,或道与文,是体与用、一与多的关系。言所以宣意,文所以载道。"②从体用关系说,意与言、道与文是体用而不可分的关系。体必显于用,由用以见体;用能表现体,见体必于用。贺麟复根据斯宾诺莎的身心平行论,说意思枯燥,言语亦随之枯燥;意思活泼,言语亦随之活泼;意思深邃,言语亦因之含蓄。故未有心中的意思不能用语言文字传达者。退一步说,即使语言文字不能完全表达心中的真意,而从广义的"语言"讲,凡表意之符号都可曰语言,则行为举止、态度、动作亦可传递信息。有时这种"语言"甚至传达得更真实、更完备,所谓"诚于中形于外"。所以贺麟认为:"一人蓄意之诚否,见道之深浅,皆可于表达此意与道的语言文字中验之。一个人如能明贞恒之道,未有不能用相应之语言文字以传达者。"③是说从广义的"言"、"文"说,言实可尽意,文实可载道。翻译就是明原文之道,知原文之意,而用另一种文字表示此道、传达此意,故翻译是可能的。翻译之可能就在于道是可传达的,意是可宣示的。体用不离,由用见体。

从一多关系上说,意与言、道与文既是一多关系,则可推知,同一个意思可用许多不同的语言文字或其他方式表达。语言文字是表意的工具,语言是思维的外壳。语言之多不碍意思之一。翻译的本质即用不同的语言表达

---

① (三国)陈寿:《三国志·魏书·荀彧传》注引《荀粲传》,中华书局 2005 年版,第240 页。

② 贺麟:《文化与人生》,商务印书馆 1947 年版,第 39 页。

③ 贺麟:《文化与人生》,商务印书馆 1947 年版,第 39 页。

同一个意思,故翻译是可能的。

　　贺麟既从哲学上论证翻译在理论上是可能的,他复根据哲学上的根本义理绅绎出翻译实践应遵循的两条原则:第一,应注重意译或义译,不必机械对译。他说:

> 翻译是以多的语言文字去传达同一的意思或真理,故凡从事翻译者,应注重原著义理的了解,意思的把握。换言之,翻译应注重意译或义译,不通原著义理,不明著者意旨,而徒斤斤于语言文字的机械对译,这就根本算不得翻译。①

以上所说贺麟之翻译、研究、教学结合,就是实践了自己的这一主张。他的译作总是在对原作深刻研究的基础上译出的。译文准确而显豁,了无滞义。他的译文不是机械对译,但也不是如严复那样离原文很远,甚至可看作"述义"的意译。他是把原书意旨吃透,烂熟胸中,然后再以晓畅的文字译出。他的译文是"言与意、文与理合一而平行"的译文。是平行而非机械字次句比,是合一而非截然两分。不是为了意译而故意打乱原句的句法结构,

　　湮没原作的隐微之义,也不是为了平行而勉强弄些不合文法的不中不西、不古不今的句子。他的译文都是经过认真斟酌,反复推敲,真正实践了他自己的翻译主张:"真切理解原文的意旨与义理之后,然后下笔翻译,自可应付裕如,无有滞碍,而得到言与意、文与理合一而平行的译文。"②

　　另外,贺麟还体会到,只有意译才能得到创造新语言、新术语、新文体的效果。因为机械对译太呆板,原作中有意味而为中土不易理解的地方,如保持其原貌则需详加注释,说出其出处,解释其意义,不惟费时费力费篇幅,也使原作索然寡味。而用意译则可赋予中土语言以原作中本有的意味,因而新术语生焉。去掉原作中的晦涩、呆板,则新语言、新文体生焉。这都是贺麟长期从事翻译甘苦所得的经验之谈。

　　第二,非普遍之理不可翻,也不必翻。贺麟曾说:"凡原书不能表达真切之意,普遍之理,而只是该国家或民族的特殊文字语言之巧妙的玩弄,那便是不能翻译、不必翻译,或不值得翻译的文字。"③对于译诗,贺麟认为有两个方面。一方面,诗中人所共喻的意思、情绪、道理,是可翻的;另方面,就

---

　　①　贺麟:《文化与人生》,商务印书馆1947年版,第40页。

　　②　贺麟:《文化与人生》,商务印书馆1947年版,第40页。

　　③　贺麟:《文化与人生》,商务印书馆1947年版,第40页。

诗之音节形式,即纯属于一民族的语言所具有的特殊技巧,则不能翻。就是说,必须深切领会原诗意义、情境的美之所在后,更创一种与之相应的美的形式以翻译之。就这一方面说,诗的形式美比文章要高得多,所以译诗就需要更高的天才。但不能说诗绝对不可翻。贺麟对于诗,一方面承认其可翻,一方面亦承认诗的可翻性是有限的。如中国的赋和骈文就不可翻。而对于哲学著作,贺麟认为是可翻的。他的这一论断基于他对于哲学本身的理解,他认为哲学所讲的道理是"西圣东圣,心同理同"的。他说:"心同理同的部分,才是人类的本性,文化的源泉。而此心同理同的部分,亦即是可以翻译的部分,可以用无限多的语言去发挥、表达的部分。"①贺麟认为哲学上不可翻者,如神秘主义者心目中的奇幻奥妙,感觉主义者心目中如电光石火、飘忽即逝的感觉,形式主义心目中玩弄光景的技巧等等,皆不可翻,亦不值得翻。凡此种种,"皆是不明了体用合一,心同理同的心学或理学的人,其立说皆不足以作翻译的理论基础"②。

就可翻者说,是否译本皆不如原本? 贺麟认为不能一概而论。许多人认为译本只是原本的仿造品,仿造品皆不如原品之美,之意味深厚。这只能归于未得好的译本,只能表示译界不良现状须得改变,不能说绝对地译本不如原本。这只是局部现象,不是普遍真理。如英国詹姆士王朝所译的英文本《新旧约》,德国马丁路德所译的德文本《新旧约》,皆比犹太文和希腊文原本为好。又如中国鸠摩罗什、玄奘等所译的佛经,也比梵文原本更好。还有一个便利,译文加上注释、导言等,会比原文更详尽畅达。贺麟说:

> 译文原文皆是同一客观真理之抄本或表现。就文字言,译本诚是原著之翻译本;就义理言,译本与原著皆系同一客观真理之不同语文的表现。故译本表达同一真理之能力,诚多有不如原著处,但译本表达同一真理之能力,有时同于原著甚或胜过原著,亦不能说绝对不可能。③

可以看出,贺麟的翻译思想,是与他的基本哲学思想一致的。所以有人说他是翻译界的陆王。这绝不是说他的翻译是"六经注我",也不是说他的译文多粗率任意之处,而是说他认定翻译的本质即在用不同的语言文字表达那心同理同的客观真理。翻译之所以可能是因为此客观的理既是宇宙的

---

① 贺麟:《文化与人生》,商务印书馆 1947 年版,第 41 页。
② 贺麟:《文化与人生》,商务印书馆 1947 年版,第 41 页。
③ 贺麟:《文化与人生》,商务印书馆 1947 年版,第 42 页。

心,又是个体的心,是即理即心、即用即体、即一即多的。

三、译述黑格尔,建立新心学

贺麟曾自述其为学宗旨说:"治哲学应以义理之学为本,词章、经济之学为用。"①即主张有体有用之学。而他在选择译什么书时,是贯彻了他"有体有用"的旨趣的。他在众多的西方哲学典籍中选择译述黑格尔,是想把黑格尔思想作为救国的良方。他曾说:

> 我之所以钻研黑格尔哲学,与其说是个人的兴趣,还毋宁说是基于时代的认识。黑格尔的学说于解答时代问题,实有足资我们借鉴的地方。而黑格尔之有内容、有生命、有历史感的逻辑——分析矛盾、调解矛盾、征服冲突的逻辑,及其重民族历史文化,重自求超越有限的精神生活的思想,实足振聋起顽,唤醒对于民族精神的自觉,与鼓舞民族性与民族文化的发展。使吾人既不舍己骛外,亦不故步自封,但知依一定之理则,以自求超拔,自求发展,而臻于理想之域。②

当九一八事变,寇侵日深,民族危亡日益严重的关头,贺麟出于一个爱国知识分子的救国热忱,他不是躲进象牙塔中以学术自娱,也不是披坚执锐上战场杀敌,他拿起了手中的武器——译笔。他欲以黑格尔哲学的自求超拔精神,鼓舞国人不要等靠外来帮助,不要丧失勇气和信心,不要幻想出现奇迹,只有依靠自己的力量,一点一点地和强敌争持。他欲以黑格尔哲学体现的"天理公道"使国人相信,正义终将战胜邪恶,侵略者必将被赶出国门,中国的抗战终将胜利。他欲以黑格尔哲学重视民族历史文化的精神,使国人不忘中华民族悠久灿烂的历史文化,不忘中国知识分子传统的"天下兴亡,匹夫有责"的爱国精神。一句话,他是以哲学义理之"体",为抗日救国之"用"。他的翻译和他的著作的基本精神是一致的,即强烈的爱国主义和理想以现实为基础、现实以理想为归趋的实践精神。他说:"黑格尔全副的热

---

① 贺麟:《五十年来的中国哲学》,辽宁教育出版社1989年版,第117页。
② 贺麟:《五十年来的中国哲学》,辽宁教育出版社1989年版,第118页。

情、志气与精神,差不多尽贯注在他的学说里,而并未十分表现于外表的末节上。所以我相信聪明的读者当不难从他的学说中或从他的著作的字里行间,去认取他爱国的思想和态度。"①这清楚地表明了他译述黑格尔的目的所在。

贺麟也把翻译作为创造新思想的有力帮助。他说:"译作要能激发译者的创进精神,以所译与自己本有的学术倾向共同构成一新思想。"②贺麟正是这样做的。他从小深受儒学的熏陶,特别对宋明理学感兴趣。宋明理学之迈越前代处,正在于它以超出前人的深刻程度,对中国传统各家思想进行综合,对哲学各部门如本体论、宇宙论、人生论、知识论、治国论等进行了全面探讨,对儒、释、道特别是先秦孔孟儒学的精意进行了广泛阐述。与这一庞大深邃的哲学形态相对应,贺麟找到了德国古典哲学特别是黑格尔哲学。黑格尔哲学的即心即理、即主即客、即知即行、即历史即逻辑,正好适宜于把他从宋明理学那里所得的程朱、陆王两大派的学术综合在一起。黑格尔哲学注重历史文化恰与他从宋明理学得到的注重文化陶养,注重生活体验的个性特征相吻合。所以他对黑格尔、新黑格尔的选择,真正贯彻了能激发自己的创进精神这一点。真正做到了所译与本有的学术倾向相结合共同构成一新学术的原则。他的新学术就是他的个性鲜明的新心学。对于这一融合中西哲学所得的思想观点,他是终身持守的。从贺麟前后期思想演变的轨迹可以看出,贺麟对新的唯物论哲学的感情,盖不过对黑格尔的感情。他处处想吸收新哲学,但又怕碰破黑格尔一点皮。对黑格尔思想,他真正花过心血、用过功力,感到它适合自己的思想感情、学术倾向。他也坚信黑格尔哲学能对中国的新文化、新哲学发生好作用。对黑格尔,他是信之笃、爱之深、执之坚。他真正做到了"译述他人之思想,即所以发挥或启发自己的思想。翻译为创造之始,创造为翻译之成。翻译中有创造,创造中有翻译"这一主张的。

贺麟把翻译作为创造新思想的帮助,还表现在他对原书选择的精审上。贺麟最早的两部译著是鲁一士《黑格尔学述》和开尔德《黑格尔》。鲁一士与开尔德是英美新黑格尔主义的早期代表,是接受黑格尔又超出黑格尔,既

① 贺麟:《德国三大哲人歌德、黑格尔、费希特的爱国主义》,商务印书馆1989年版,第20页。

② 贺麟:《文化与人生》,商务印书馆1947年版,第42页。

有亲切体会又有独立创造的哲学家。贺麟认为："鲁一士是一个最善于读黑格尔，而能够道出黑格尔的神髓，揭出黑格尔的精华而遗其糟粕的人。他之特别表彰黑格尔早年少独断保守性且富于自由精神的《精神现象学》一书，与其特别发挥黑格尔分析意识生活的学说，都算得独具只眼。而且鲁一士自己期许的，就是要揭穿黑格尔的秘密，把他的学说从晦涩系统的坟墓里以流畅而有趣致的笔调表彰出来。所以鲁一士叙述黑格尔学的几篇文章，比较最少教本式或学究式的干枯之病，足以使人很有兴会地领略到黑格尔学说的大旨。"①开尔德的《黑格尔》着重叙述黑格尔的生活经历、性格、时代风气、文化背景，特别是政治和宗教的背景，对黑格尔学说的叙述，则重在逻辑学。所以，两书可以说是姊妹篇，可以互相发明、互相弥补。这两书可以清楚地显出黑格尔的全貌、其学说的主干。《黑格尔学述》是贺麟从鲁一士最重要的两部书《近代唯心主义讲演》和《近代哲学的精神》中选择最重要的篇章译出的，后书在贺麟翻译时已出至三十二版，是在英美介绍黑格尔极有影响的著作。开尔德的《黑格尔》也为欧美黑格尔学者所盛称。可见，贺麟译的书不是落伍之作，而是代表时代精神，召唤学术潮流的作品；不是与本国思想无关，而是能激发本国文化内蕴的生命力的作品。贺麟的译书，实践了他对翻译的本质的看法：翻译外籍在某意义下，正是争取思想自由，增加精神财富，解除外加桎梏，内在化外来学术的努力。

四、谈学作文翻译三原则

贺麟早在翻译《黑格尔学述》时，即提出了自己谈学、作文、翻译的三条原则："（一）谈学应打破中西新旧的界限，而以真理所在实事求是为归。（二）作文应打破文言白话的界限，而以理明辞达情抒意宣为归。（三）翻译应打破直译意译的界限，而以能信能达且有艺术工力为归。"②这三条原则，可以说是贺麟的文化观、文体和译法的概括。

---

① 贺麟:《黑格尔哲学讲演集》,上海人民出版社1986年版,第643页。
② 贺麟:《黑格尔哲学讲演集》,上海人民出版社1986年版,第642页。

"谈学应打破中西新旧的界限",这实际上是贺麟对五四新文化运动之后中国的文化建设应取的方向的建议。在新文化运动中,全盘西化论者主张"把线装书都扔到茅厕里去"、"发誓不看线装书"。国粹派认为西方文化只是船坚炮利、声光化电之类的形下之学,没有天人性命的形上之学。形下之学是末务,形上之学是根本。西方学问有用无体,不可作立国的基础。新派人物斥中国旧学术、旧礼教"以理杀人",主张打倒孔家店,在中国全面推行西方文化学术。老派人物认为中国传统文化是世界几大支文化中精神文明程度最高的,可以在西方物质文明破产时,拯救西方人的精神危机。贺麟指出,以上观点都是不明文化发展规律的偏至之论。他认为,即使如全盘西化论者所说,中国人把线装书都扔到厕所里,那么,英国的大英博物馆和美国的国会图书馆里仍有人读中国书,研究中国学问;即使西方果如斯宾格勒《西方的沉沦》一书中所预言的竟归于沉沦,那么柏拉图、亚里士多德、康德、黑格尔的精神火炬也会仍在东方燃烧。他相信,无论中西,其传统文化中都有千古不朽者在,都会永远在人类文化思想的宝库中熠熠闪光。无论人类文化遭到怎样的毁灭,这些文化宝藏都会不断地被掘发出来。所以,绝不能以中西新旧画线,只要是有利于人类的发展和进步,都是我们所需要的文化。贺麟从其文化哲学出发,认为:

> 不管时间之或古或今,不管地域之或中或西,只要一种文化能够启发我们的性灵,扩充我们的人格,发扬民族精神,就是我们所需要的文化。我们不需要狭义的西洋文化,也不需要狭义的中国文化,我们需要文化自身,我们需要真实无妄、有体有用的活文化、真文化。

> 凡在文化领域努力的人,他的工作和使命,应不是全盘接受西化,亦不是抱残守阙地保守固有文化,应该力求直接贡献于人类文化,也就是直接贡献于文化本身。①

这两段话,是贺麟"打破中西新旧界限,而以真理所在实事求是为归"原则的最好说明。

贺麟的"文化本身",即"文化范型"、"文化理念"。文化理念不是柏拉图所谓"理念",是死的、静的,而是黑格尔所谓"理念",是活的、动的,它包括一切有价值的文化征服对象、打败敌手的动态过程。胜利者以其胜利果

①　贺麟:《哲学与哲学史论文集》,商务印书馆1990年版,第354页。

实融入永恒,成为绝对精神的一部分。所以贺麟曾说绝对精神是世界历史给予我们的教训。文化本身是包含矛盾的大全,文化理念是文化本身所趋向的目标,是世界文化中真善美征服假丑恶之后达到的结果。所以贺麟需要的,是无分中西新旧的真善美的文化成果。他的这条原则实际上是黑格尔哲学在他的文化观上的表现。

值得注意的是,贺麟讲"谈学应打破中西新旧的界限"并不是绝对地反对比较中西文化的异同优劣,而是认为:其一,中西文化异同优劣的比较,往往陷于绝对化和武断,抓住一点,不及其余。许多比较中西文化的学者并非深入中西文化的堂奥,而是以浮光掠影式的感觉为立论的基础,多傅会比拟之谈,学术价值不高。其二,就时间言,五四运动之时,作东西文化比较颇合时代需要,但绝不能停留在五四的水平上。五四时持中学优于西学者,是欲为守旧作屏蔽。而持西学优于中学者,乃为全盘西化寻找根据。而当新文化运动的潮流逐渐平息,争论双方皆失势,中西优劣比较亦失其意义。如果说比较只是新的民族建设的先声,那么先声之后的建树是最重要的。其三,从哲学观点看,比较异同优劣属文化批评工作,文化批评工作对于社会的实际影响是非常直接、巨大的。但文化批评是文化哲学的津梁、先导,不是文化哲学本身。不能停留在文化批评阶段,而应"力求浸润钻研、神游冥想于中西某部门的宝藏里,并进而达到文化哲学的堂奥"①。

贺麟所批评的中西文化比较中的绝对化、武断、傅会诸弊,在 20 世纪80 年代的文化讨论中仍然存在而且在今后的文化讨论中也不会绝迹。贺麟所希望的是,有志于中西文化比较研究的人,必须读各方面的书,必须深刻了解中西双方。最好能走出国门,实地体验一下,这样才能走入中西文化的堂奥。另外,托诸空言不如见诸实行,汹汹论争不如各按自己理想的文化模式去生活,在社会的洪炉中锻打筛汰,自然形成一种文化模式。这一点是深具特识的。

"作文应打破文言、白话的界限,而以理明辞达、情抒意宣为归"这条原则,贺麟是贯彻始终的。无论其自著、其译著,其早年著作、其晚年著作,其鸿篇巨制、其百字短文,皆明白畅达,自然清新。他的文字是白话文,但是经过文言陶熔过的白话文,一点也无俚俗之感。少数文言中有活力的字词偶

---

① 贺麟:《哲学与哲学史论文集》,商务印书馆 1990 年版,第 420 页。

而插用,更觉精炼准确。他说他的《黑格尔学述》的译文欲打破文言白话的界限,所以"充满了不成文的文言,不成话的白话",但读起来并无半文半白别扭生硬的感觉,只觉得理明辞达。他的文字常带感情,辞气真率,滔滔直下,富有感染力。这一点与他的老师梁启超相类。

他的译诗也具见功力。《黑格尔学述》中原引有几首诗,对理解文意十分有用。贺麟译得玲珑透剔,很有家法。如第四章所引拜伦一首诗,译曰:

> 昔日误失足,创痛巨且深。所失虽云巨,天宠幸仍存。逝者何须
> 咎,来者万般新。乃悟心中宝,悠永最可珍。大漠有清泉,荒野有绿林。
> 孤鸟鸣空际,告我天心明。①

这首译诗,是整齐的五言,且富哲理意味,一气呵成,浑如整体,没有译诗常有的散漫、拖沓。同时声调铿锵,音节和谐。原作是一首好诗,译仍是一首好诗。诗文水乳交融,相映生辉。使人觉得是原作的有机成分,并非蛇足。又如原书在形容世界精神(或曰宇宙魂)受自身创发力的推动,开始作意识样法变迁之长途旅行时,引了丁尼生(Alfred. Tennyson)的名句,贺麟译作"初出家园,心雄胆壮"②。在形容"绝对精神"时引雪莱诗中名句,贺麟译作"众心之心,一而不分,其性云何,己之真宰。万物汇此,如川朝海。"③皆生动传神。可见贺麟旧诗造诣之深。贺麟的译文,皆和原作风格吻合,虽皆是严格的学术著作,但读之使人兴会感发。他很好地把学术著作义理的严整和表达的生动结合了起来。所以人们爱读他的译作,容易读懂他的译作不是没有缘由的。

"翻译应打破直译、意译的界限,而以能信、能达且有艺术工力为归",这个原则,是对严复"信达雅"三条标准的发展。翻译历来有直译、意译之争。这个争论说到底是信、达、雅三者何为先的问题。前人评论严译名著,虽在其对中国思想界有莫大之功这一点上众口一词,但对其译法却有异议。贺麟在早期写的《严复的翻译》中,把严译九种分为三类:第一类为初期译品,包括《天演论》、《法意》、《穆勒名学》,长于雅而亏于信。这是因为一则严复设想的读者主要是旧式文人,为使他们看懂译作,不能多造新名词,所以免不了用中国旧观念译西方新科学名词。二则他译术尚不成熟,而且无

---

① 〔美〕鲁一士:《黑格尔学述》,贺麟译,商务印书馆 1936 年版,第 98 页。
② 〔美〕鲁一士:《黑格尔学述》,贺麟译,商务印书馆 1936 年版,第 94 页。
③ 〔美〕鲁一士:《黑格尔学述》,贺麟译,商务印书馆 1936 年版,第 39 页。

意直译,只求达旨,"故于信字,似略有亏"。第二类为中期译品,包括《群学肄言》、《原富》、《群己权界论》、《社会通诠》,信、达、雅三善俱备。第三类《名学浅说》、《中国教育议》为晚期译品,用报章文学体,译得更为随便。总之,严译的"雅"是公认的,"达"亦显然可见,"信"字三期不同。第一期略亏于信,第二期无讥议处,第三期不甚重要,译法也不同,不必深究。贺麟认为,严复的信、达、雅是打破了意译和直译的界线,而他自己的译文不拘泥意译、直译的限制,有时直译以达意,有时意译以求真。现一般译者以为直译为求真,意译为达意,而贺麟反之。可见贺麟所谓真,是意思上的真,不是行文上的真。为了真实传达原文义旨,译文可用意译。而直译只能道出原文大意。贺麟在《小逻辑》译者引言中说,瓦拉士(Wallace)的英译本《小逻辑》,译文力求曲折表达黑格尔原意,因此有时不拘泥文字,只求达意。而他自己的中译本《小逻辑》,"有时为求曲折地、清楚有力地表达原文的哲学思想,我不复拘泥于生硬的直译。但整个讲来,我仍逐字逐句毫无增损地直译原文,力求与原文的语气、句法符合"①。就是说,贺麟的译文,首先重意思上的"信",语气句法上的"信"也是为了意思上的"信"。他认为哲学翻译,首重真实地传达原作的思想。"信"是哲学译作的生命。这是哲学翻译不同于文学翻译的地方。

严复所谓"雅",贺麟不用,另提出"艺术工力"来代替。他解释二者的区别说:

> 我所谓的艺术工力与严复的"雅"不同。严氏大概以声调铿锵,对仗工整,有抑扬顿挫的笔气,合桐城派的家法为雅。而我所谓艺术工力乃是融会原作之意,体贴原作之神,使己之译文如出自己之口,如宣自己之意,而非呆板地、奴仆式地徒做原作者之传话机而已。费一番心情,用一番苦思,使译品亦成为有几分创造性的艺术而非机械式的"路定",就是我这里所谓的艺术工力。②

比较严复的"雅"与贺麟的"艺术工力",比较他们各按自己的原则译出的作品,可以看出,二人所注重者显然不同。严复特别注重译文的外在形式,着意适合旧文人的口味。另外,严复时代用白话作文的还不多,特别是学术著

① [德]黑格尔:《小逻辑》,贺麟译,商务印书馆1980年版,第5页。
② 贺麟:《黑格尔哲学讲演集》,上海人民出版社1984年版,第642页。

作。在中国近代译界发生极大影响的严译学术名著和林译小说,皆用文言。严复师承当时桐城派古文家吴汝纶,造诣极深。他的译文用文言,正好展其所长。而作古文,须讲家法,须以雅为第一生命。而严复的译文,也确实"骎骎然与先秦诸子相媲美"。如果把严译《天演论》与赫胥黎原作《进化论与伦理学》比较,可以发现,严译按现在的翻译标准说,只能算作"述"——述其大意。这一点似乎比佛经翻译家鸠摩罗什走得更远。从这里看,严复注重形式美是很突出的。而贺麟的"艺术工力",注重传达原作的真实义旨,但绝不是机械地字次句比,也不以辞害意。贺麟的"融会原作之意,体贴原作之神",主要在形式与内容的最佳结合上用力气,并不特别注重形式美。他要求的是学问专精,文字表达晓畅而有趣致;既是学术著作,又是"有几分创造的艺术品"。要达到这样的标准,绝非率尔操觚所能得,也非鲁莽灭裂所能致,必须真正"费一番心情,用一番苦思"。

贺麟从大学时代就从事翻译工作,前后长达半个多世纪。这半个多世纪,我国的哲学翻译事业从幼稚到成熟,从理论到实践都有重大变化。贺麟的翻译与我国翻译事业的发展是共始终的。如果说,他的前期是发挥自己的哲学思想和翻译西方哲学名著齐头并进,那么,后期就越来越专注于翻译工作。许多重要著作的翻译都是在后期进行的。他的译笔越来越成熟,越来越向信、达、雅三善俱备发展。学术的严整性、规范性越来越强。这里有贺麟个人的因素:翻译有年,真积力久,也有时代的变迁,整个翻译水平的提高对他的影响。我们可以说,前期贺麟主要是哲学家、哲学史家,后期贺麟主要是翻译家、黑格尔哲学专家。他的哲学译著与他发挥自己思想的著作一样,都是现代中国哲学库藏中的精品。

五、译介并举,增加新知

贺麟在翻译西方哲学著作时,也附带介绍著者生平事迹、学说大旨并著书的用心。如译《黑格尔学述》,就有长篇译序介绍鲁一士的思想,鲁一士与詹姆斯的关系,鲁一士在英美新黑格尔主义中的地位等。译《黑格尔》,就介绍开尔德兄弟的学说,开尔德此书与《黑格尔学述》的姊妹关系,并附带介绍德文中概述黑格尔的著作,如哈特曼的《黑格尔》、克洛纳的《从康德到黑格尔》、格罗克纳的《黑格尔哲学的渊源》等书。译《致知篇》就有《斯宾诺莎的生平及其学说大旨》作导言,介绍斯宾诺莎泛神论的思想背景,"真观念"提出的原因,自愿过澹泊、高洁生活的根由。译《精神现象学》,也有长篇导言介绍写作背景,该书的主要内容,它在黑格尔哲学著作中的地位,及新黑格尔主义者对精神现象学的改造。译《小逻辑》就介绍《小逻辑》与《逻辑学》的关系,二书的区别及各自的特点所在。他的这些介绍不是附赘悬疣,而是他整个翻译的有机组成部分,可以起导读和知人论世的作用。比如,从对《小逻辑》的介绍中我们就可以看出这些副产品的价值和意义。他说:"《小逻辑》是黑格尔于他生命的最后十年内对《大逻辑》留心增删,最足代表他晚年成熟的逻辑系统的著作。《小逻辑》是《大逻辑》的提要钩玄和补充发挥。它的好处在于把握住全系统的轮廓和重点,材料分配均匀,文字简奥紧凑,而意蕴深厚。初看似颇难解,及细加咀嚼,愈觉意味无穷,启发人深思。他的学生在他逝世后编订全集时,再附加以学生笔记作为附释,于是使得这书又有了明白晓畅、亲切感人的特点。"① 又如他的最后译作《黑格尔早期神学著作》,仍然不忘在译者序言中介绍黑格尔神学思想的精要之处和自己对它的理解。

贺麟的译介并举,首先是为了向国人介绍西方学术文化知识。贺麟前期译著《黑格尔学述》、《黑格尔》、《致知篇》皆出版于19世纪30年代中期和40年代初期,其时虽已有多人介绍过黑格尔和斯宾诺莎,但都不全面、不深刻。大学里刚开始开设这类课程,国人对这些西方哲学家所知不多,对新黑格尔主义更是陌生。贺麟附带介绍黑格尔、斯宾诺莎、鲁一士、开尔德的生平及其学说大旨,就是为了给读者提供预备知识,使读者知其人,论其世,读其书。即后期译作,如《精神现象学》译者导言和《小逻辑》译者引言,也都提出了一些国内当时知之甚少的材料。这些都对提高国人西方学术文化知识,起了积极的作用。

贺麟的译介并举,也是为了引导读者学哲学。他认为,中国和西方哲学史都有几大柱石,中国是孔孟老庄、程朱陆王,西方是柏拉图、亚里士多德、笛卡尔、斯宾诺莎、休谟、康德、黑格尔。这些哲学家可以叫作"经常的哲学

---

① ［德］黑格尔:《小逻辑》,贺麟译,商务印书馆1980年版,第2页。

家",说"经常"是指他们的著作不怕时间的淘汰,地域的阻隔,具有普遍性。这些哲学家又是"古典的哲学家",意思是这些经常哲学家的著作、思想类似古董,时间越久便越有价值。研究哲学,从研究这些经常(古典)哲学家的哲学着手,翻译哲学著作,从翻译这些经常哲学家的著作着手,是最好的途径。因为这些哲学家提出的问题,是人类终极关切的问题,是历久常新的。他们对这些问题的回答,代表了各个时期人类智慧对这些问题的最高解决。他们对这些问题的思路、答案、解决方法、所用的概念范畴,构成了"哲学"这门学问。学习哲学,就是思考经常哲学家提出的问题,研究他们解决问题的思想方法,剖析他们所用的概念范畴。也就是说,学习哲学史就是学习哲学。

贺麟的这一观点,在当时无系统的"哲学原理",而所谓"哲学概论",也不过是历代哲学家论点的撮要报告的情况之下,是有用的。现在也不能说是过时之论。他的译著和介绍,也确实把许多人领进了哲学之门。

贺麟的译介并举,也是为了以西方哲学融会中国哲学。在原著中他发现有与中国思想一致的地方,往往在译序、导言中指出。他的许多译序、导言、附录、备注中,都有中西哲学比较的内容。如《黑格尔学述》有附录《朱熹与黑格尔太极说之比较观》,将黑格尔的最重要概念"绝对"和中国哲学范畴"太极"相比。《致知篇》备考中,把斯宾诺莎的"真观念"和王阳明的"良知"相比,认为二人的根本方法都是"致良知",不过前者偏重科学上的致良知,后者偏重道德上的致良知。贺麟明确表示,他的研究方向或特点,就是走中西比较参证、融会贯通的道路。这一志向,在他的著作中,在他的译作的副产品中,都是贯彻始终的。这表现了贺麟一个根本认识,一个切实努力,这就是:"以自由自主的精神或理性为主体,去吸收融化、超出扬弃那外来文化和以往的文化,尽量取精用弘,含英咀华。不仅要承受中国文化的遗产,且须承受西洋文化的遗产,使之内在化,变成自己的活动的产业。"

六、重视译名,订正译名

哲学是用概念范畴表达思想、观念的理论体系。哲学著作的翻译,译名是十分重要的。译名应该准确、规范,且有相对稳定性。如果同一外文名词,译法人人不同,那就不仅歧义纷出,无法正确理解原作,而且使人觉得这门科学还是不严格、不独立的。如果没有准确的、规范的、统一的译名,许多外国哲学名词或用音译,或用不科学的旧名,这表明译者还没有真正读懂原作,还没有能力把外国哲学变成中国人易于接受的东西。中国20世纪二三十年代哲学译名混乱,不准确、不规范的译名掇拾皆是,译作因此芜滥杪杂。贺麟认为,这是译界大病,他提出:"要想中国此后哲学思想的独立,要想把西洋哲学中国化,郑重订正译名实为首务之急。"①这里,他把订正译名作为中国学术能否独立,西洋哲学能否中国化的大问题来看待,这是有深识的。

贺麟针对译界病症,提出了订正译名的态度和原则:"对于译名的不苟,应当采取严复的'一名之立,旬月踟蹰'态度。"②"讲到翻译西洋名哲的名著,则对于译名一事,却不可松松放过。"③就是说,对译名要极其慎重,反复推敲,尽量使译名既能正确表达原作的意思,又要便于中国人接受;既是外国哲学的一部分,又是中国哲学的一部分;既要准确规范,不生歧义,又要能含容复杂、精微的意义。贺麟指出,要做到这些,必须第一,有文字学基础;第二,有哲学史基础;第三,不得已时方可自铸新名以译西名,但须极审慎,且须详细说明其理由,诠释其意义;第四,对于翻译草创时期袭取的日本名词,须取严格的批评态度,不可随便采纳。这四条原则,是中国自佛经翻译以来重视译名的优良传统的发扬。南北朝时佛经译场,规模弘大,分工细密,有译主、笔受、度语、证梵、润文、证义、总勘等职事,每译一经,要经过多道程序。其中证梵、证义除对经文进行反复对勘、比量外,重点对译名的音译还是义译,用中国旧名还是自铸新名,译名有无歧义,能否表达精微的含义等方面,严加考辨。唐玄奘有"五不翻",专论译名的禁例:(一)秘密(指咒语);(二)含多义(包含多种意义);(三)此无(本土无相应事物);(四)顺古(沿用古来已有的定名);(五)生善(原含感情,能令人闻而生崇敬心。如"般若"翻"智慧",前者尊重,后者轻浅)。佛经还有许多辞书,集古今译名以为参考。如宋法云编《翻译名义集》,列梵文音译、出处、异译、义释等,对译名极为重视。明代徐光启等与来华耶稣会士合译西方科技书,对译名

---

①　贺麟:《黑格尔哲学讲演集》,上海人民出版社1984年版,第662页。

②　贺麟:《五十年来的中国哲学》,辽宁教育出版社1989年版,第119页。

③　贺麟:《哲学与哲学史论文集》,商务印书馆1990年版,第255页。

也极注重。如由利玛窦口译、徐光启笔受的《几何原本》,译名皆经过反复推敲,许多专用名词如点、线、面、直线、曲线、平行线、角、直角、锐角、钝角、三角形、四边形等,都是徐光启参酌古算书定下来的。不但在我国沿用至今,而且传到日本、朝鲜等国。清末严复,深知"西名东译,失者固多",对译名极其审慎。贺麟关于译名的原则,是继承了中国翻译史上重视译名的优良传统,又针对哲学典籍译名多、易失原义等情况特为提出的。

贺麟关于译名的四条原则,也是他在自己的翻译实践中体会、总结出来的。他讲西方哲学的译名要有文字学基础,就是"一方面须上溯西文原字在希腊文中或拉丁文中的原义,一方面须寻得在中国字书(如《说文》、《尔雅》)上有来历的适当名词以翻译西方名词"①。这是追根溯源法。对于一名词,必须探其根由,看它原义是什么,引申义是什么,引申义对原义蔓延多少,同一名词在不同哲学家中使用,其异同何在等等。其中文译名,也要有来历,必须也是哲学名词,最好在先秦诸子、宋明理学或佛经中沿用已久,不使人有生涩、冷僻之感。如中国无相应译名,不得已自铸新名,要极慎重,必须在首次使用时详加解释,说明它的意思,使用它的理由等。还要提醒读者注意可能产生的歧义。尤其对日本译名,用时要慎之又慎。贺麟特别说明,他之对日本名词持批评态度,倒不是当时狭义的爱国,"抵制日货",而是从学术的严肃性出发,从译名的科学性、准确性出发。在贺麟看来,日本翻译家大都缺乏中国文字学和中国哲学史的学养,其译名往往生硬笨拙。搬到中文里来,往往缺乏贯通性。②

贺麟对于译名的这些意见,是极有见地的。特别是译者要有中外文字学基础和哲学史学养,更是不刊之论。西方哲学的源头是希腊,西方各种文字的哲学名词大都自希腊文演化而来。中世纪之后,受经院哲学的影响,哲学著作盛行用拉丁文写作之风。西籍中译,译者最好有希腊文和拉丁文基础,知其源流变迁之迹,方能找出最合适的中文译名。而如果中文学养不足,不仅译名歧义纷出,而且整个译文不通顺、不雅驯,失去原作风格,殊难正确理解原作,更不用说从中体会作者的用心。贺麟的译作,大都据多种版本对勘过。他本人熟谙德、英、俄、拉丁文,许多地方请熟习希腊文的学者校

---

① 贺麟:《黑格尔哲学讲演集》,上海人民出版社 1986 年版,第 662 页。
② 参见贺麟:《黑格尔哲学讲演集》,上海人民出版社 1986 年版,第 662 页。

阅过,尽量做到审慎、精详。《小逻辑》译稿甚至作为学生教材对照英文或德文原著集体研读,集思广益,精益求精。贺麟的译作中也可以看出深厚的中国文化学养,译文皆明白晓畅,准确传神。他的文字功深有得于熟读先秦诸子、宋明儒学案,及在清华学校所学诸小学课程。论者谓贺麟"长于运用文字表白种种哲学思想能够使人易于了解"[1],可以说是深知其文字特点的。

　　贺麟不仅重视译名,而且对许多译名专文加以考辨。这方面重要文章有《黑格尔学述》译序、《康德译名的商榷》、《小逻辑》译者引言、新版序言、《致知篇》备考等。下面略举数例。

　　贺麟在译黑格尔,读康德著作中,都感到德文 Diallektik 仿日本译法译为"辩证"是不妥当的。他在《黑格尔学述》译序和《康德译名的商榷》二文中都指出:"黑格尔的 Diaektik 或 Dialektische Methode 既是指矛盾的实在观、矛盾的真理观及意识生活之矛盾分析等,则其含义与普通所谓'辩证'显然隔得很远。若依日本人的译法,实在文不对题,令人莫名其妙。"[2]因为"辩证"一词的字面意义是辨别、证明等。辨别多用比照、对勘等方法,证明多用例举事实以说明或据公理以推演等方法,与哲学上"相反的两面之对立"隔得很远。黑格尔的矛盾法,即对立面的斗争及斗争的解决而出现新的对立面,即正、反、合三分范畴方式,都是"以子之矛攻子之盾"的"矛盾"之意。虽然"辩证"如辨别、证明等也要用"以子之矛攻子之盾"的矛盾法,但与意义显豁、直揭本质的"矛盾法"译名,相去甚远。"辩证"二字在中国古代典籍中的用法也与"矛盾"之义不相类。"辩证"二字初见于朱熹的《楚辞辩证》,这书是考校、辨别楚辞几种版本的异同,与哲学家之"矛盾法"殊无关涉。译 Dialektik 为"辩证",既无文字学的基础,又无哲学史的基础。贺麟五十年前对于这个译名的意见,不能说没有道理。但"辩证"这个译名现已通用,约定俗成,大可不必再改动。

　　贺麟也用了相当多的篇幅讨论译名"太极"。他认为,译英文的"The Absolute"(绝对)为"太极",符合他以上定名原则,最切当不过。因为"太极"是中国哲学的固有范畴,即中国哲学的"通用货币"。道家、道教、《易

　　① 徐梵澄:《〈近代唯心论简释〉述评》,载贺麟:《哲学与哲学史论文集》,商务印书馆1990年版,"附录"第401页。
　　② 贺麟:《黑格尔哲学讲演集》,上海人民出版社1986年版,第652页。

传》、宋明理学都把太极作为其哲学的最高范畴、无上究竟。它是有哲学史基础的。另外，太极不仅有"最高的绝对"义，而且有"中"义。如"皇极"、"屋极"之"极"字又另作"中"字解。陆九渊与朱熹辩论，坚持"太极"应释为"大中"。按绝对论哲学，最高绝对、无上究竟不仅是具体事物得以成立的根据，而且是具体事物所要趋赴的目标。如朱熹的"太极"，就是"总天地万物之理"，它不仅是事物的"所以然之理"，而且是"所当然之则"，与黑格尔的 The Absolute(最高范畴，最后原则，统贯一切的有机体)义同。"太极"一词，在中国哲学中相沿已久，可以说有哲学史的基础。这样的译法，不用生硬地自造新名，也不采用无文字学、无哲学史基础的日本译名。

贺麟以"太极"译黑格尔的"绝对"还有深意，就是要通过恰当的译名，使中国哲学和外国哲学融会贯通。这首先要扫除一些人的偏见。有些人一听见"太极"这样虚玄而有道教气味的名词，便联想到卜筮、炼丹等神秘、迷信的东西。其实，这是没有深究中国哲学，没有考察中国哲学范畴特点的肤浅看法。太极、两仪、四象、五行、八卦等，都是中国哲学的名词，都是中国古代哲学家的"通用货币"，就好像斯宾诺莎的两属性、康德的十二范畴、黑格尔的三个一串的范畴一样，绝不能与道士的迷信妖妄混为一谈。更不能因为流俗滥用如"太极丸"之类，便摒弃不用。治哲学史、译哲学书如果不能给旧有、通用的范畴以相当地位，就不能做到古今中外哲学的融会贯通。

"矛盾"、"太极"两概念为理解黑格尔哲学的关键，在黑格尔哲学中地位极其重要，译名必须精当。而康德的三大《批判》的书名，对理解康德极为重要，译名必须准确。贺麟对此有很好的意见，他认为：康德三大名著的书名，最好能够表示出下列的方法：

真—知—知—科学——纯理论衡的题材

善—意—行—道德——行理论衡的题材

美—情—审美—艺术——品鉴论衡的题材

使人可以从三大名著的书名里即可见得康德哲学的规模①。这里第一，贺麟不同意把 critical 译作"批判"，也不同意译作"批评"，而主张译作"论衡"。他提出的理由是：

> 普通的批评叫作批评，系统的严重的批评，便叫作"论衡"。康德

---

① 贺麟：《哲学与哲学史论文集》，商务印书馆1990年版，第256—267页。

的书名故以称为"论衡"最为适宜。余意"批判"两字在康德不可用,盖批评与怀疑相近,与下最后判断之独断相反。康德只可说是批而不判,或批而不断的批评主义或批导主义者。①

康德三大《批判》都是对人的理智作怀疑的考察,以便对其适用的范围加以限定。critical 勉强可译作批导,即加以批评的考察以导向一定的结果之意。不能译作"批判"。因为"批判"有批有判,殊多独断意味,与康德反对独断论的原意不合。而且"批判"一词语气很重,特别是经过"文化大革命"的"大批判",更使人觉得"批判"就是对某人物、言论、思想声言其罪而严加讨伐。与康德的"考察"、"探究"、"精研"等有学术气味的温和的原意相去甚远。而"论衡","论"即据理力言之义,"衡"即"称"、"量"之义,合康德"考察"、"探究"的原意。"衡"又有"平"、"正"、"中"等义,"论衡"有论说并引导到正确结果之意,也符合"批导"之义。并且"论衡"有中国哲学史的基础,东汉王充有《论衡》一书,其内容是对当时流行的各种学说进行考察。

第二,康德讲美学的著作 *Kritik der Urteilskraft* 译为《判断力批判》,仅从书名很难看出是什么样的判断力。而译《品鉴论衡》则从书名就可知道这是关于艺术欣赏的,是美学著作,因为"品鉴"一般指对艺术品的欣赏、鉴定、分别等次。译《品鉴论衡》旨诣显豁,又显得典雅。

第三,贺麟以上排列表,告诉了人们康德哲学的规模,这就是博大精深,涉及人类精神生活的各个方面。他以真、善、美为人类的最高追求,以知、情、意为人类精神生活的基本内容,以科学、道德、艺术为人类文化的最重要部门。康德的"三大论衡",表示他的哲学理想是真、善、美的统一,人的心灵是知、情、意的统一。也表示,康德的"三大论衡"以《纯理论衡》为基础,他的哲学是彻底理性主义的。

此外,贺麟对"知性"一词的译法,也表现了他的特识,而且已被广泛接受。他说:

> 德文的 der Verstand,英文的 understanding,日人译作"悟性",中文译法最不一致,但亦以采日译作"悟性"者为多。按悟性在中文每与了悟、省悟、悔悟、觉悟等连缀成词,乃英文 recollect、awaken 之意,不能表示由认识的主体主动地去把握、去理解、去求知的意思。故以译为"知

---

① 　贺麟:《哲学与哲学史论文集》,商务印书馆 1990 年版,第 258 页。

性"为较妥。知性乃把握对象、构成概念的能力,而悟性也许含有直觉意味,不一定是构成概念的能力。①

这里贺麟是从康德哲学的精髓主体能动性,从中西不同的思维倾向直觉和理智出发去辨析的,立意高而分析精。

最后,说到贺麟的翻译,不能不提到他创建并主持的"西洋哲学名著编译委员会"。贺麟在谈到中国近代几个重要的哲学事件时曾说:自从 1923 年张颐先生回国主持北京大学哲学系,讲授康德和黑格尔哲学,西方古典哲学才开始真正进入了中国近代大学哲学系。自从 1927 年张东荪、瞿菊农、黄子通等创刊《哲学评论》后,中国才开始有专门性质的哲学刊物。自从 1935 年 4 月中国哲学会成立,举行第一届年会起,中国哲学界才开始有组织地从事哲学理论和中西哲学史的研究。自从 1941 年中国哲学会西洋哲学名著编译委员会成立后,我们对于西洋哲学才有严格认真,有系统、有计划的译述和介绍的机构。② "西洋哲学名著编译委员会"在昆明创立,聘请专家为委员,设专职研究编译员,在抗日战争的艰苦条件下,出版了一批质量较高的哲学著作,如郑昕的《康德学述》,贺麟的译著《致知篇》,陈康的《柏拉图〈巴门尼得斯篇〉译注》,任继愈等编译的《西洋伦理学名著选辑》等。编译会于 1949 年并入北京大学文科研究所,1952 年并入北京大学哲学系,现在仍有部分活动。贺麟自始即主持这项工作。从编译会创立之初即着手翻译的著作,大都在以后陆续出版。如贺麟的《伦理学》、《小逻辑》,他和学生合译的《哲学史讲演录》、《精神现象学》等,对中国现代哲学研究起了很大作用。编译会培养的青年学者,现在许多成了哲学著作翻译专家和哲学史家,至今在海内外哲学界发挥着作用,并带出了一批新的哲学研究和翻译人才。其中贺麟的功劳,可谓巨且伟矣。

---

① 贺麟:《哲学与哲学史论文集》,商务印书馆 1990 年版,第 273 页。
② 参见贺麟:《五十年来的中国哲学》,辽宁教育出版社 1989 年版,第 96 页。

贺麟学术年表

1902 年（清光绪二十八年）

生于四川金堂县五凤镇的一个耕读之家。父亲名松云,卒业于金堂正精书院,当过金堂县中学校长,县教育科长。

1908 年（清光绪三十四年）,6 岁

入小学。小学毕业后入金堂县中学。后考入成都石室中学,学宋明理学。

1919 年（民国八年）,17 岁

以优异成绩考入清华学校,受业于梁启超门下。

1923 年（民国十二年）,21 岁

在梁启超指导下写成《戴东原研究指南》一文,发表于《晨报》副刊。这是贺麟发表的第一篇文章。

本年张颐回国主持北京大学哲学系,讲授康德和黑格尔哲学。是为西方古典哲学进入近代中国大学之始。

1925 年（民国十四年）,23 岁

选习吴宓讲授的翻译课,开始翻译英文诗和散文,对照原文阅读严复的译作。11 月,《严复的翻译》发表于《东方杂志》第 22 卷第 21 号。

任《清华周刊》主编。在该刊发表《论研究宗教是反对外来宗教传播的正当方法》,后收入《文化与人生》新版。

1926 年（民国十五年）,24 岁

7 月,在清华大学毕业。秋,赴美国奥柏林大学留学。修耶顿夫人主讲的"伦理学"课。开始读人类学和神话学著作。课外,由耶顿夫人讲黑格尔和斯宾诺莎哲学。是为接触黑格尔、斯宾诺莎之始。

用英文作《神话的本质和理论》、《魔术》、《村社制度研究》、《结婚、离婚的历史和伦理》、《论述吉伍勒的伦理思想》等论文。后译成中文,收入《哲学与哲学史论文集》。

1927 年(民国十六年),25 岁

在耶顿夫人指导下学习斯宾诺莎《伦理学》。用英文作《斯宾诺莎哲学的宗教方面》的毕业论文,得到学士学位。

12 月,《西洋机械人生观最近之论战》发表于《东方杂志》第 24 卷第 19 号。

1928 年(民国十七年),26 岁

3 月,离开奥柏林,去芝加哥大学。参加春季、夏季讲习班,听米德讲授"黑格尔精神现象学"、"柏格森哲学"等课程。开始研习格林著作。

7 月,作《托马斯·希尔·格林》一文。是为接受新黑格尔主义之始。

9 月,因不满芝加哥大学的实用主义学风,欲学习古典哲学,遂转往哈佛大学。在哈佛,选习怀特海的"自然哲学"、霍金的"形而上学"等课程,参加怀特海周末招待来访学生的可可茶会,与怀特海论中国哲学。

1929 年(民国十八年),27 岁

在哈佛大学哲学系毕业,获硕士学位。入研究院从事研究工作。

用英文作《道德价值与美学价值》、《论自然的目的论》两文。

开始阅读鲁一士和开尔德的著作,尤其对鲁一士《近代哲学的精神》、《近代唯心主义讲演》两书感兴趣,并选译其重要篇章,合为一书,名《黑格尔学述》,与所译开尔德《黑格尔》,交商务印书馆出版。

作《基督教和中国的民族主义运动》。文章在某牧区晚会和东方学生会议上宣读过,后译成中文,收入新版《文化与人生》。

1930 年(民国十九年),28 岁

作《论一和多的问题》、《论自我》、《詹姆士和鲁一士哲学的比较》、《尝试与错误学习在教育问题上的应用》、《反射的意义》诸文,后皆收入《哲学与哲学史论文集》。

8 月,作《朱熹与黑格尔太极说之比较观》,发表于 11 月 3 日《大公报》文学副刊和《国闻周报》第 7 卷第 49 期。是为贺麟最早对比中西哲学的专论。

10 月,离开美国,前往德国柏林大学继续学习黑格尔哲学。到柏林后,先学德语和拉丁语,然后听亨利希·迈尔的哲学史课程和尼古拉·哈特曼的黑格尔哲学课程。研读德文写的有关黑格尔生平、学说的书籍。其中获益最多的是哈特曼《黑格尔》、克洛那《从康德到黑格尔》、格罗克那《黑格尔哲学的渊源》、狄尔泰《青年黑格尔的历史》、《精神科学序论》诸书。

1931 年（民国二十年），29 岁

春，拜访著名的斯宾诺莎研究专家犹太人格布哈特，被邀到法兰克福附近的"金溪村舍"作客。由格布哈特介绍加入国际斯宾诺莎学会，并着手翻译《伦理学》。不久，格布哈特在希特勒反犹太人运动中被迫害致死，学会停止工作，翻译也告中断。

7 月，为纪念黑格尔逝世一百周年，在柏林写成《〈黑格尔学述〉译序》，发表于《国风》半月刊第 2 卷第 5、6 两号。

8 月，离开柏林经东欧、莫斯科，乘西伯利亚铁路回国，8 月 28 日到北京。

9 月，由数学家扬武之推荐，受聘为北京大学讲师，一年后为副教授。讲授"哲学概论"、"西方哲学史"、"现代西方哲学"等课程，并在清华大学兼课。初见时任清华大学文学院院长兼哲学系主任的冯友兰教授。

九一八事变爆发，接受《大公报》文学副刊编者吴宓的邀请，作《德国三大伟人处国难时的态度》，《大公报》分七期连载。

1932 年（民国二十一年），30 岁

9 月，应燕京大学学生会之邀，作"论意志自由"的讲演。是为回国后初次讲演。讲词发表于《大公报》现代思潮专栏第 36、38 期，名《我之自由意志观》。

11 月，为纪念斯宾诺莎诞生三百周年，译斯宾诺莎与奥登堡论学书札二通，作《斯宾诺莎像赞》、《斯宾诺莎生平及学说大旨》两文。《大公报》文学副刊分三期连载。是为贺麟最早在国内发表介绍斯宾诺莎的文字。

1933 年（民国二十二年），31 岁

春，应《华北日报》主编之邀担任该报"哲学副刊"编者。发表《华北日报哲学副刊发刊词》及《真理与真情》、《文化与文明》、《论人禽异同》三篇短文。不久因《华北日报》编辑方针不符合南京方面的意旨，离职而去。

3 月，《黑格尔学述》第一篇《黑格尔之为人及其学说概要》发表于《大陆杂志》第 1 卷第 9 期。第二篇《黑格尔的〈精神现象学〉》发表于《哲学评论》第 5 卷第 1 期。另有《道德进化问题》发表于《清华学报》第 9 卷第 1

期。书评《评赵懋华〈叔本华学派的伦理学〉》发表于《大公报》文学副刊第305 期。

1934 年(民国二十三年),32 岁

3 月,《近代唯心论简释》一文在《大公报》现代思潮专栏发表。后收入《近代唯心论简释》论文集为首篇,书名也袭用此篇名。

4 月,译文《黑格尔印象记》在《清华周刊》第 41 卷第 5 期发表。

7 月,《德国三大伟人处国难时的态度》由大学出版社集为一书出版。惟“伟人”改为“哲人”,书后附录梁启超《菲斯的人生天职论述评》一文。

1935 年(民国二十四年),33 岁

4 月,中国哲学会在北平成立,并举行第一届年会,当选为第一届理事会理事兼秘书。

5 月,所译亨利希·迈尔《最近五十年之西洋哲学》在《新民月刊》第 1卷第 1 期发表。同时收入商务印书馆出版的《五十年来的德国学术》。《经济与道德》写成,1938 年发表于《国闻周报》。

1936 年(民国二十五年),34 岁

1 月,《宋儒的思想方法》发表于《东方杂志》第 33 卷第 2 号。

3 月,译著开尔德《黑格尔》由商务印书馆出版。

7 月,《评康宁汉〈哲学问题〉》作为温公颐编译的《哲学概论》一书的序言发表。

9 月,《康德译名的商榷》发表于《东方杂志》第 33 卷第 17 期。后名《康德名词的解释和学说的大旨》。

译著鲁一士《黑格尔学述》由商务印书馆出版。有长篇译序和后序并附录《朱熹与黑格尔太极说之比较观》及素痴《关于朱熹太极说之讨论》。

11 月,《彭基相〈谈真〉序》发表。

本年由副教授晋升为教授。

1937 年(民国二十六年),35 岁

7 月,抗日战争爆发,北平、天津沦陷。北京大学、清华大学、南开大学奉教育部之命迁往长沙,组成临时大学,11 月开始上课。随北大文学院迁至南岳。

1938 年(民国二十七年),36 岁

2 月,临时大学离长沙南迁,4 月至昆明,改为西南联合大学。随文学院迁至蒙自。时冯友兰教授之《新理学》写成,出版前曾由金岳霖、汤用彤、贺麟等校阅全稿。

5月,《新道德的动向》发表于《新动向》杂志第1期。《抗建与学术》发表于《云南日报》。

6月,与张荫麟通信辩论宋儒太极说之转变,信发表于《新动向》杂志。

8月,《法治与德治》发表于《云南日报》。《物质与思想》发表。

代表他的知行观的重要文章《知行合一新论》写成。作为"北京大学四十周年纪念论文集"之一种出版单行本。

1940年(民国二十九年),38岁

5月,《五伦观念的新检讨》发表于《战国策》第3期。

7月,《辩证法与辩证观》发表。

11月,《时空与超时空》上篇发表于《哲学评论》第7卷第4期。收入《近代唯心论简释》时补下篇《论超时空》及《论时空答石峻书》。

1941年(民国三十年),39岁

1月,《王安石的心学》发表。

3月,《王安石的性论》发表。收入《文化与人生》时合为一篇名《王安石的哲学思想》。

7月,《论英雄崇拜》、《自然与人生》发表。

8月,代表复兴儒家根本观点的重要论文《儒家思想的新开展》发表于《思想与时代》第1期。

《论假私济公》、《论人的使命》、《信仰与生活》、《理想与现实》、《乐观与悲观》在昆明发表。

本年,中国哲学会西洋哲学名著编译委员会在昆明成立。贺麟被推为主任委员。是为中国有系统、有计划地移译西洋哲学名著的机构建立之始。

开始译黑格尔的重要著作《小逻辑》。

1942年(民国三十一年),40岁

1月,《近代唯心论简释》论文集由重庆独立出版社出版。收入回国后十年来的重要论文16篇。是为贺麟前期思想的代表作。

9月,胡绳发表《一个唯心论者的文化观》书评,对书中若干观点进行批评。次年三四月间,徐梵澄发表《〈近代唯心论简释〉述评》,谢幼伟发表《何谓唯心论》的书评。贺麟写《答谢幼伟兄批评三点》作答。

1943 年（民国三十二年）,41 岁

译作斯宾诺莎《致知篇》由商务印书馆在重庆出版。是为西洋哲学名著编译委员会的第一批产品之一。

《观念与行动》、《纳粹毁灭与德国文化》、《诸葛亮与道家》、《读书与思想》、《基督教与政治》、《费希特哲学简述》发表。

是年在西南联大讲授"黑格尔理则学"课程。由樊星南笔记的讲稿作为"北京大学五十周年纪念论文集"之一种出版单行本,名《黑格尔理则学简述》。后加修订收入《黑格尔哲学讲演集》。

1944 年（民国三十一年）,42 岁

《电影与文化》、《战争与道德》、《宣传与教育》、《宋儒的新评价》、《杨墨的新评价》、《功利主义的新评价》、《谢林哲学简述》发表。

1945 年（民国三十四年）,43 岁

《漫谈教学生活》、《陆象山与王安石》发表。

《五十年来的哲学》、《时代思潮的演变与批判》、《知行问题的讨论与发挥》发表,后为《当代中国哲学》之第一章、第三章、第四章。

8 月,抗日战争胜利。

9 月,西南联大"三民主义教学委员会"主席陈雪屏离校,代理其职务。

1946 年（民国三十五年）,44 岁

《树木与树人》、《学术与政治》、《政治与修养》、《文化武化与工商化》、《论哲学纷无定论》、《民治论》发表。

校阅谢幼伟译布拉德雷《伦理学研究》。

西南联大战时使命完成,决定三校迁回原址。5 月 4 日召开纪念会,"国立西南联合大学纪念碑"揭幕。

6 月,联大哲学心理学系主任汤用彤因公离校,暂行代理其主任职务。

7 月,闻一多在昆明遭暗杀,联大成立"闻一多丧葬抚恤委员会",被推为该会委员。

联大三校联合迁移委员会成立,被推为该会委员,负责处理各迁移事项,保管核支各项账目。

9 月,收集抗战八年来发表的关于文化与人生的文章 37 篇,编为一书,名《文化与人生》,交商务印书馆出版。

10 月,复员后的北京大学在沙滩原址开学。仍授"西方哲学史"、"黑格尔哲学"、"现代西方哲学"等课程。

1947 年（民国三十六年），45 岁

《认识西洋文化的新努力》、《西洋近代人生哲学的趋势》、《革命先烈纪念日感言》、《向青年学习》发表。

《文化与人生》由商务印书馆出版。

《当代中国哲学》由重庆胜利出版公司出版。

本年秋至次年春，讲授"现代西方哲学"，讲课记录稿搁置箱箧三十余年，后作修订，为 1984 年出版的《现代西方哲学讲演集》上篇。

任北京大学训导处训导长。

1948 年（民国三十七年），46 岁

4 月，在北大反饥饿反迫害学潮中以训导长身份劝告北平警备司令陈继承"不要再做关麟征，不要再酿成'一二·一'惨案"。

《此时行宪应有的根本认识和重点所在》、《论反动》发表。

《黑格尔理则学简述》由北大出版单行本。

12 月，拒绝了胡适邀请去台湾的三封电报。

1949 年，47 岁

9 月，《小逻辑》译毕。

10 月，中华人民共和国成立。

1950 年，48 岁

在北京大学讲授"黑格尔哲学研究"课程一学年，课上研读《小逻辑》和列宁《黑格尔〈逻辑学〉一书摘要》。班上有杨宪邦、张岱之、杨祖陶、陈世夫、梅得愚、王太庆诸学生。

译著《黑格尔的〈小逻辑〉》由商务印书馆在上海出版。

冬，到陕西长安县参观土改。

1951 年，49 岁

1 月，《答复庄本先先生》发表于《新建设》第 3 卷第 4 期。

4 月，《参加土改改变了我的思想——启发了我对辩证唯物论的新理解和对唯心论的批判》发表于《光明日报》。

10 月，到江西参观土改。

1952 年，50 岁

是年全国高等院校进行院系调整。被调整后的北京大学聘为教授。

1953 年,51 岁

加入中国民主同盟。曾任民盟北京市委员,第一、第二届民盟中央参议委员会常委,第四、第五届民盟中央委员。

1954 年,52 岁

作《我同意克列同志的说法的思想斗争过程》,未发表,后收入《哲学与哲学史论文集》。

8 月,在北京大学讲授"黑格尔哲学"课程,讲稿曾被校外邀请讲课的单位油印过,后加修订收入《黑格尔哲学讲演集》。

11 月,《小逻辑》由三联书店出新版。

1955 年,53 岁

1 月,《两点批判,一点反省》发表于《人民日报》,收入本年出版的《胡适思想批判论文汇编》。

2 月,《知识分子怎样循着自己的专业途径走向社会主义》发表于《新建设》第 2 期。

3 月,《批判胡适的思想方法》发表于《新建设》第 3 期。

6 月,《论反映——学习辩证唯物主义认识论的一些体会》发表于《新建设》第 6 期。

《从胡风反革命集团的活动来看胡风唯心论思想的反动实质》发表于《大公报》。

7 月,《"百家争鸣"和哲学》发表于《学习》第 7 期。

8 月,《批判梁漱溟的直觉主义》发表于《新建设》第 8 期。

在中国科学院哲学社会科学部举行的胡适哲学思想批判讨论会上作"读艾思奇同志《批判胡适的实用主义》的一些启发和意见"的报告,讲稿后收入《现代西方哲学讲演集》。在中国人民大学作"黑格尔的自然哲学"的讲演,讲稿收入《黑格尔哲学讲演集》。

11 月,译著《马克思:黑格尔辩证法和哲学一般的批判》由人民出版社出版。

本年调中国科学院哲学研究所,为研究员。任西方哲学史组组长、研究室主任。后任哲学研究所学术委员会副主任。

1956 年,54 岁

1 月,《介绍黑格尔哲学的两难》发表于《争鸣》第 1 期。

4月,译著黑格尔《哲学史讲演录》第一卷(与方书春、王太庆等合译)由三联书店出版,后改由商务印书馆出版。

6月,《黑格尔著〈哲学史讲演录〉评介》发表于《哲学研究》第3期,为上书书评。同期发表与陈修斋合写的《为什么要有宣传唯心主义的自由——对百家争鸣政策的一些体会》。

7月,《朱光潜文艺思想的哲学根源》发表于《人民日报》。

8月,《黑格尔关于辩证逻辑与形式逻辑的关系的理论》(与张世英合著)发表于《新建设》第8期。同年上海人民出版社出版单行本。

12月,《文德尔班〈哲学史教本〉和罗素〈西方哲学史〉简评》发表于《新建设》第12期。

1957年,55岁

1月,《讲授唯心主义课程的一些体会》发表于《光明日报》。《斯宾诺莎哲学简述》发表于《哲学研究》第1期。

在北京大学哲学系举行的"中国哲学史座谈会"上作"对于哲学史研究中两个争论问题的意见"和"关于哲学史上唯心主义的评价问题"的发言。前者发表于《人民日报》。

在中国人民大学讲授"黑格尔的小逻辑"课程。讲课笔记收入《黑格尔哲学讲演集》。是为关于《小逻辑》最详的讲稿,有"名词解释",共156页约12万字。

2月,作为中国哲学代表团成员访问苏联。

《必须集中反对教条主义》发表于《人民日报》。

5月,《哲学史讲演录》第二卷由三联书店出版。

1958年,56岁

7月,《近年罗素两本著作读后》发表于哲学研究所内部刊物《西方哲学资料期刊》第3期。

9月,译著斯宾诺莎《伦理学》由商务印书馆出版。

1959年,57岁

4月,中国科学院哲学研究所资料室编的《资产阶级学术思想批判参考资料》第四、第五两集出版(内部发行),收《当代中国哲学》和解放前后发表的文章26篇。

9月,《小逻辑》由商务印书馆出新一版。

12 月,《哲学史讲演录》第三卷由商务印书馆出版。《布拉德雷逻辑思想》发表。

1960 年,58 岁

2 月,译著斯宾诺莎《知性改进论》由商务印书馆出版。本书书名原译《致知篇》,1943 年在重庆出版。本次由译者作了修订,并有"译者序言"对旧译作了自我批判。

7 月,《新黑格尔主义批判》发表于《新建设》第 7 期。

8 月,《批判黑格尔论思维与存在的统一》发表于《哲学研究》第 4、第 5 两期。

1961 年,59 岁

1 月,《论唯物主义与唯心主义的斗争和转化》发表于《哲学研究》第 1 期。《加强对西方现代哲学的研究》发表于《新建设》第 1 期,内容在中国科学院哲学社会科学部扩大会议上讲过。

5 月,批判介绍新黑格尔主义的《克朗纳》一文发表于《人民日报》。《关于唯物主义与唯心主义斗争和转化的问题》发表于《文汇报》。

范扬、张企泰译黑格尔《法哲学原理》出版,收有贺麟作的代序《黑格尔著〈法哲学原理〉一书评述》。

《关于研究培根的几个问题》发表于商务印书馆出版的《培根哲学思想——培根诞生四百周年纪念文集》。

11 月,译著《马克思 博士论文》由人民出版社出版。后收入《马克思恩格斯全集》。

1962 年,60 岁

春,在中国哲学会北京分会举行的会议上作《胡克反马克思主义的实用主义剖析》的讲演。讲稿收入《现代西方哲学讲演集》。

与王玖兴合译的黑格尔《精神现象学》上卷由商务印书馆出版。有长篇"译者导言",后收入《黑格尔哲学讲演集》。

8 月,在南昌江西省哲学会举行的会议上作《关于研究和批判黑格尔的几个问题》的讲演。讲稿发表于《争鸣》第 2 期。

1963 年,61 岁

冬,在中国科学院哲学社会科学部第三次学部委员扩大会议上作《关于黑格尔自然哲学的评价问题》的报告。讲稿发表于《新建设》第 5 期。

1964 年,62 岁

7 月,开始翻译《黑格尔早期神学著作》。

12 月,当选为政协第四届全国委员会委员。并为第五、第六届全国政协委员。

1966 年,64 岁

8 月,"文化大革命"全面展开,哲学研究所贴出大字报,称贺麟为"反共老手"、"反动学术权威"。两次被抄家,多次被揪斗,关进"牛棚"写交代材料。一切研究、翻译工作中断。

1975 年,73 岁

9 月 30 日,参加国务院国庆招待会。开始中断了十年的研究和翻译工作。

1978 年,76 岁

《黑格尔的时代》发表于《外国哲学史研究集刊》第 1 辑。

10 月,在芜湖"全国西方哲学史讨论会"上作《黑格尔哲学体系与方法的一些问题》的讲话。讲稿收入《黑格尔哲学讲演集》。

12 月,《哲学史讲演录》第四卷由商务印书馆出版。

1979 年,77 岁

4 月,《精神现象学》下卷由商务印书馆出版。

6 月,作为中国社会科学院学术访问团成员访问日本。在京都、东京、金泽三个学术座谈会上作《关于斯宾诺莎身心平行论及其批评者》的讲演。讲稿收入《哲学与哲学史论文集》。

8 月,作为出席在南斯拉夫举行的"国际黑格尔哲学第十三届年会"中国代表团团长,作《关于黑格尔的同一、差别和矛盾诸范畴的辩证发展》的讲演。讲稿收入《黑格尔哲学讲演集》。

1980 年,78 岁

3 月,介绍康德与黑格尔哲学在中国的传播历史的重要论文《康德、黑格尔东渐记》在《中国哲学》第 2 辑发表。后作为附录收入《五十年来的中国哲学》,题目改为《康德、黑格尔哲学在中国的传播——兼论我对介绍康德、黑格尔哲学的回顾》,内容也有修订。

介绍新黑格尔主义的《布兰德·布兰夏尔德》发表于《现代西方著名哲学家述评》一书。

《实用主义是导致折衷主义和诡辩论的思想根源》发表于《学术研究》第 3 期。

1981 年,79 岁

6 月,中华全国外国哲学史学会成立,被选为名誉会长;第一届第一次理事会召开,作《我对哲学的态度》的讲话。

《黑格尔全集》编译委员会或立,任名誉主编。

9 月,在纪念康德《纯粹理性批判》出版二百周年、黑格尔逝世一百五十周年学术讨论会上讲话。讲稿收入《哲学与哲学史论文集》。

10 月,国务院学位委员会下达第一批博士和硕士学位授权学科专业名单,为中国社科院研究生院外国哲学史专业博士生导师。先后培养了西方哲学史专业 5 名硕士生、4 名博士生。

10 月,参加在杭州召开的全国宋明理学讨论会。

11 月,参加在杭州召开的全国中外哲学史比较讨论会。

1982 年,80 岁

5 月,钟离蒙、杨凤麟主编的《中国现代哲学史资料汇编》出版,第三集第五册为"新心学批判",收贺麟新中国成立前发表的文章 33 篇。

6 月,由陈荣捷组织、筹备和担任大会主席的"国际朱熹会议"在夏威夷檀香山举行,此次会议汇聚了多位当世东西方著名的中国哲学专家。贺麟参加了这次会议,会中和冯友兰、陈荣捷、张岱年、狄百瑞合影留念。

10 月,《黑格尔的艺术哲学》发表于《学习与思考》第 5 期。

本年,与王玖兴合译的《精神现象学》(上、下卷)获中国社会科学院科研一等奖。

本年,贺麟以 80 高龄加入中国共产党,11 月 4 日,《人民日报》发表李洪启的文章《著名哲学家贺麟入党》报道此事。

1983 年,81 岁

1 月,《黑格尔的〈法哲学原理〉》发表于《福建论坛》第 1 期。

9 月,《黑格尔的早期思想》发表于《哲学研究》第 9 期。为纪念马克思逝世一百周年写的《马克思的早期哲学思想》发表。《黑格尔论自然现象的辩证发展》发表。

11 月,应香港中文大学新亚书院之邀赴香港讲学一个月,内容主要为"知行合一"问题。讲稿发表于《求索》1985 年第 1 期。后收入《五十年来的中国哲学》。讲学期间拜会唐君毅夫人谢廷光及入室弟子李杜等。抗战时期,唐君毅在重庆中央大学任教,贺麟与唐君毅曾多次会晤。作《唐君毅先生早期哲学思想》以为纪念,后收入《哲学与哲学史论文集》。

1984 年,82 岁

3 月,受聘为《西方著名哲学家评传》学术顾问,《黑格尔》发表于该书第六卷。是为贺麟所写全面介绍黑格尔生平及学说的最后一篇文字,后作为附录收入《德国三大哲人歌德、黑格尔、费希特的爱国主义》。

8 月,《现代西方哲学讲演集》由上海人民出版社出版。上篇收新中国成立前在北京大学讲授"现代西方哲学"课程的讲稿 13 篇,下篇收新中国成立后批判实用主义和新黑格尔主义的文章 15 篇。

8 月,参加在山西太原召开的傅山学术讨论会。提交的论文《傅山哲学思想的主要倾向及开展傅山研究的重要性》刊于本年《晋阳学刊》第 6 期。

12 月,出席在上海召开的全国东西方文化比较讨论会。

为纪念费希特逝世 180 周年作《费希特的唯心主义和辩证法思想述评》、《费希特的爱国主义和民主思想》二文,收入《哲学与哲学史论文集》。

1986 年,84 岁

4 月,受聘为《康德与黑格尔研究》顾问,译文黑格尔《基督教的权威》发表于该刊第一辑。《论自然的目的论》、《斯宾诺莎哲学的宗教方面》发表于《中国社会科学院研究生院学报》第二期。

7 月,《黑格尔哲学讲演集》由上海人民出版社出版,收新中国成立前后关于黑格尔哲学的讲稿和论文 24 篇。是为作者关于黑格尔哲学研究文字的总集。

10 月,中国社科院哲学研究所、北京大学哲学系等四单位举办"贺麟学术思想讨论会",祝贺他从事教学和研究工作 55 周年。

1988 年,86 岁

8 月《文化与人生》由商务印书馆出新一版。新版比 1947 年版增加了 10 篇文章,有些文章题目也有改动。

12 月,译著《黑格尔早期神学著作》由商务印书馆出版。此书的翻译始于 1964 年,"文革"中译出一部分,1978 年后在薛华、王玖兴和宋祖良的协助下陆续译完。

1989 年,87 岁

3 月,《五十年来的中国哲学》由辽宁教育出版社出版。

7 月,《德国三大哲人歌德、黑格尔、费希特的爱国主义》由商务印书馆出版。

1990 年,88 岁

1 月,《哲学与哲学史论文集》由商务印书馆出版。收留学期问所写文章 13 篇,回国后至新中国成立前的文章 21 篇,新中国成立后的文章 23 篇。是为贺麟最后出版的论文集。

1992 年,90 岁

9 月 22—24 日,为纪念贺麟诞辰 90 周年,中国社会科学院哲学所、中华全国西方哲学史学会、民盟中央在北京联合举行"贺麟学术思想讨论会"。与会学者二百余人,对贺麟的学术贡献、思想体系、治学方法、人生道路等进行研讨。

9 月 23 日,贺麟于北京医院逝世,享年 90 岁。

1999 年 8 月 29 日至 31 日,由澳门中国哲学会、中国社会科学院哲学研究所举办的"贺麟思想与西方哲学引进国际研讨会"在澳门举行。

2002 年 12 月 10 日,中国社会科学院哲学研究所举办"纪念贺麟先生百年诞辰"大会,来自国内哲学界的百余位学者参加了会议。

2012 年之后,贺麟的专著、译著、学术论文、学术讲义及札记、书信、日记等,编辑整理为《贺麟全集》,由世纪出版集团、上海人民出版社联合出版。

参考书目

（一）贺麟的著作

1.《德国三大哲人处国难时的态度》，北平大学出版社 1934 年版。

2.《近代唯心论简释》，重庆独立出版社 1942 年版。

3.《文化与人生》，商务印书馆 1947 年版。

4.《当代中国哲学》，重庆胜利出版公司 1947 年版。

5.《现代西方哲学讲演集》，上海人民出版社 1984 年版。

6.《黑格尔哲学讲演集》，上海人民出版社 1986 年版。

7.《五十年来的中国哲学》，辽宁教育出版社 1989 年版。

8.《文化与人生》，商务印书馆 1988 年版。

9.《德国三大哲人歌德、黑格尔、费希特的爱国主义》，商务印书馆 1989 年版。

10.《哲学与哲学史论文集》，商务印书馆 1990 年版。

（二）贺麟的译作

1.［英］开尔德：《黑格尔》，商务印书馆 1936 年版。

2.［美］鲁一士：《黑格尔学述》，商务印书馆 1936 年版。

3.［荷兰］斯宾诺莎：《致知篇》，商务印书馆 1943 年版。

4.［荷兰］斯宾诺莎：《知性改进论》，商务印书馆 1960 年版。

5.［荷兰］斯宾诺莎：《伦理学》，商务印书馆 1981 年版。

6.［德］黑格尔：《康德哲学论述》，商务印书馆 1962 年版。

7.［德］黑格尔：《小逻辑》，商务印书馆 1981 年版。

8.［德］黑格尔：《精神现象学》，商务印书馆 1983 年版。

9.［德］黑格尔：《哲学史讲演录》，商务印书馆 1980 年版。

10.［德］黑格尔：《黑格尔早期神学著作》，商务印书馆 1988 年版。

（三）其他著作

1.（宋）王安石：《王文公文集》，上海人民出版社 1974 年版。

2.（宋）程颢、程颐：《二程集》，中华书局 1981 年版。

3.（宋）张载:《张载集》,中华书局 1978 年版。

4.（宋）黎靖德编:《朱子语类》,中华书局 1986 年版。

5.（宋）朱熹:《四书章句集注》,中华书局 1982 年版。

6.（宋）陆九渊:《陆九渊集》,中华书局 1980 年版。

7.（明）王守仁:《王阳明全集》,上海古籍出版社 1992 年版。

8.（明）王夫之:《船山全书》,岳麓书社 1996 年版。

9.（清）黄宗羲编:《宋元学案》,中华书局 1986 年版。

10.（清）黄宗羲编:《明儒学案》,中华书局 1985 年版。

11. 北京大学哲学系外国哲学教研室编译:《古希腊罗马哲学》,商务印书馆 1982 年版。

12. 北京大学哲学系外国哲学教研室编译:《十六—十八世纪西欧各国哲学》,商务印书馆 1982 年版。

13. 北京大学哲学系外国哲学教研室编译:《十八世纪末--十九世纪初德国古典哲学》,商务印书馆 1982 年版。

14. 洪谦编:《西方现代资产阶级哲学论著选辑》,商务印书馆 1987 年版。

15. [美]霍尔特等:《新实在论》,伍仁益译,商务印书馆 1980 年版。

16. [美]威廉·詹姆士:《彻底的经验主义》,庞景仁译,上海人民出版社 1987 年版。

17. [德]海涅:《论德国宗教和哲学的历史》,海安译,商务印书馆 1974 年版。

18. [英]H.P.里克曼:《狄尔泰》,殷晓蓉、伍晓明译,中国社会科学出版社 1989 年版。

19. [德]谢林:《先验唯心论体系》,梁志学、石泉译,商务印书馆 1976 年版。

20. [英]罗素:《西方哲学史》,何兆武、马元德译,商务印书馆 1982 年版。

21. 孙中山:《建国方略》,辽宁人民出版社 1994 年版。

22. 罗新璋编:《翻译论集》,商务印书馆 1984 年版。

23. 熊十力:《熊十力全集》,湖北教育出版社 2001 年版。

24. 金岳霖:《论道》,商务印书馆 1985 年版。

25. 冯友兰:《三松堂全集》,河南人民出版社 2012 年版。

26. 梁漱溟:《东西文化及其哲学》,商务印书馆 1987 年版。

27. 钱穆:《朱子新学案》,巴蜀书社 1986 年版。

28. 牟宗三:《心体与性体》,上海古籍出版社 1999 年版。

29. 张世英:《论黑格尔的逻辑学》,上海人民出版社 1982 年版。

30. 张世英:《论黑格尔的精神哲学》,上海人民出版社 1986 年版。

31. 李泽厚:《中国现代思想史论》,东方出版社 1987 年版。

32. 韦政通:《儒家与现代中国》,上海人民出版社 1990 年版。

33. 陈鼓应:《老子今注今译》,商务印书馆 2007 年版。

34. 陈鼓应:《庄子今注今译》,商务印书馆 2007 年版。

35. 洪汉鼎:《费希特:行动的呐喊》,山东文艺出版社 1988 年版。

36. 牟钟鉴:《涵泳儒学》,中央民族大学出版社 2011 年版。

37. 郭齐勇:《熊十力及其哲学》,中国展望出版社 1985 年版。

38. 陈来:《有无之境——王阳明哲学的精神》,人民出版社 2001 年版。

39. 陈奎德:《怀特海哲学演化概论》,上海人民出版社 1988 年版。

40. 杨国荣:《心学之思:王阳明哲学的阐释》,中国人民大学出版社 2009 年版。

41. 宋祖良、范进编:《会通集:贺麟生平与学术》,三联书店 1993 年版。

42. 宋志明:《贺麟新儒学思想研究》,天津人民出版社 1998 年版。

43. 王思隽、李肃东:《贺麟评传》,百花洲文艺出版社 2010 年版。

44. 张茂泽:《贺麟学术思想述论》,陕西人民出版社 2001 年版。

45. 杜小安:《贺麟》,云南出版集团公司、云南教育出版社 2009 年版。

46. 王志捷:《贺麟文化理论研究》,首都师范大学出版社 2008 年版。

47. 张学智编:《贺麟选集》,吉林人民出版社 2005 年版。

48. 中国社会科学院科研局编:《贺麟集》,中国社会科学出版社 2006 年版。

49. 高全喜编:《中国近代思想家文库　贺麟卷》,中国人民大学出版社 2014 年版。

50. 张祥龙:《贺麟传略》,《晋阳学刊》1985 年第 6 期。

51. 彭华:《贺麟年谱新编》,《淮阴师范学院学报》2006 年第 1 期。

52. 中国社会科学院哲学研究所西方哲学史研究室编:《贺麟先生百年诞辰纪念文集》,中国社会科学出版社 2008 年版。

索　引

后　记

本书原名《贺麟》，由台湾东大图书公司列入《世界哲学家丛书》于1992年7月出版，至今已逾20春秋。今作修订，由人民出版社列入《哲学史家文库》出版，现将修订情况说明如下。

第一，将书名改为《贺麟思想研究》，以与本套丛书相应。文字不惬当的，也做了改正。删去原"总序"，原自序改为"初版自序"，另有"后记"附于书后。

第二，加写了《王安石研究中的心学表达》一节，以见贺麟中国思想研究的大端。贺麟的中国思想研究本来甚为丰富，关于朱熹、陆九渊、王阳明、王船山诸家，原书皆在与西方哲学的对比中有所论述，唯王安石涉及较少，这次借修订的机会，将之补入。

第三，《学术年谱》部分，根据近年来新的研究成果做了补充。

第四，全书注释、参考文献等，皆依丛书体例作了改正。

重理旧作，感慨良多。《贺麟》是我的第一部著作，在我的学术生涯中占有十分重要的地位，从理路到文风，都对我有很大影响。贺麟是个中西兼通的学者，要研究他，必须具备一定的西学知识。这逼着我这个中哲出身的人，补了一点西方哲学，特别是德国古典哲学和斯宾诺莎思想的相关知识。这些知识虽属皮毛，但在我却受用颇大。写完本书后我就转入对明代哲学史的研究。写作本书时所获得的黑格尔关于哲学史的基本观点，就贯彻于明代哲学史的架构创设中。比如，在《明代哲学史》的导言中我曾说道："本书所用的方法，是在全面阅读原始资料的基础上，先确定被研究、被描述的思想家的问题域，然后找出与这个问题域相关的全部概念范畴；依逻辑与历史统一的原则，以中心范畴为纲，构成一个概念范畴的框架；理出这个框架的逻辑关系，然后将这个框架依照其逻辑顺序叙述出来。在这一程序中，重点对这个框架中主要概念的形成及与其他概念的关系加以说明。"①这个方法一直影响着我。我至今认为,写哲学史,最能锻炼一个人重新架构一个已经逝去的思想系统的能力。重新架构不是照本宣科,不是平铺直叙,而是整体观照、重新诠释的过程。它反映的是一个研究者尊重研究对象,又借助对哲学史的把握、对哲学本身的理解,来施展自己的创造意愿的能力。做好一部哲学史,比一些侈谈创造、轻蔑历史、天马行空、任意挥洒的所谓"哲学体系"要好得多。

另一点,是对我的王阳明研究的影响。我阐发王阳明,注重其良知之学的内涵。我所谓良知,是"大良知",即是说,不仅是天赋的道德意识,而且也是各种精神活动,包括道德意识、理性、直觉、意志、情感等各种精神因素的综合。王阳明说自己的良知从百死千难中得来,就是在各种事变的锤炼中以上各因素的融合。王阳明良知学的精义,就是调动精神活动的全部蕴含,不拘一格地解决当前面对的实际问题。王阳明的思想充满了诠释精神,事实上他的致良知,就是将在具体事物上的所得融入良知的过程,这是从个别到一般;而将良知用来应对具体问题,是从一般到个别。经过这样的多次反复,良知内部诸要素的融合更加紧密,协同配合更加自然灵活。王阳明不喜欢的不是朱熹对各种具体知识的深入讨求,而是反对其认为"事事物物上皆有定理","定理"就不能对具体事物应对活泼无方。所以王阳明的智慧是生活中的活智慧。我对致良知的解释,着重是它的双向意义:推致义与获致义。推致义重在将良知推行于外,将行为立基于正确价值方向之上;获致义重在在行动中获得知识的积累、意志的淬砺、直觉的敏锐等,作为下一次推致的储备。每一致良知的活动在王阳明这里获得的是多方面的收获,不只是道德的升华。在致的行为所带来的良知升进中,我最注重的是知识的获取。知识与总体的道德意识是相辅相成的。我的这一解释方向,受贺麟,或者说,受贺麟所接受和服膺的黑格尔思想影响很大。我曾说:"我读贺麟的书,受心学即心即理这一点影响很大。我写《贺麟》,着重提揭的就是心的创颖活泼与理的精深谨严两者之结合这一点。着重于对精神本体健动不息,同时又自创理则,借理则以行这一性质的张扬。贺麟思想以黑格尔为最重要的来源。黑格尔哲学既是理则学又是精神哲学,既是知识论又是

---

① 张学智:《明代哲学史》,北京大学出版社 2000 年版,第 2 页。

本体论。精神哲学的自由创发、健动活泼,理则学的严密推证、步步皆实在贺麟这里是统一的。在贺麟眼里,绝对精神是生命与知识的共同体,是生命经过知识这个特殊化过程回复到自己。精神是知识的灵魂和统摄,知识是精神的展开和具体化。所以贺麟同时也很重视康德和斯宾诺莎,认为康德重视心和斯宾诺莎重视理是通向黑格尔的两条线。在精神性和客观性两者中,贺麟又根据黑格尔的思想,认为理念不是思有、主客的平分体或混一体,精神性为主,客观性为从;前者包贯、统御后者,后者充实、展示前者,两者是一个总的生命的两回环。"①我解王阳明,始终有一个知识与道德的关系问题横在胸中,它使我得出"大良知"的观念,而且执之越来越坚定。研究贺麟是促使我用西方哲学特别是黑格尔、新黑格尔思想解释心学的一大契机。我在北京大学讲授"王阳明研究"课,越讲我对以上诠释方向越加自信,越讲越感谢贺麟思想对我学术工作的奠基之功。

方国根编审从提议本书列入《哲学史家文库》出版,到修订方案,都提出了很好的建议。没有他,这本书不会以现在的样子呈现给读者。谨此表示深深的谢意。李璐楠同学在原书电子版的制作中,做了许多具体细致的工作,在此一并致谢。

张学智

2015 年 6 月

---

①　张学智:《明代哲学史》附录"学术自述",中国人民大学出版社 2012 年版,第 725 页。